Johannes Grotzky
Konflikt im Vielvölkerstaat

Serie Piper
Band 1409

Zu diesem Buch

Das Ende der Sowjetunion scheint dem Ende der sie tragenden Ideologie auf dem Fuß zu folgen. Von den Balten bis zu den Gagausen, von den Ukrainern bis zu den Armeniern: die Unabhängigkeitsbestrebungen nehmen zu; an vielen Orten kommt es bereits zu offener Gewalt. Hinzu kommt eine katastrophale Wirtschaftslage. Johannes Grotzky analysiert die wechselseitigen Abhängigkeiten zwischen den einzelnen Völkern und stellt die Folgen eines Auseinanderbrechens dar. In einem kurzen historischen Abriß erklärt er das Zustandekommen des Vielvölkerreiches und behandelt dann die Zukunftschancen des kranken Riesen – mit und ohne Gorbatschow. Ein Nachschlageteil, in dem die Völker der Sowjetunion aufgeführt sind, rundet den Band ab.

Johannes Grotzky, geboren 1949, 1970–76 Studium der Slawistik, Balkanologie und Geschichte Ost- und Südosteuropas in München und Zagreb. 1976 Promotion. 1977–83 Lektor und Redakteur beim Bayerischen Rundfunk. 1983–89 ARD-Hörfunkkorrespondent in Moskau. Seit 1989 Leiter des ARD-Hörfunkstudios Südosteuropa in Wien.

Johannes Grotzky

Konflikt im Vielvölkerstaat

Die Nationen der Sowjetunion
im Aufbruch

Piper
München Zürich

ISBN 3-492-11409-1
Originalausgabe
März 1991

Umschlag: Federico Luci unter Verwendung eines Fotos aus Vilnius
Foto Umschlagrückseite: Hans-Joachim Schulz (© WDR Köln)
Gesamtherstellung: Clausen & Bosse, Leck
Printed in Germany

Inhalt

Vorwort:
Kann die Sowjetunion überleben?

Mit der Frage, welche Überlebenschance die Sowjetunion hat, beschäftigten sich vor Beginn der Perestrojka in der Regel nur Dissidenten und ausländische Sowjetologen. Beiden unterstellte die Staats- und Parteiführung besonders in der Breschnjew-Zeit antisowjetische Agitation.

Inzwischen ist die Überlebensfrage des Vielvölkerstaates Gegenstand parlamentarischer Diskussionen in Moskau ebenso wie in Tiflis oder Vilnius. Doch während die Initiatoren der Perestrojka, namentlich Michail Gorbatschow, mit der Reform des politischen Systems eine Erneuerung der Sowjetunion anstrebten, sehen zahlreiche Völker nach Jahrzehnten der Abhängigkeit von Moskau in der Perestrojka die Chance für den Weg in die Unabhängigkeit. Die Entscheidungen derjenigen Völker, die sich gegen einen Verbleib in der sowjetischen Staatsgemeinschaft richten, sind demokratisch legitimiert. Damit ist die Frage nach einer Überlebenschance für die Sowjetunion bereits beantwortet. Eine solche Chance gibt es nicht mehr. Der Wille zur Verständigung ist bei einigen Völkern mit den blutigen Truppeneinsätzen der Armee regelrecht erstickt worden.

Im Baltikum überrollten im Januar 1991 sowjetische Panzer unbewaffnete Litauer. Dreizehn Tote und mehr als hundert Verletzte waren die erschütternde Bilanz. Die weltweite Empörung konnte nicht verhindern, daß nur wenige Tage später Sondertruppen des Innenministeriums ihren Terror in Lettland fortsetzten und erneut vier Menschen umbrachten. Gorbatschow sah die Schuldigen dieser Entwicklung nicht beim Militär, sondern bei den nach Unabhängigkeit strebenden Völkern. Bei anderen Truppeneinsätzen waren bereits 19 Georgier, meist ältere Frauen, im April 1989 mit Spaten und Kampfgas von Armeeangehörigen umgebracht worden. Die Intervention der Armee in Baku im Januar 1990 hatte sogar 142 Todesopfer gefordert. Der Blutzoll, den diese Völker entrichten mußten, leitete das politische Ende der Perestrojka ein.

Die UdSSR als Ergebnis der Oktoberrevolution von 1917 gehört der Vergangenheit an. Sowjetische Historiker wenden an dieser Stelle gerne ein, daß eine solche Union ohnehin nie existiert habe, denn die Ideale der Revolution seien bereits mit den ersten Säuberungen noch unter Lenin sowie mit dem Bürgerkrieg und der gewaltsamen Eroberung fremder Völker verlorengegangen. Der »freiwillige Zusammenschluß der Völker« war aus der Sicht vieler heutiger Historiker in der Sowjetunion ein post-zaristischer, neo-kommunistischer Imperialismus. Die geschichtswissenschaftliche Kritik im eigenen Land an der Entstehungsgeschichte und dem Verlauf der Sowjetunion übertrifft in ihrer Schärfe vieles, was selbst von erklärten antikommunistischen Kritikern der Sowjetunion im Ausland publiziert wurde. Doch nicht nur die Historiker, sondern auch die Politiker und nicht zuletzt die betroffenen Völker artikulieren ihr Unbehagen über den Zustand der Sowjetunion in teilweise radikalen Äußerungsformen.

Die nationale Frage wurde zur Existenzfrage der Sowjetunion, auch wenn die Explosionen zahlreicher Konfliktherde vordergründig von sozialen und wirtschaftlichen Mißständen ausgelöst wurden. Diese Konfliktherde werden im vorliegenden Buch beschrieben und analysiert. Eine Einführung in diese Problematik gibt der historisch geraffte Überblick, der bei allen Mängeln einer summarischen Darstellung eine Grundaussage vermitteln soll: Die nationale Frage ist kein Ergebnis kommunistischer Herrschaft in der Sowjetunion, sondern ein Erbe des zaristischen Vielvölkerstaates, das die Bolschewisten übernommen haben. Die Lebenslüge der Sowjetunion bestand – neben dem Anspruch, das gerechteste gesellschaftliche System aufzubauen – in der Behauptung, die nationale Frage sei ein für allemal gelöst. Der Zustand der Sowjetunion beweist das Gegenteil.

Der Autor des vorliegenden Buches ist als journalistischer

Beobachter der Sowjetunion und darüber hinaus ganz Osteuropa seit vielen Jahren verbunden. Die eigene Anschauung muß beständig durch die Forschungsergebnisse der Fachwissenschaftler ergänzt werden. Dies gilt besonders für die historischen Überblicke, die sich an den Darstellungen von Heller-Nekrich 1982, Stöckl 1990 und Rauch 1990 orientieren. Von grundlegender Bedeutung für die Einschätzung der nationalen Frage in ihrer Komplexität ist das Werk von Simon 1986. Eine substantielle Ergänzung dazu ist Stölting 1990. Diese Bücher sowie weitere Titel sind unter den Literaturhinweisen aufgeführt. Ferner sei auf die Fachbibliographien bei Simon 1986 und Mark 1989 verwiesen.

Ein besonderer Dank gilt den Kollegen vom Monitor-Dienst der Deutschen Welle in Köln, die täglich politisches Quellenmaterial erfassen und zur Verfügung stellen. Nur so konnte der vorliegende Band bis zum Redaktionsschluß die aktuelle Entwicklung zitatgetreu dokumentieren.

Bei dem Überblick über die staatliche Gliederung wurde auf ein eigenes Buch (*Herausforderung Sowjetunion*) zurückgegriffen, das ebenfalls im Piper Verlag erschienen ist. Einer vertrauensvollen Zusammenarbeit mit Verlagsleitung und Lektorat ist es zu verdanken, daß der Verfasser nunmehr sein drittes Buch über die Sowjetunion im Piper Verlag veröffentlichen kann.

Die Entstehung des Vielvölkerstaates

1. Vom »Sammeln Russischer Erde« zum zaristischen Vielvölkerstaat

Wenn die nicht-russischen Völker heute wieder größere Selbständigkeit bis hin zum Austritt aus der Sowjetunion anstreben, so bemühen sie dafür neben politischen auch historische Argumente. Die Expansion der Russen über ihr genuines Siedlungsgebiet hinaus wird rückblickend als ungerechtfertigter, imperialer Zugriff auf die nicht-russischen Völker gewertet. Die Motive der russischen Expansion, die zunächst eine Expansion des erstarkenden Großfürstentums Moskau gegenüber anderen russischen Teilfürstentümern war, sind zunächst aber nicht in imperialer Machtbesessenheit zu suchen, sondern in dem Bestreben, sich der zweihundertjährigen Fremdherrschaft der Mongolen zu erwehren. Zuvor war die Einheit des ursprünglichen Kiewer Reiches im Osten von den Mongolen, im Norden von Litauen und im Westen von Polen zerschlagen worden. Die Fremdherrschaft der Mongolen dauerte von der Mitte des 13. bis zur Mitte des 15. Jahrhunderts.

Über vier Jahrhunderte erstreckte sich anschließend der Prozeß, der mit dem »Sammeln russischer Erde« begann und in einem zaristischen Vielvölkerstaat endete, der von nicht-russischen Nationen als »Gefängnis der Völker« bezeichnet wurde. Zu Beginn dieser Entwicklung hatte sich Moskau als neues Zentrum herausgebildet, dessen Herrscher vom Mongolenkhan der Goldenen Horde schon im 14. Jahrhundert die Großfürstenwürde verliehen bekam. Dem ersten Großfürsten Iwan I. mit dem Beinamen *Kalita*, der »Geldsack«, wird eine ungeheure Skrupellosigkeit nachgesagt, weil er im Auftrag der Mongolen die Steuereintreibung bei der russischen Bevölkerung übernommen hat.

Erst im 15. Jahrhundert, nach militärischen Niederlagen und inneren Fehden der Mongolen konnte sich Moskau als russisches Machtzentrum behaupten. Die meisten Historiker verbinden mit Iwan III. (1462–1505) den Beginn vom »Sammeln der russischen Erde«, weil es ihm gelang, mehrere Teilfürstentümer zusammenzuschließen. Mit seiner Herrschaft wird der Aufbau eines nationalrussischen Einheitsstaates in Verbindung gebracht, der seinen symbolischen Ausdruck darin fand, daß sich Iwan III. erstmals als »Zar von ganz Rußland« bezeichnete.

Die ersten imperialen Schritte, die eine Ausweitung der Macht über russisches Siedlungsgebiet hinaus brachten, hat Iwan IV. (1530–1584) unternommen. Er trägt im russischen den Beinamen *Grosnyj*, was soviel wie »der Machtvolle« heißt und im Deutschen mit »der Schreckliche« wiedergegeben wird. Iwan IV. eroberte mit dem Khanat Kasan (1552), im Osten Moskaus an der Wolga gelegen, Gebiete, in denen Tschuwaschen und Tscheremissen wohnen, die heute noch ihre nationalen Rechte geltend machen. Mit diesem Schritt vollzog der russische Staat den Übergang in einen Vielvölkerstaat. Danach stieß Iwan IV. nach Süden bis zur Wolgamündung am Kaspischen Meer vor, eroberte das Khanat Astrachan, dessen gleichnamige Hauptstadt das Zentrum der Nogaier ist, die als eines der zahlreichen Völker in der Sowjetunion leben.

Moskaus Stoßrichtung nach Norden zielte auf einen Zugang zur Ostsee, eine Vorstellung, die über Jahrhunderte die russischen Herrscher des kontinentalen Moskauer Reiches immer wieder verlockte. Doch im 16. Jahrhundert blieb für Rußland der erwünschte Zugang zur Ostsee über die Hafenstädte Reval (heute Tallinn) und Riga verschlossen.

Erfolgreicher war Iwan IV. mit einem Unternehmen, das in den kommenden Jahrhunderten die territoriale Denkweise Rußlands weitgehend bestimmen sollte. Er billigte das Vordringen über das Uralgebirge hinweg nach Sibirien. Der Ural galt als natürliche Scheide zwischen Europa und Asien. Jenseits des Urals hatte sich die Mongolenherrschaft halten können. In einem abenteuerlichen Unternehmen, das eine Mischung aus kolonisatiorischer Expedition und militärischer Eroberung war, drangen Freiwilligenverbände unter der Leitung des entlaufenen Kosakenhetmans Jermak über den Ural nach Sibirien vor. Auftraggeber war jedoch nicht der Herrscher in Moskau, sondern die einflußreiche Kaufmannsfamilie Stroganow, die mit Salzsiedereien den Grundstock ihres Vermögens schuf und sich von Moskau Privilegien bis hin zum Aufbau einer privaten Schutztruppe aushandelte. Jene Schutztruppe führte Jermak an und brachte die ersten sibirischen Völker unter Moskauer Oberhoheit.

Der imperiale Griff über die russischen Grenzen hinweg wurde aber nicht allein machtpolitisch verstanden. Iwan IV. sah darin auch eine Mission, Christen zu befreien, die unter den Mongolen in die »Sklaverei der Ungläubigen« verschleppt worden waren. Dieses religiöse Sendungsbewußtsein russischer Zaren läßt sich bis in das 19. Jahrhundert immer wieder als Motiv erkennen und gipfelte in einem orthodoxen Panslawismus, den in der Gegenwart noch Alexander Solschenizyn als Grundlage für seine Neuordnungsidee des russischen Reiches bemühte.

Im 17. Jahrhundert, nach einer Zeit der Wirren im Inneren, in der Moskau unter den Einfluß ausländischer Interventen, Polen, Schweden, geraten war, ereignet sich ein Vorfall, der in seiner Auswirkung ebenfalls Konfliktstoff bis in die Gegenwart bietet. Auf dem Gebiet der heutigen Ukraine erkämpften sich die Kosaken unter ihrem Anführer Chmelnizki ihren eigenen Staat gegen die polnische Vorherrschaft. Zur Sicherung ihrer Freiheit unterstellten sie sich 1654 dem Moskauer Zaren. Die nationalrussische Geschichtsschreibung sieht darin die Vereinigung der Ukraine mit Rußland. Im heutigen Kiew ist diesem Ereignis ein Denkmal oberhalb des Dnjestr geweiht, das die »ewigen Bande« zwischen Rußland und der Ukraine symbolisiert. Die Zaren nahmen diese Vereinigung zum Anlaß einer selbstverständlichen Russifizierung der Ukraine, die auch die Sowjetmacht weiterhin praktizierte, bis die nationalukrainische Bewegung der Gegenwart einen abrupten Kurswechsel erzwang.

Die ersten Berührungspunkte zwischen dem Russischen Reich und dem Kaukasus liegen ebenfalls im 17. Jahrhundert. Als Schutzmaßnahme gegen den Zugriff des benachbarten Osmanischen und des Persischen Reiches nutzten immer wieder einzelne Kaukasusvölker, darunter die Georgier, die Möglichkeit, Moskaus Angebot für ein Protektorat aufzugreifen. Rußland demonstrierte bereits genügend abschreckende Stärke gegenüber den islamisch geprägten Reichen im Süden; zudem war die Moskauer Zentrale einerseits wohltuend weit entfernt, andererseits bot die ebenfalls christliche Nation den Georgiern die notwendige »ideologische Nähe«.

Gleichzeitig vermied Moskau den Konflikt mit dem Osmanischen Reich, mußte sich jedoch wiederholt von Süden her der Bedrohung durch die Krimtataren stellen.

Nach Osten hin setzte Rußland seine Eroberungen in Sibirien fort, meist geleitet von relativ selbständigen Expeditionstrupps, die wegen der schieren Entfernung kaum Kontakt mit Moskau halten konnten. 1632 wurde mit Jakutien der Grenzbereich von Ostsibirien in den Fernen Osten überschritten, und Mitte des 17. Jahrhunderts stießen die ersten russischen Verbände an den Pazifischen Ozean vor. Ohne noch die Herrschaft gesichert zu haben, wurde jedoch schon die östliche Region der heutigen sowjetischen Ausdehnung erreicht. Wo sich imperiale Macht vorerst nicht behaupten konnte, wurde die Diplomatie eingesetzt. Dies führte im selben Jahrhundert zur Aufnahme diplomatischer Beziehungen mit den Kalmücken, die später Rußland einverleibt werden sollten, und mit den Mongolen. In dem ersten russisch-chinesischen Vertrag einigten sich beide Seiten (1689) auf einen Grenzverlauf nördlich des Amur, eine bis in die Mitte dieses Jahrhunderts immer wieder umkämpfte Grenze.

Peter dem Großen (1682–1725) gelang schließlich der langersehnte Vorstoß an die Ostsee. Mit der Einnahme Rigas, der Hauptstadt des heutigen Lettlands, sowie der Hauptstadt des heutigen Estlands, Tallinn, stand dem Russischen Reich der Seeweg nach Europa offen. Peter der Große gewann nicht nur – in der Zwischenzeit verlorenes – russisches Gebiet zurück, sondern dehnte seine Herrschaft auf das Baltikum aus, indem er von dort die Schweden verdrängte. Die territorialen Gewinne wurden Rußland im Frieden von Nystad 1721 »für ewige Zeiten« überlassen. Diesen Vertrag konnte man so interpretieren, daß Rußland eine »Sonderstellung der baltischen Provinzen« (Stöckl) anerkannte. Baltische Historiker schließen heute wieder daran an, um den geschichtlichen Anspruch auf ihre nationale Selbständigkeit zu untermauern.

Wechselndes Glück hatte Peter der Große bei seinem Vormarsch nach Süden. Asow am Don eroberte er zwar 1696 vom Osmanischen Reich, verlor es aber wieder 1711 an die Türken. Bleibender war dagegen der kriegerische Erwerb des West- und Südufers am Kaspischen Meere, die ihm Persien abtreten mußte.

Peter der Große, der als Reformer der russischen Gesellschaft in die Geschichte einging, trieb die Kolonisierung Sibiriens systematisch voran und begann, Strafgefangene ebenso wie Kriegsgefangene zur Besiedlung nach Sibirien zu schicken. Damit wurde die erfolgreiche Russifizierung Sibiriens eingeleitet, gegen die sich heute die um ihr Überleben kämpfenden sibirischen Völker zu wehren beginnen. Das Aufbäumen der inzwischen verschwindend kleinen Völkerschaften in Sibirien, die sich in jüngster Zeit für souverän und autonom erklärt haben, ist eine Spätfolge dieser russischen Siedlungspolitik.

Unter den Nachfolgern Peters des Großen konnte Rußland sein Protektorat über die Fürstentümer Moldau und Walachei errichten und deutete damit sein Interesse an einer Ausdehnung in südwestliche Richtung an, das wiederholt mit dem Anspruch begründet wurde, als Schutzmacht der orthodoxen Völker aufzutreten. Daraus resultieren Probleme, die sich in der Gegenwart in dem Wunsch der Moldawier nach nationaler Wiedergeburt äußern, wenngleich die spätere Sowjetunion niemals einen solchen territorialen Zugewinn auf dem Gebiet des heutigen Rumäniens erzielen konnte, wie ihn die russischen Zaren über Jahrhunderte angestrebt hatten.

Während der Herrschaft der deutschstämmigen Katharina II., »der Großen« (1762–1796), wurde die Expansion des Russischen Reiches nach Westen auf Kosten von Polen und nach Süden in Richtung Osmanisches Reich gezielt fortgesetzt.

Über zwei Jahrzehnte erstreckte sich der Kampf gegen Polen, das nach drei Teilungen zwischen Preußen und Rußland sowie dem Habsburgerreich zerstückelt wurde.

»Damit hat Katharina ein Jahr vor ihrem Tod die ›historischen Ziele‹ Rußlands im Westen erreicht: Das russische Land war im wesentlichen gesammelt, nur in Galizien standen noch orthodoxe Ostslawen (Ukrainer, von der österreichischen Verwaltung als Ruthenen bezeichnet) unter nicht-russischer Herrschaft.« (Stöckl, *Russische Geschichte*, S. 419)

Im russisch-türkischen Krieg 1768–1774 gewann Rußland Gebiete im südlichen Mündungsgebiet zwischen Dnjepr und Bug sowie Teile des Nordkaukasus. Dadurch kamen die Kabardiner und die Nord- und Südosseten unter russische Herrschaft. Während ihre Siedlungsgebiete bis in die Gegenwart erhalten blieben, wurden zahlreiche Tataren im Nordkaukasus, der seither als Südrußland bezeichnet wird, von russischen Kolonisatoren vertrieben. Auf der Halbinsel Krim am Schwarzen Meer hielt sich noch das seit dem 15. Jahrhundert bestehende Khanat der Krim, das allerdings nicht mehr – wie in früheren Jahrhunderten – zu einer militärischen Gefahr für Moskau werden konnte. Daher fiel es Rußland leicht, zunächst die Unabhängigkeit des Krim-Khanats anzuerkennen. Kurz darauf, 1783, wurde das Gebiet jedoch erobert und der Staat der Krimtataren dem Russischen Reich eingegliedert. Damit war ein weiterer Grundstein für einen Konflikt gelegt, der in der Gegenwart wieder virulent ist. Denn die Krimtataren, die heute in der Sowjetunion für die Wiederherstellung ihrer staatsrechtlichen Autonomie kämpfen, berufen sich nicht allein auf die jüngste Zerstörung ihrer Autonomen Sowjetrepublik und die Deportation 1944 unter Stalin, sondern gehen in der Geschichte bis zu dieser Annexion ihres Staates unter Katharina der Großen zurück.

Dieselbe Herrscherin war es auch, die – unabsichtlich und unvorhersehbar – die Entwicklung für ein anderes Nationalitätenproblem der Gegenwart eingeleitet hat, indem sie (ab 1764) deutsche Kolonisten ins Land rief. Mit besonderen Privilegien ausgestattet, siedelten die deutschen Zuwanderer an der mittleren Wolga und erfreuten sich bis ins 20. Jahrhundert, noch über die Oktoberrevolution hinaus, staatlicher Anerkennung. Unter Stalin sind sie – ebenso wie andere Völker – Opfer einer grausamen Verfolgungs- und Deportationspolitik geworden. Im Zeichen der Perestrojka bemühten sie sich erfolglos um eine Rückkehr in ihre alten Siedlungsgebiete. Seither hat unter den Sowjetdeutschen eine massive Auswanderungswelle eingesetzt.

Ein wirre Außenpolitik unter Paul I. (1796–1801) brachte zu Beginn des 19. Jahrhundert einen territorialen Zugewinn, der sich wiederum als spätere Last erwies. Der Moskauer Zar kam auf die etwas abstruse Idee, Indien zu erobern. Der Vorstoß seiner Truppen blieb jedoch im Transkaukasus stecken. Einziges Ergebnis dieses Unternehmens war die endgültige Annexion Georgiens 1801, das seit 1783 russisches Protektorat genossen hatte. Auch das Verständnis der heutigen georgischen Unabhängigkeitsbewegung basiert auf dem historischen Rückgriff in die Zeit vor dieser Annexion.

Weitere transkaukasische Gebiete sowie vorübergehend Bessarabien (ein Teil des heutigen Moldawas) konnte Rußland nach einem sechsjährigen Krieg 1812 den Türken abnehmen. Der gescheiterte Rußlandfeldzug Napoleons, der zeitlich daran anschloß, brachte Rußland unter Alexander I. (1801–1825) eine Personalunion mit Kongreßpolen, so genannt nach einer Entscheidung des Wiener Kongresses (1814/15).

Auch nach Norden erweiterte Moskau seinen Einfluß, zwang die Schweden zum Verzicht auf Finnland, das um die Gebiete von Karelien und Wyborg zu einem Großfürstentum mit autonomen Rechten erweitert wurde. Der Versuch, Finnland fest in das Russische Reich und später in die Sowjetunion einzubinden, ist jedoch gescheitert.

Dagegen konnte Rußland seine Ausweitung nach Süden im Transkaukasus dadurch festigen, daß Persien 1828 die Annexion Georgiens und die russische Einflußzone an der persischen Nordgrenze unter Nikolaus I. (1825–1855) anerkannte und darüber hinaus dem Kriegsgegner Rußland die Provinzen Eriwan und Nachitschewan abtrat. Mit diesen Erwerbungen übernahm das Russische Reich das konkurrierende Erbe einer frühchristlichen und einer islamischen Kultur, die in diesem geographischen Raum der Armenier und der heutigen Aserbaidschaner nebeneinander existierten und dabei häufig im Widerstreit lagen.

Weitere Teile von Armenien gewann Rußland im selben Zeitraum nach einem Krieg mit dem Osmanenreich, das überdies fast das ganze Donaudelta abtrat und neuerlich ein russisches Protektorat über die Donaufürstentümer Moldau und Walachai anerkennen mußte.

Der Expansionskurs Rußlands, der von einem christlich-orthodoxen Sendungsbewußtsein begleitet wurde, rief im Kaukasus eine islamische Widerstandsbewegungen unter dem Anführer Schamil (1834–1864) hervor, die gut hundert Jahre später die sowjetische Historiographie in eine Idenitätskrise stürzte. Der islamisch-religiöse Widerstand gegen den zaristischen Imperialismus war für die materialistische Geschichtswissenschaft ein Widerspruch in sich. Einerseits mußte die sowjetische Geschichtsschreibung diesen Widerstand als gesetzmäßig und somit als richtig bewerten. Doch damit hätte man den islamischen Völkern der Sowjetunion ein Argument gegen die Russifizierungspolitik der Neuzeit an die Hand gegeben. Also mußte Schamil als »reaktionär« und als »Agent des britischen Geheimdienstes« von der stalinistischen Geschichtsschreibung verurteilt werden.

Die zweite Hälfte des 19. Jahrhunderts, zunächst unter der Regentschaft Alexanders II. (1855–1881), brachte dem Russischen Reich zwar Verluste im Südwesten, führte aber zu einer ungeheuren territorialen Ausdehnung in südöstlicher Richtung: Nach dem Krimkrieg mußte Moskau zwar 1856 das Donaudelta und Bessarabien wieder abtreten. Doch dafür konnte sich das zaristische Rußland mit seinem Vorstoß nach Zentralasien erheblich ausweiten.

Die Kolonialtruppen rückten entlang dem Syr Darja vor. Auf dem Weg nach Taschkent wurde 1853 der Stützpunkt Petrowsk gegründet. Nur ein Jahr später bauten russische Truppen noch weiter östlich in Kasachstan, fast schon im Einzugsbereich Chinas, das Fort Wernyj, heute die kasachische Hauptstadt Alma Ata. Ohne nennenswerten Widerstand konnte Moskau auf diese Weise das Gouvernement Turkestan errichten. Mit dieser Eroberung wurde das größte zusammenhängende Siedlungsgebiet des Russischen Reiches und der späteren Sowjetunion eingenommen, das islamisch geprägt war.

Ein Mißverständnis der damaligen Zeit wirkte bis nach der Revolution fort. Die Kasachen, die bereits vor der Errichtung des Gouvernements Turkestan in lockerer Abhängigkeit von Moskau standen, wurden fälschlicherweise als Kirgisen bezeichnet und ihr Gebiet zunächst 1920 als Kirgisische Autonome Republik. Erst ab 1924 wurden mit der Gründung des Kara-Kirgisischen Autonomen Gebietes beide Völker unterschieden und die bisherige Kirgisische Autonome Republik 1925 in Kasachische Autonome Republik umbenannt.

Zum Aufbau einer strategischen Verbindungslinie unterwarf Moskau innerhalb weniger Jahre (1865–1973) Taschkent, das Emirat Buchara und das Khanat Chiwa, deren Herrschern ein begrenzter Einfluß überlassen blieb. Sie mußten einen Teil ihres Territoriums dem Zaren abtreten und den Rest ihres Herrschaftsgebietes unter russisches Protektorat stellen. Das Khanat Kokand wurde jedoch nach einem Aufstand völlig annektiert und 1876 in die »russische Fergana-Region« umgewandelt.

Das Ostufer des Kaspischen Meeres war nach der Gründung von Krasnowodsk 1869 Ausgangspunkt für die Eroberung der westlichen Teile Zentralasiens. Kolonialtruppen wurden von dort den Amur Darja entlang geschickt, um 1881 Aschchabad, die Hauptstadt der heutigen Turkmenischen Republik, einzunehmen und weitere selbständige Oasen in der Karakum-Wüste zum »freiwilligen Anschluß« zu bewegen.

Mit diesem Ausgreifen, das russische Truppen bis nach Herat in Afghanistan führte, wurde die Interessenssphäre der Engländer berührt. Doch Moskau verstand es, wie zuvor mit Preußen und später mit Japan und Deutschland, machtpolitische Interessenssphären auch mit dem britischen Imperium in mehreren Verträgen gegeneinander abzugrenzen.

Im Fernen Osten mußte der Zar zunächst nicht das Interesse einer anderen Kolonialmacht berücksichtigen, sich aber mit dem Nachbarn China über einen neuerlichen Grenzverlauf einigen. Diese von China bis heute als »ungleiche Verträge«

bezeichneten Abkommen sicherten (1858–1860) dem Russischen Reich das gesamte Gebiet nördlich des Amurs und den Landstreifen zwischen Amur und Ussuri. Schließlich wurde mit Wladiwostok 1860 am Japanischen Meer der östlichste eisfreie Hafen gegründet, der dem Russischen Reich den Zugang zum Pazifischen Ozean eröffnete. Mit dieser Ausdehnung erreichte Rußland das genuine Siedlungsgebiet der Chinesen und Koreaner. Diese Grenzmarke wurde auch vom späteren Imperialismus der Stalin-Zeit nicht mehr überschritten.

Hoch im Norden jedoch, wo die Beringstraße die heutige Sowjetunion von den USA trennt, setzte das Zarenreich seinen Vorstoß fort und errichtete zahlreiche Siedlungspunkte in Alaska. In einer Zeit, als noch niemand an die Bodenschätze Alaskas dachte, und Rußland eine florierende Erdölförderung am Kaspischen Meer betrieb, galt die kalte und vereiste Region östlich der Beringstraße als unwirtschaftliches Territorium. Der Zar veräußerte die Provinz. Auf diese Weise kam Alaska 1867 für 7,2 Millionen Dollar an die Vereinigten Staaten von Amerika.

Auf dem Geschäftsweg versuchten die weitgehend selbständig agierenden Gouverneure des Russischen Reiches in den entlegenen Regionen mit China und Japan Gebiete zu tauschen oder von ihnen zu pachten. China tolerierte den Bau einer russischen Eisenbahnlinie, die aus Gründen der Abkürzung von Tschita durch die Mandschurei nach Wladiwostok führte. Das Privileg, die Bahnlinie von russischen Polizeitruppen zu schützen, mißbrauchte Moskau, um die Mandschurei 1900 militärisch zu besetzen.

Nach Westen hin bestimmte bis zur Jahrhundertwende der Panslawismus die russische Expansion mit dem Ziel, alle slawischen Völker zu vereinen. Eine aktuelle Neubelebung erlebte diese Idee in einem Manifest von Alexander Solschenizyn, der 1990 ebenfalls einen Zusammenschluß aller Slawen im Sowjetreich unter Abtrennung der nicht-slawischen Völker als Ausweg aus der Krise propagierte. Indem er Ukrainisch als »Kleinrussisch« bezeichnete, knüpfte er an einen Begriff des 19. Jahrhunderts an. Der Gebrauch eben jenes »kleinrussischen Dialektes« wurde im Zuge des Panslawismus 1876 auf zaristischen

Befehl verboten. Das Russische Reich des 19. Jahrhunderts machte mit seiner Politik deutlich, daß der vielgepriesene Panslawismus eher einem Pan-Russismus entsprach. Nur so ist die teilweise brutale Russifizierungspolitik gegenüber den Polen zu verstehen, die sich aber genauso auf die nicht-slawischen Völker erstreckte. Unter Alexander III. (1881–1894) erreicht die Russifizierung im Baltikum einen traurigen Höhepunkt. Eine weitere negative Kehrseite des übertriebenen russischen Nationalismus waren Pogrome gegen Juden, die bis Ende des Jahrhunderts immer wieder aufflackerten.

Unter dem letzten russischen Zaren Nikolaus II. (1896 bis 1917, erschossen 1918) waren die Russen zwar die größte Einzelnation. Aber mit einem Bevölkerungsanteil von 44,2 Prozent unter den 122 Millionen Einwohnern des zaristischen Vielvölkerstaates befanden sie sich gegenüber den anderen Nationen bereits in der Minderheit.

2. Revolution und erster Zerfall des Imperiums

Zu Beginn des 20. Jahrhunderts wurde das zaristische Imperium von sozialrevolutionären Unruhen erschüttert. Die Bevölkerung litt im Osten unter dem russisch-japanischen Krieg (1904–1905) und knapp ein Jahrzehnt später unter dem Ersten Weltkrieg.

Die Auflösung der staatlichen Ordnung Europas, das Ende der großen Monarchien und die Schaffung neuer Nationalstaaten wirkten von außen destabilisierend auf das Russische Reich. In diesem Umfeld durchlief Rußland im Schicksalsjahr 1917 zwei Revolutionen, von denen die erste als bürgerliche Februarrevolution und die zweite als sozialistische Oktoberrevolution bezeichnet wird. Nach einer späteren Kalenderreform fallen heute die historische Gedenktage jenes Jahres jeweils in den März und in den November.

Die Februarrevolution brachte eine bürgerliche Provisorische Regierung an die Macht, die von den Bolschewisten abgelehnt wurde. Siebzig Jahre später würdigte Michail Gorbatschow diese von den Bolschewisten bekämpfte Revolution mit den Worten: »Der Februar brachte die ersten Erfahrungen einer realen Demokratie.« (Rede zum 70. Jahrestag der Oktoberrevolution 1987).

Nach dem Rücktritt des Zaren Nikolaus II. am 15.März 1917 gelang es der bürgerlichen Regierung nicht, nach außen den Krieg zu beenden und im Inneren das Land wirtschaftlich und sozial zu befrieden. Gleichwohl bemühte sich die Provisorische Regierung in der Nationalitätenpolitik um wichtige Akzente, indem sie Gesetze der Zaren-Zeit außer Kraft setzte, die auf eine Benachteiligung nicht-russischer Völker abzielten. Zaghafte Versuche regionaler und nationaler Selbstverwaltung führten dazu, daß sowohl im Transkaukasus als auch in Zentralasien (Generalgouvernement Turkestan) die Generalgouverneure gegen Komitees ausgetauscht wurden, denen überwiegend solche Abgeordneten der Duma (dem Parlament) angehörten, die aus jenen Regionen stammten. Doch solche Maßnahmen konnten den bereits sichtbaren Zerfallprozeß des Russischen Reiches nicht mehr aufhalten.

Schon im März 1917 konstituierte sich in Weißrußland ein Nationalkomitee, das eine autonome weißrussische Volksrepublik forderte.

Am 1. Mai 1917 versammelten sich in Moskau zum erstenmal die Vertreter der islamischen Völker zu einem Gesamtrussischen Moslemkongreß. Die Beschlüsse über religiöse Selbstbestimmung mündeten bald darauf in Autonomieforderungen, die hauptsächlich von den Baschkiren initiiert wurden. Auf einem zweiten Kongreß in Kasan einen Monat später traten diese Bestrebungen noch deutlicher zutage. Gleichzeitig einigten sich Baschkiren, Kasachen und Kirgisen auf einen Zusammenschluß, um ihre Autonomie im zerfallenden Reich durchzusetzen. Was Jahrzehnte später als Ergebnis der Perestrojka zu beobachten war, nahm hier bereits in jenem Sommer 1917 seinen Anfang: Teilweise blutige Zusammenstöße zwischen russischen Kolonisten und den nicht-russischen Völkern, die um ihre Autonomie zu kämpfen begannen.

Die Krimtataren forderten nach der Bildung einer eigenen National-Partei von der neuen bürgerlichen Regierung vergeblich die Anerkennung moslemischer Schuleinrichtungen.

Die Ukraine dagegen erhielt als slawischer Bruder der Russen im Juli 1917 einen autonomen Sonderstatus, aus dem heraus der spätere Kampf zwischen den bürgerlichen und den bolschewistischen Kräften um die endgültige Herrschaft in der Ukraine geführt werden sollte.

In Armenien, Georgien und Aserbaidschan zeigte sich für die Provisorische Regierung eine deutliche Unterstützung, die aber mit der Forderung verbunden wurde, Autonomie im Rahmen einer noch zu bildenden Föderation zu erlangen.

Die Provisorische Regierung in Petrograd (später Leningrad) war jedoch der Fülle der Herausforderungen nicht gewachsen und mußte nach der Oktoberrevolution der bolschewistischen Führung weichen.

Kurz nach der Machtübernahme im November 1917 erließ die neue Sowjetregierung eine »Deklaration über die Rechte der Völker Rußlands«, auf die sich die betroffenen Völker

Jahrzehnte später wieder berufen sollten. Darin wurde die »Politik eines freiwilligen und ehrenhaften Bundes der Völker Rußlands« definiert, dessen Prinzipien die Hoffnung auf die endgültige Befreiung aus der nationalen Bevormundung weckten:

»1. Die Gleichheit und Souveränität der Völker Rußlands.

2. Das Recht der Völker Rußlands auf freie Selbstbestimmung bis zur Abtrennung und Bildung eines selbständigen Staates.

3. Die Beseitigung aller und jeglicher nationalen und nationalreligiösen Privilegien und Beschränkungen.

4. Die freie Entwicklung der nationalen Minderheiten und ethnographischen Gruppen, die das Territorium Rußlands bewohnen« (Stöckl, S. 660).

Doch die Versprechen, die mit dieser Deklaration eingegangen wurden, führten bei vielen Völkern nicht zu einer Solidarisierung mit der neuen Sowjetmacht, sondern zu einer Abspaltung aus dem neu geschaffenen Sowjetrußland.

Dies gilt für Georgien, daß sich bereits im November für unabhängig erklärte.

Das ukrainische Parlament rief zunächst eine Volksrepublik im Rahmen einer russischen Föderation aus. Daraufhin bat jedoch die nationalukrainische Bewegung im Ausland um Unterstützung gegen die Sowjetisierung der Ukraine, die mit dem Kampf der Roten Armee zum Jahreswechsel 1917/1918 gewaltsam durchgesetzt werden sollte.

Noch im November 1917 gründeten die Tataren auf einer Verfassungsversammlung in Ufa einen eigenen Staat.

In demselben Monat schlossen sich Kosakenverbände und Bergvölker im Kaukasus zu einem eigenen Bund zusammen.

Finnland erklärte im Dezember 1917 seine Unabhängigkeit von Rußland. Die Unabhängigkeitsbewegungen in Estland, Litauen und Lettland sollten erst 1920 zur Bildung und zur Anerkennung der Eigenstaatlichkeit führen.

Ebenfalls im Dezember 1917 verkündeten die Baschkiren und Kirgisen in Orenburg ihre Autonomie, die sie im nachfolgenden Bürgerkrieg gegen die Sowjetmacht vergebens zu verteidigen suchten.

Im ehemaligen Generalgouvernement Turkestan kämpften zwei entgegengesetzte politische Bewegungen um die Führung in einem künftigen autonomen Staat: eine fundamentalistisch-konservative islamische Bewegung und eine politisch-liberale, prowestliche Bewegung. Keine erreichte das Ziel, die Autonomie herzustellen. Nach kurzen Kämpfen wurde im November 1917 per Verordnung auf einem regionalen Sowjetkongreß mit zwei weitreichenden Fehlentscheidungen die Sowjetmacht in Turkestan verkündet:

»Der Kongreß wies alle moslemischen Ansprüche auf Selbstverwaltung zurück und sprach sich gegen die Aufnahme von Moslems in die mittelasiatischen Führungsorgane der Sowjetmacht aus« (Heller/Nekrich Bd. I, S. 67).

Damit wurde auf Jahrzehnte hinaus festgeschrieben, was heute in Zentralasien als eines der Hauptargumente für die nationale Unabhängigkeit vorgebracht wird: Die Sowjetmacht habe nahtlos das Erbe des zaristischen Kolonialismus angetreten.

In dem Bürgerkrieg, der im Anschluß an die Revolution das Land überzog, ging es neben ideologischer Zielsetzung zugleich praktisch überall um eine Auseinandersetzung zwischen den nationalen Unabhängigkeitsbewegungen und dem sich bereits abzeichnenden sowjetischen Zentralismus. Denn ungeachtet der Deklaration über die Rechte der Völker Rußlands, mit der vor allem Lenin das Selbstbestimmungsrecht aller Völker meinte, propagierte der damalige Komissar für Nationalitätenfragen, Jossif Stalin, eine ganz andere Autonomie, die ideologisch definiert wurde:

»Die Autonomie ist eine Form. Das ganze Problem besteht darin, mit welchem Klasseninhalt diese Form gefüllt wird. Die Sowjetmacht ist keineswegs gegen Autonomie – sie ist für Autonomie, aber für eine Autonomie, bei der sich die ganze Macht in den Händen der Arbeiter und Bauern befindet, bei der die Bourgeois aller Nationalitäten nicht nur von der Macht, sondern auch von der Teilnahme an den Wahlen zu Regierungsorganen ausgeschaltet sind« (Heller/Nekrich Bd. I, S. 69).

Dieses Bekenntnis machte Stalin im Mai 1918, zu einem

Zeitpunkt, zu dem der Zerfall des russischen Imperiums nach der Revolution sein größtes Ausmaß erreicht hatte. Denn im Januar 1918 hatten die Ukraine als wichtigster Verbündeter Rußlands ihre Unabhängigkeit erklärt und die Donkosaken eine eigene Republik ausgerufen, die jedoch nicht überlebte. Bereits im Februar stimmte das transkaukasische Parlament der Armenier, Georgier und Aserbaidschaner für eine Lostrennung von Sowjetrußland und bildete im April 1918 – unter türkischem Druck – eine »Unabhängige Transkaukasische Föderative Republik«, die bald wieder zerfiel. Daraufhin unterstellte sich Georgien im Mai 1918 mit seiner menschewistischen Regierung als unabhängige Republik dem deutschen Protektorat, während fast zeitgleich ein muslimischer Nationalrat im benachbarten Aserbaidschan und ein armenischer Nationalrat für das Gebiet von Eriwan die Republik ausriefen. Dieser Auflösungsprozeß war begleitet von Pogromen armenischer Nationalisten an der muslimischen Bevölkerung von Baku in Aserbaidschan, für die sich die turkstämmige Bevölkerung von Aserbaidschan in einem Gegenschlag blutig rächte.

Im Norden des auseinanderbrechenden Reiches hatten Litauen und Estland bereits im Februar 1918 ihre Unabhängigkeit verkündet. Im Frieden von Brest-Litowsk, der für Rußland das Ende des Ersten Weltkrieges brachte, mußte nur wenige Tage später die bolschewistische Regierung die Unabhängigkeit der Ukraine und Finnlands anerkennen sowie auf Territorialansprüche im Baltikum und in Polen verzichten.

In der Rückschau bietet dieser teilweise blutige Zerfallsprozeß des Russischen Reiches erstaunliche Parallelen zum Zeitabschnitt 1989/1990. Der durch Krieg und wirtschaftliche Schäden hervorgerufenen Lähmung der noch jungen Zentralmacht entspricht die Zerrissenheit der heutigen Zentralmacht, die es nicht geschafft hat, das Land wirtschaftlich und politisch zu stabilisieren. Die Flut von Unabhängigkeitserklärungen einzelner Völker und der Versuch der Zentralregierung, diese Völker wieder in die staatsrechtliche Pflicht einer Föderation einzubinden ist im ersten Jahr nach der Revolution äußeres Merkmal eines Zerfalls gewesen, wie er sich mehr als siebzig Jahre später wiederholen sollte.

Die Sowjetisierung der Völker

3. Erzwungene Staatengemeinschaft

Sowjetrußland sah sich nach dem Zerfall des zaristisches Erbes vor das Problem gestellt, den politischen Anspruch staatlicher Neuorientierung gegen das Selbstbestimmungsrecht der Völker aufzuwiegen. Der Bürgerkrieg, der nach der Oktoberrevolution das Land verwüstete, diente nicht allein dem Erhalt der von den Bolschewiken eroberten russischen Zentralmacht. Vielmehr nahmen diese Kämpfe eine imperiale Wendung, indem sie sich auf die inzwischen abgetrennten und für selbständig erklärten Randgebiete ausweiteten.

Als Rechtfertigung für die Sowjetisierung jener Völker, die sich bereits losgesagt hatten, diente die Berufung auf wenige revolutionäre Zirkel, die bei der Roten Armee um Hilfe nachsuchten. So ist zu erklären, daß – wie im Baltikum oder in der Ukraine – zuweilen parallel oder kurz hintereinander eine bürgerliche Republik und eine sozialistische Sowjetrepublik ausgerufen wurden.

Im Südwesten und im Nordosten des neu entstehenden Imperiums intervenierten ausländische Truppen zugunsten bürgerlicher Regierungen, ohne ihnen freilich dauerhaften Bestand zu garantieren. Im Rückblick erscheinen diese Interventionen nicht ganz uneigennützig, auch wenn man dieses Urteil der bolschewistischen Geschichtsschreibung stets als Makel angehängt hat.

Im Transkaukasus fürchteten 1918 Briten und Türken um eine Ausweitung der neuen Sowjetmacht und unterstützten antibolschewistische Bewegungen in Aserbaidschan. Ebenso versicherten die Briten die bürgerlichen Kräfte in Aschchabad jenseits des Kaspischen Meeres ihrer Unterstützung bei der Bildung einer Provisorischen Regierung.

Im Fernen Osten versuchten 1918 japanische und amerikanische Interventionstruppen, die Ausweitung der bolschewistischen Macht einzudämmen. Zuvor waren amerikanische Truppen bereits in Murmansk gelandet. Das Eingreifen jener Staaten wurde propagandistisch von der sowjetische Regierung noch bis zum Beginn der achtziger Jahre mit der Argumentation genutzt, daß Amerika und Japan vom Anbeginn der Revolution bis zu der damals aktuellen Frage der Nachrüstung mit Mittelstreckenraketen (1983/84) sich nicht scheuten, ihre Waffen gegen die Sowjetunion zu richten. Kommentatoren verglichen auf diesem letzten Höhepunkt des Kalten Krieges in der Übergangsphase der Generalsekretäre Andropow und Tschernenko den Tiefstand der sowjetisch-amerikanischen Beziehungen mit jenen Jahren der Intervention während des Bürgerkrieges.

Die Konsolidierung der Sowjetmacht im Zentrum des neuen Reiches ging letztlich aber mit Zugeständnissen einher, die den Völkern der Randgebiete ihre vorübergehende Unabhängigkeit brachten.

Während im Juli 1918 eine Verfassung der Russischen Föderation in Moskau verabschiedet wurde, die das Rätesystem auf der Grundlage der Diktatur des Proletariats festschrieb, behaupteten sich nach heftigen Kämpfen zahlreiche Randgebiete, die 1919 auf der Pariser Friedenskonferenz die internationale Aufmerksamkeit nutzten, um ihre Anerkennung als unabhängige Staaten zu beantragen. Bis zum Jahresende 1919 konnte Sowjetrußland zwar noch strategisch wichtige Gebiete in Zentralasien erobern und seine militärische Übermacht gegen die nationalukrainische Bewegung erfolgreich einsetzen. Dennoch mußte der junge Sowjetstaat zum Jahresbeginn 1920 neben der Selbständigkeit der drei baltischen Republiken Estland, Litauen und Lettland auch ein menschewistisch regiertes Georgien und eine unabhängige Fernostrepublik anerkennen. Diesen Republiken war die Loslösung von Moskau teils mit Waffengewalt gelungen. Dagegen wurde die unabhängige Republik Armenien, deren national-bürgerliche Regierung sich nach einem Waffenstillstand mit der angrenzenden Türkei behaupten konnte, noch im gleichen Jahr mit dem Einmarsch der Roten Armee gestürzt.

Georgien hatte als Preis für seine kurze Unabhängigkeit von Moskau die Zulassung der Kommunistischen Partei erlaubt. Doch das Experiment der Selbständigkeit wurde zum Scheitern gebracht, zumal Georgien von Armenien und von Aserbaidschan aus bereits von der Roten Armee eingekreist war. Im Februar 1921 marschierten ihre Truppen in Georgien ein und zwangen einen Monat später die menschewistische Regierung zur Kapitulation. Die Sowjetisierung Georgiens begann.

Aserbaidschan dagegen war als erste transkaukasische Republik Opfer falscher Versprechungen geworden. Moskau wollte die Unabhängigkeit Aserbaidschans garantieren, wenn sich die dortige Regierung im Bürgerkrieg auf seiten der Roten Armee stellte. Doch die Rote Armee kämpfte nicht für die Unabhängigkeit Aserbaidschans, sondern leitete mit Massenrepressionen die Sowjetisierung ab April 1920 ein.

Wenn auch die Staatengemeinschaft der Völker nicht in freier Selbstbestimmung zusammengewachsen ist, sondern durch militärischen Druck erzwungen wurde, versuchte die Sowjetmacht, einer nationalen Gliederung gerecht zu werden, die in der raschen Bildung zahlreicher autonomer Gebiete und Republiken ihren Ausdruck fand (s. Zeittafel, 1920–1924). Dies war gewissermaßen die Kehrseite des machtpolitischen Zugriffs. Denn das Selbstbestimmungsrecht der Völker blieb eine der wichtigsten Parolen der Bolschewiken, solange Lenin lebte (gestorben 1924). Aus dieser Frühzeit der Sowjetmacht stammt auch die Gründung eines autonomen Gebietes der Wolgadeutschen, das später zu einer Autonomen Republik erhoben wurde, bis Stalin 1941 mit Auflösung dieser Republik und der Deportation der Deutschen diesem erfolgreichen Experiment der Integration ein Ende bereitete.

Die zentralistische Haltung Stalins gegenüber einer künftigen Struktur der geplanten Sowjetunion löste einen Grundsatzkonflikt aus, der bei der Debatte über den Entwurf eines neuen Unionsvertrages unter Michail Gorbatschow anschauliches Lehrmaterial hätte bieten können.

Stalin hatte sich bereits mit der Gründung von Sowjetrußland für einen Zentralismus eingesetzt, der eine Autonomie einzelner Völker nur *innerhalb* einer Russischen Föderation vorsah. Lenin dagegen favorisierte die Idee einer Föderation gleichberechtigter Republiken mit Sowjetrußland, also eine Union. Das weniger zentralistische Modell Lenins bedeutet keinesfalls ideologische Nachgiebigkeit: Dennoch wurde 1921 Georgien militärisch erobert, sowjetisiert und dann mit Armenien und Aserbaidschan zur Transkaukasischen Föderation zusammengeschlossen. Die beiden Sowjetrepubliken Ukraine und Weißrußland waren die weiteren Partner, die 1922 zusammen mit der Russischen Föderation die UdSSR, die Union der Sozialistischen Sowjetrepubliken, gründeten. Für die nichtrussischen Nationen ist im Rückblick diese Phase zwischen der Gründung der Russischen Föderation 1918 und der Gründung der UdSSR 1922 von großer Bedeutung. Denn auf diesen Zeitraum werden aus der heutigen Sicht vertane Chancen für die Eigenstaatlichkeit projiziert, an die zahlreiche nationale Bürgerrechtsbewegungen wieder anknüpfen.

Seit jener Zeit sind zwei politische Antriebskräfte kontinuierlich zu verfolgen, die jahrzehntelang die Auseinandersetzung zwischen Zentrum und Peripherie mitbestimmt haben.

Erstens brachen immer wieder Konflikte zwischen den benachbarten nicht-russischen Völkern auf, die zu teilweise schwere Ausschreitungen führten. Schon 1921 erklärten sich die Adscharen in Batumi auf dem Territorium von Georgien für unabhängig. Zur selben Zeit metzelten sich Armenier und Aserbaidschaner gegenseitig nieder. Eine Wiederbelebung solcher Konflikte war im Verlauf der Perestrojka unter Gorbatschow zu beobachten.

Zweitens nutzte die Sowjetunion jede Gelegenheit zur Konsolidierung ihrer Macht. Dies galt vor allem für Zentralasien, wo aus Rücksicht auf feudale Strukturen 1920 das Emirat Buchara und das Khanat Chiwa zunächst in sogenannte selbständige Volksrepubliken umgewandelt wurden. Doch bei einer Neugliederung der gesamten zentralasiatischen Region 1924 ging auch dieser Rest an Selbständigkeit unter, als diese Volksrepubliken – mehrfach geteilt – den neuen Sowjetrepubliken Usbekistan, Turkmenien und Tadschikistan zugeschlagen wurden. Das Motiv für diese Neugliederung war wesentlich die Angst vor einer möglichen panislamischen und pantürkischen Bewegung auf dem Gebiet des alten Turkestans, das als Generalgouvernement und teilweise als Protektorat dem zaristischen Rußland unterstanden hatte.

Für einen der ersten nachhaltigen Konflikte zwischen der zentralen Führung und den Ansprüchen der zentralasiatischen Völker steht der Name Sultan-Galiew. Er war als Mitarbeiter des Volkskomissariats für Nationalitätenfragen, das von Stalin geleitet wurde, der ranghöchste Vertreter der islamischen Völker im zentralen Apparat. Ab 1923 wurde er mehrfach verhaftet, bis sich seine Spur nach der Verurteilung zu einer langjährigen Haftstrafe Ende der zwanziger Jahre verliert. Sultan-Galiew, ein Tatare, wollte einen kommunistischen Staat, der die islamischen Völker vereinen sollte. Dahinter stand die Idee, daß mit der bolschewistischen Revolution die Befreiung der islamischen Völker vom russischen Kolonialismus verbunden sein müsse. Genau dieser Gefahr für die Zentralmacht versuchte Moskau mit einer Zergliederung dieser Region und der Errichtung neuer Sowjetrepubliken entgegenzuwirken. Stalin vor allem interpretierte die Bildung einer solchen Autonomie auf islamisch-kultureller Grundlage als Unabhängigkeitsbewegung. Hier liegt bis heute einer der wesentlichen Konfliktpunkte, die in der Zeit der Perestrojka in Zentralasien wieder aufgebrochen sind. Denn die staatsrechtlich zerschnittenen kulturellen und sprachlichen Einheiten lebten in der Bevölkerung jahrzehntelang im Bewußtsein fort.

Mit ähnlichen Problemen hatte die Sowjetunion auch in ihren westlichen Grenzgebieten zu kämpfen, freilich unter anderen Voraussetzungen. Von der Ukraine und Weißrußland mußte die junge Sowjetmacht 1920 westliche Teile an Polen abtreten, die in den Sog einer starken Polonisierung gerieten. Südlich davon, zwischen Prut und Dnjestr, lag ein Streifen, der schon zur Zarenzeit das Interesse Moskaus geweckt hatte, nun jedoch zu Rumänien gehörte. Moskau gründete zunächst innerhalb der Ukraine eine Autonome Republik Moldawien und leitete daraus Besitzansprüche auf zu Rumänien gehörende Teile Moldawiens ab. Nach deren Annexion aufgrund des Hitler-Stalin-Paktes sprach Moskau von einer »Vereinigung Moldawiens« in einer Sozialistischen Sowjetrepublik.

Mit derselben Begehrlichkeit verfolgte Stalin auch den Wiederanschluß der baltischen Republiken, die er ebenfalls erst 1940 unterwerfen konnte.

Die Frühzeit der Sowjetmacht litt unter dem Widerspruch, einerseits eine Nationalisierung der Völker anzustreben, andererseits eine Zentrierung der Macht zu betreiben. Denn während des ersten Jahrzehnts nach der Revolution lassen sich zahlreiche Maßnahmen nachweisen, die die nationale Wiedergeburt jener Völker unterstützten, die unter den Zaren entweder unterdrückt oder gar nicht zur Kenntnis genommen worden waren. Es ist das Verdienst der grundlegenden Studie von Gerhard Simon über *Nationalismus und Nationalitätenpolitik in der Sowjetunion* (Baden-Baden 1986), diesen Prozeß auch am Beispiel kleiner Völker analysiert zu haben. Das Schlagwort der Russifizierung kann demzufolge erst ab den dreißiger Jahren für die sowjetische Nationalitätenpolitik geltend gemacht werden. Zuvor verlief der Prozeß in eine ganz andere Richtung:

Das Partei-, Schul- und Verwaltungswesen der einzelnen Regionen und Republiken wurde nationalisiert. In diesem Zusammenhang muß man sich vergegenwärtigen, daß unter zaristischer Herrschaft der Druck »kleinrussischer« (ukrainischer) Texte zwischen 1876 und 1905 verboten war. Muttersprachlicher Unterricht wurde vor 1917 weder auf ukrainisch noch auf weißrussisch durchgeführt.

Wenn man rückblickend nachliest, daß im Zuge der Nationalisierung ab 1921 nicht nur Ukrainisch oder Weißrussisch, sondern auch Usbekisch und Burjatisch als gleichberechtigte Amts- und Verkehrssprachen neben Russisch eingeführt wurden, so erinnert dieser Vorgang an die Welle der Souveränitätserklärungen aller Republiken in der Sowjetunion im Jahr 1990, die ebenfalls die Wiederbelebung der Nationalsprachen als Amtssprachen anstrebten. Auch die regionalen Parteiapparate wurden verstärkt mit nationalen Kadern besetzt, ein Prozeß, der nach den Untersuchungen von Gerhard Simon teilweise 1933 seinen Höhepunkt erlebte, um sich danach in sein Gegenteil zu verwandeln. Von dieser Entwicklung profitierten auch die nationalen Minderheiten in den jeweiligen Sowjetrepubliken. So erhielten die Deutschen innerhalb der acht Verwaltungsbezirke, in denen sie die Mehrheit der Bevölkerung stellten, mit dem Recht auf Selbstverwaltung das Recht, Deutsch als Behördensprache zu benutzen. Darüber hinaus führte der Anspruch von sprachlicher und nationaler Identität als den beiden Seiten desselben Blattes zur Herausbildung von nicht weniger als 48 neuen Schriftsprachen. Davon waren vornehmlich Nomadenvölker in Norden Sibiriens und in Zentralasien betroffen. Die Abgrenzung solcher Sprachen, die teilweise nur dialektale Unterschiede aufweisen, ist wiederum Ausdruck eines Atomismus, der den Zusammenschluß und damit eine potentielle politische Schlagkraft der betroffenen Völkergruppen verhindern sollte.

Solche Entwicklungen unterlagen ideologischen Schwankungen, die sich in lexikographischer Kürze unverständlich ausnehmen: 1926 Beschluß über die Ablösung der arabischen Schrift der Turksprachen durch das lateinische Alphabet; ab 1937 Ablösung der lateinischen und Einführung der kyrillischen Schrift für dieselben Sprachen.

Die lateinische Schrift, die zweifelsfrei leichter zu erlernen war als die arabische Schrift, beschleunigte den Prozeß der Alphabetisierung in einer Region, deren Bevölkerung bis zu 90 Prozent Analphabeten waren. Gleichzeitig wurde damals die lateinische Schrift als »revolutionär« angesehen, ein Umstand, der Gerhard Simon zu der Feststellung veranlaßt, »daß um 1930 nicht nur die Udmurten, Komi, Osseten und Jakuten, die zuvor kyrillisch geschrieben hatten, zum Lateinischen übergingen, sondern ernsthafte und nachdrückliche Bestrebungen forderten, das Russische auf die lateinische Schrift umzustellen, damit nach der in Kürze erwarteten Weltrevolution alle Völker das gleiche Alphabet benutzen« (Simon, S. 60).

Die Entwicklung von Nationalsprachen und die Herausbildung nationaler Parteikader war zunächst von einem Kampf gegen den »großrussischen Chauvinismus« begleitet, der in dieser Bezeichnung sogar in die parteiamtlichen Dokumente Eingang fand. Dahinter verbargen sich ernste Konflikte zwischen Russen und Nicht-Russen, die im wesentlichen in der Führungsrolle der Russen in der technischen Intelligenz sowie im Partei- und Verwaltungsapparat, aber auch im Militär begründet waren und heute noch sind. Die Schilderung dieser Situation in der jungen Sowjetunion erinnert in fataler Weise an Konflikte, die seit 1989/90 zwischen Russen und Nicht-Russen in der Sowjetunion neuerlich aufgebrochen sind:

»Die elementarste Form zwischennationaler Konflikte ging von der Diskriminierung nichtrussischer Arbeiter in gemischtnationalen Betrieben und auf Baustellen aus und fand häufig Ausdruck in Zusammenstößen und Schlägereien zwischen russischen und nichtrussischen Arbeitern. In einer Fabrik in Kazan prangten Aufschriften: ›Haut die Juden‹ und ›Die tatarischen Schnauzen schmeißen wir raus‹« (Simon, S. 89). Diese Schilderung gilt – wohlgemerkt – für die zweite Hälfte der zwanziger Jahre!

Ab 1929 zeichnete sich ein radikaler Umschwung ab, der das staatliche Programm zur Förderung der nicht-russischen Nationen abschwächte und schließlich umkehrte. Mit Stalins fünfzigstem Geburtstag am 21. Dezember 1929 wird der Beginn des Personenkultes datiert. In demselben Monat verkündete Stalin auch das Ende der noch von Lenin eingeführten und marktorientierten Neuen Ökonomischen Politik. Die Enteignungen und Massendeportationen der sogenannten Großbauern (Kulaken) begann. Die Zäsur, die hiermit in der sowjetischen Geschichte einsetzte und schon 1930 mit zahlreichen politischen Geheimprozessen fortgesetzt wurde, blieb nicht ohne dramatische Auswirkungen auf die Nationalitätenpolitik.

4. Verfolgung im eigenen Land

Den größten Blutzoll unter den Völkern der Sowjetunion haben die Kollektivierung und die politischen Säuberungen unter Stalin gefordert. Die Wahnidee bestand – verkürzt ausgedrückt – darin, mit gewaltsamen Methoden dem Riesenreich eine neue landwirtschaftliche und industrielle Struktur zu geben, die einer Umwälzung der gesamten Gesellschaftsordnung auf Kosten des Bürgertums und des Bauernstandes gleichkam. Auf dieser Grundlage sollte sich eine neue Identität der Sowjetbürger herausbilden, deren nationale Unterschiede von einem Sowjetpatriotismus eingeschmolzen würden.

Die Sicherung der Macht sollte ein Zentralismus gewährleisten, dessen Verwirklichung durch Parteisäuberungen auf allen Ebenen angestrebt wurde.

Diese Herrschaft der allgegenwärtigen Diktatur Stalins, die auf der Gleichsetzung von Staat und Partei beruhte, erfuhr durch den Großen Vaterländischen Krieg, wie der Zweite Weltkrieg im Russischen heißt, eine weitere Festigung. Stalin nutzte den Vorwurf der Kollaboration mit den deutschen Besatzern, um zahlreiche Völker aus ihren Siedlungsgebieten zu deportieren und dabei zu dezimieren. Darüber hinaus sind praktisch alle Völker der Sowjetunion von 1930 bis zum Tod des Diktators 1953 auf unterschiedliche Weise der Verfolgung im eigenen Land ausgesetzt gewesen.

Nach außen hin wiegte Stalin seine künftigen Opfer in Sicherheit, indem er mit den baltischen Staaten Nichtangriffspakte schloß, die er 1934 um zehn Jahre verlängerte.

Der verhängnisvollste Schritt nach innen war jedoch zunächst die Kollektivierung, die 1930 auch für die nicht-russischen Gebiete im Transkaukasus, Mittelasien, Kasachstan, Burjatien und Jakutien beschlossen wurde. Damit überschritt die Kollektivierung den Bereich fest angesiedelter Landwirtschaften und erfaßte auch Nomadenvölker in Mittelasien und im hohen Norden.

Besonders schlimm betroffen war die Kornkammer der Sowjetunion, die Ukraine. Die Ausrottung der »Kulaken (Großbauern) als Klasse« hat in der Ukraine die Ernährungsbasis zerstört und Hungersnöte ausgelöst, die allein in den Jahren 1932/33 sechs bis sieben Millionen (!) Todesopfer gefordert haben. Diese Zahl wurde erstmals von dem Historiker Roy Medwedjew in der Sowjetunion 1989 öffentlich genannt (R. Medwedjew, »Über die Zahl der Stalinismus-Opfer«, *Osteuropa* 11/12, 1989). Davon starben mehr als vier Millionen Menschen allein in der Ukraine.

Heutige ukrainische Nationalbewegungen gehen davon aus, daß diese Hungersnot bewußt von Stalin in Kauf genommen wurde, um die Selbständigkeitsbestrebungen der Ukrainer zu brechen. In ihren Augen ist die Hungersnot ein gezielter Völkermord gewesen. In der Ukraine war der Widerstand gegen die Kollektivierung am stärksten, darum hatte er die schlimmsten staatlichen Sanktionen zur Folge. Die Moskauer Führung, die dem wachsenden ukrainischen Nationalgefühl ohnehin mißtraute, ließ bereits 1930 die Mitglieder eines Geheimbundes »Zur Befreiung der Ukraine« in einem Schauprozeß verurteilen und begann 1933 mit massiven Säuberungen in der ukrainischen Partei, deren Führungskader durch Tausende russischer Funktionäre ersetzt wurden. Im selben Jahr zum Beispiel beging der ukrainische Minister für Volksbildung, N. A. Skrypnik, der wegen seiner Nationalisierungspolitik in Moskau in Ungnade gefallen war, Selbstmord. Unter diesen Voraussetzungen ist zu verstehen, daß für die geknechtete Ukraine der Einmarsch der deutschen Wehrmacht 1941 als Befreiung vom Bolschewismus mißverstanden und daher zunächst begrüßt wurde.

In den mittelasiatischen und nordsibirischen Regionen verlief die Kollektivierung zunächst auf der Basis der existierenden Sippenbetriebe, bis dann die Sippenoberhäupter als Kulaken gebrandmarkt und ebenfalls deportiert wurden und zum größten Teil in Lagern umkamen. Unter diesen Regionen hat Kasachstan am meisten gelitten. Denn durch die Zwangsansiedlung der hier lebenden Nomaden wurde die Sozial- und Wirtschaftsstruktur (nomadisierende Viehzucht) Kasachstans völlig zerstört und das Bevölkerungswachstum gehemmt.

Tragische Auswirkungen zeitigte eine Weichenstellung, die

in jenen Jahren Usbekistan betraf. Diese mittelasiatische Republik mußte ihren Getreideanbau einschränken, und ab 1929/30 verstärkt Baumwolle anbauen. Damit entstand eine Monokultur, die Usbekistan und später auch die übrigen zentralasiatischen Republiken zum Rohstofflieferanten für die Russische Föderation degradierten, ohne selbst noch über eine ausreichende eigene Nahrungsmittelbasis zu verfügen. Politiker, die seinerzeit die Katastrophe voraussahen, wurden als Parteischädlinge verfolgt. Die heutigen Nationalbewegungen in Zentralasien knüpfen historisch an diese verfolgten Politiker an, deren Forderungen sie sich sechs Jahrzehnte später wieder zu eigen gemacht haben.

Die stalinistische Politik weckte den Kampfwillen der Basmatschen (antisowjetische Widerstandskämpfer in Zentralasien) erneut, die schon im Bürgerkrieg der Roten Armee heftigen Widerstand geleistet hatten. Fluchtbewegungen aus Sowjet-Zentralasien setzten Richtung Afghanistan ein. Der spätere Afghanistankrieg der Sowjetunion 1978 bis 1988 löste in der zentralasiatischen Bevölkerung erneut Widerstände aus, die sich in ihrer Motivation auf die Kämpfe der Basmatschen gegen die Sowjetisierung stützten.

Als Argument zur Widerlegung einer beabsichtigte Vernichtungspolitik Stalins gegenüber den nicht-russischen Völkern wurde früher von sowjetischen Zeitgeschichtlern die Neuordnung in der nationalen Gliederung der Sowjetunion 1936 angeführt. In der Tat ist das Gebilde von Unionsrepubliken, Autonomen Republiken und Autonomen Gebieten in der Stalin-Zeit erheblich ausgeweitet worden. Das Parlament erhielt mit dem Nationalitätensowjet eine zweite Kammer (s. Zeittafel 1936). Gleichzeitig aber ist der Ausbau des Zentralismus ideologisch und praktisch so weit betrieben worden, daß man von einer Russifizierungspolitik gegenüber den nicht-russischen Völkern sprechen muß. Dazu zählt ab 1937 die Säuberungswelle unter den Parteifunktionären der nationalen Minderheiten, die Auflösung zahlreicher nationaler Parteiorganisationen, der Abbau der nationalen Schulen, die Auflösung der nationalen Einheiten in der Roten Armee und die Einführung des Russischunterrichts als Pflichtsprache an den nicht-russischen Schulen (beides ab März 1938). Erschwert wurde für viele nicht-russischen Völker besonders in Zentralasien der Prozeß der Alphabetisierung, weil deren arabische Schrift (ab 1926) zunächst durch die lateinische Schrift und dann (ab 1937) durch die kyrillische Schrift ersetzt wurde. Auch diese Maßnahmen auf dem Verordnungsweg zeigen den engstirnigen, rein administrativen Umgang mit ganzen Völkern, deren Eigenleben bei der stalinistischen Integration in die »Völkerfamilie der Sowjetunion« nicht berücksichtigt worden ist.

Bis heute leiden die nicht-russischen Völker darunter, daß zahlreiche Führungspositionen in der Zeit der Industrialisierung und der politischen Säuberungen mit Russen besetzt wurden. Hier liegt der tiefere Grund dafür daß der aktuelle Nationalitätenkonflikt sich hauptsächlich gegen die Russen als Führungsmacht im Land richtet, unabhängig davon, daß auch einzelne Völker untereinander historischen Konfliktstoff zu bieten haben, der in der aktuellen Entwicklung ebenfalls aktiviert wird. Ein solcher Konfliktstoff ist die regional-administrative Differenzierung der Sowjetunion während der Stalin-Zeit. Denn dieser Neugliederung ist es nicht immer gelungen, historisch-nationale und administrative Grenzen in Einklang zu bringen. Doch diese Last ist eine systemimmanente Erscheinung der Sowjetunion schlechthin. Ein Beispiel dafür ist die armenische Enklave Berg-Karabach, die 1923 administrativ Aserbaidschan zugeschlagen wurde und deren Zugehörigkeit in der Gegenwart einen blutigen Bürgerkrieg zwischen beiden Völkern ausgelöst hat.

Der Verlauf der Sowjetgeschichte hat gezeigt, daß der Sowjetpatriotismus, der in der Stalin-Zeit wesentlich begründet wurde, solche zwischennationalen Konflikte nicht hat überwinden können. Diesem Patriotismus ist der sowjetische Anspruch bereits in seinem Frühstadium insofern abhanden gekommen, als diese Idee mehr und mehr mit nationalrussischen Elementen angereichert wurde. Dies gilt für die sowjetische Geschichtsschreibung ebenso wie für das Literaturverständnis. Der Einfluß der russisch-zentrierten sowjetpatriotischen Sichtweise hat den Westen bis weit in die sechziger Jahre hinein soweit beeinflußt, daß etwa westliche Handbücher über die Sowjetliteratur sich ausschließlich mit russischsprachigen Autoren befassen und die Literatur von Dutzenden anderer Sprachen der Sowjetunion schlicht ausgelassen haben.

Eine besondere Rolle spielt diese Art Sowjetpatriotismus in der Zeit des Zweiten Weltkrieges, als das russische Volk vorwiegend mit dem Attribut »groß« versehen wurde und als integrierendes Element und Retter der anderen Sowjetvölker galt. Der Rückgriff der Kriegspropaganda auf historische Vorbilder bei der Verteidigung des Vaterlandes beschränkte sich vornehmlich auf russische Gestalten. Der Verteidigungswille wurde unter Berufung auf den Schutz der russischen Kulturgüter angespornt. Rußland als zentrale Macht wurde beinahe zum Synonym für die Sowjetunion. Im krassen Gegensatz dazu stand Stalins Umgang mit zahlreichen nicht-russischen Völkern. Sie wurden vom Diktator teilweise als unzuverlässig angesehen, weil einige Völker mit dem Einmarsch der deutschen Wehrmacht (ab Juni 1941) eine Chance für die Loslösung aus der sowjetischen Umklammerung mit dem Fernziel einer nationalstaatlichen Unabhängigkeit sahen.

Zuvor hatten Hitler und Stalin mit den Verträgen vom 23. August und 28. September 1939 jenen Teil des Kontinents unter sich aufgeteilt, der nur unzureichend in der politischen Geographie als »Osteuropa« bezeichnet wird. Betroffen waren nämlich überwiegend solche Staaten und Regionen, die sich ihrem historischen Werdegang und ihrer kulturellen Identität nach als mitteleuropäisch verstanden. Dieses kulturhistorische Selbstverständnis muß man in Betracht ziehen, um die Bedeutung der Angliederung vor allem der baltischen Staaten Estland, Litauen und Lettland, aber auch der weströmisch-orientierten Teile Ostpolens (West-Ukraine) für die Betroffenen zu verstehen. Selbst Bessarabien war seiner Identität nach mehr rumänisch als slawisch und wurde mit seiner gewaltsamen Annexion und Umformung zur Moldawischen Sowjetrepublik zu einem Konfliktherd, der ein halbes Jahrhundert später noch enorme Sprengkraft in sich birgt.

Die Sowjetunion, die bei ihrer zweiten Volkszählung 1939 über 190 Millionen Einwohner verfügte, erhöhte durch die Einverleibung dieser Gebiete ein Jahr später ihre Einwohnerzahl auf 213 Millionen. Über die Opfer, die diese Angliederung gefordert hat, gibt es keine zuverlässigen Zahlen. Die Deportationen im Baltikum begannen in der Nacht vom 13. auf den 14. Juni 1941. Die bürgerliche Elite sollte ausgelöscht werden. Vermutlich waren fast 200000 Personen betroffen. Die letzten Überlebenden durften erst im Herbst 1988 (!) zurückkehren. Aus Bessarabien wurden wahrscheinlich fast ebenso viele Menschen deportiert.

Bereits ein Jahr zuvor hatte Stalin nach dem Einmarsch der Roten Armee in Ostpolen eine Million Menschen nach Sibirien und in das Uralgebiet verschleppen lassen, darunter einen bedeutenden Teil, geschätzt wird bis zu einem Drittel, Juden. Die Sowjetisierung dieser Gebiete wurde mit Parteien- und Gewerkschaftsverbot sowie mit der Kollektivierung eingeleitet.

Der deutsche Überfall auf die Sowjetunion veränderte die Machtverhältnisse in den Randgebieten und beeinflußte die Nationaliätenpolitik der Sowjetunion. Denn nun hofften nationale Kräfte vor allem in der Ukraine und dem Baltikum auf eine nationalstaatliche Wiedergeburt mit deutscher Unterstützung.

Die ukrainischen Nationalisten waren bereits seit 1929 organisiert und nutzten die deutsche Besatzung, um 1941 die »Souveränität« der Ukraine auszurufen. Von der mit Rom unierten ukrainisch-katholischen Kirche wurde dieser Schritt begrüßt. Dafür mußte diese Kirche nach Kriegsende mit schweren Verfolgungen und 1946 mit ihrer Auflösung büßen, bis unter Gorbatschow die unierte Kirche Ende 1989 wieder zugelassen wurde.

Die ukrainischen Nationalisten fanden mit ihrer Zielvorstellung keine Unterstützung bei der deutschen Besatzung. Die Vertreter der selbsternannten ukrainischen Nationalregierung wurden verhaftet, zahlreiche ihrer Anhänger von den SS-Einheiten erschossen. Fast ein halbes Jahrhundert später kam es 1990 in der Ukraine zu nationalistischen Demonstrationen, die den Rücktritt des kommunistischen Ministerpräsidenten erzwangen. Dabei wurden die Namen jener Politiker skandiert, die 1941 unter der deutschen Besatzung versucht haben, eine national-ukrainischen Regierung zu bilden.

Das Verhältnis der Ukraine zu den deutschen Besatzern war ambivalent. Einerseits gab es eine breite Kollaboration, in deren Rahmen sich fast 100000 Freiwillige zu einer besonderen SS-Einheit im Kampf gegen die Sowjetunion meldeten. Andererseits wüteten die Besatzer unter der Bevölkerung mit Massenvernichtungen und der Deportation von Zwangsarbeitern. Der nationalsozialistische Rassenwahn gipfelte in dem »Generalplan Ost«, in dem Heinrich Himmler 1942 die Deportation der slawischen Völker (Polen, Tschechen, Ukrainer und Weißrussen) nach Sibirien vorsah, um deren Wohngebiete als neuen Lebensraum für die Okkupanten zu nutzen.

Im benachbarten Weißrußland stellten sich antibolschewistische Kräfte in den militärischen Dienst der Nationalsozialisten. Ein weißrussischer Kongreß in Minsk proklamierte 1944 eine fiktive Unabhängigkeit von Deutschlands Gnaden. Doch diese Bewegungen konnten nicht dasselbe Ausmaß erreichen wie in der Ukraine, weil der Drang zur Nationalstaatlichkeit in Weißrußland historisch weniger ausgeprägt war als in der Ukraine.

In den baltischen Staaten, die kurz zuvor von Stalin annektiert worden waren, regten sich Hoffnungen, daß mit dem deutschen Überfall auf die Sowjetunion die Eigenstaatlichkeit wieder zurückgewonnen werden könnte. Von daher ist zu erklären, daß sich auch in Estland und Lettland mehr als 100000 Männer fanden, die auf seiten der Deutschen gegen die Rote Armee kämpften. Im katholischen Litauen gelang es der SS nicht, solche Kampfverbände aufzustellen.

Auch im Baltikum übte die Sowjetmacht nach Kriegsende und Rückeroberung der Gebiete mit Massendeportationen Vergeltung für die Kollaboration mit den deutschen Besatzern.

Ein ähnliches Schicksal erlitten die Krimtataren und die Kaukasusvölker, die unter der deutschen Besatzungsmacht an die Wiedererlangung ihrer autonomen Rechte glaubten und teilweise auch ein größeres Maß an Religionsfreiheit erhielten als unter der Sowjetmacht.

Deutschland wollte daraus Nutzen ziehen und gewann zahlreiche Angehörige der nicht-russischen, kaukasischen und orientalischen Völker für den Militärdienst in den »Ostlegionen«. Das Dilemma dieser Völker wird ausführlich dargestellt von Patrik von zur Mühlen (*Zwischen Hakenkreuz und Sowjetstern. Der Nationalismus der sowjetischen Orientvölker im 2. Weltkrieg*), der zu der Schlußfolgerung kommt: »Das einzige sowjetische Orientvolk, an dessen Loyalität nicht einen Augenblick Zweifel herrschten, waren die Armenier« (S. 200).

Der Autor bejaht eindeutig (S. 215ff.), daß Stalin diesen Loyalitätsverlust vorausgesehen habe. Vor diesem Hintergrund sind die gravierenden Repressionsmaßnahmen zu bewerten, die nach dem Rückzug der deutschen Wehrmacht gegen zahlreiche Völker ergriffen wurden:

Im November 1943 begann die Deportation der Karatschajer, einen Monat später gefolgt von der Deportation der Kalmücken. Nach dem Jahreswechsel ab Februar 1944 werden die Tschetschenen und Inguschen deportiert, einen Monat später folgen die Balkaren. Sie alle verloren ihren Autonomiestatus. Im Mai 1944 wurde die Autonome Republik der Krimtataren aufgelöst und das ganze Volk verschleppt. Von diesen Racheaktionen waren vermutlich etwa eine Million Menschen betroffen, von denen ein großer, heute nicht mehr zu ermittelnder Teil während der Deportation umkam. Aber auch im Fernen Osten hatte Stalin Zehntausende Koreaner aus den Grenzgebieten nach Zentralasien deportieren lassen, weil er in ihnen mögliche Kollaborateure sah.

Besonders hart fiel die Rache an den Rußlanddeutschen aus. Gerhard Simon (S. 227) zitiert Quellen, wonach bereits 100000 Rußlanddeutsche aus der Ukraine nach Sibirien deportiert worden waren, bevor die Wehrmacht noch die dortigen deutschen Siedlungen erreicht hatte. Am 28. August 1941 – die Deportationen hatten bereits begonnen – faßte das Präsidium des Obersten Sowjet einen Beschluß über die Zwangsumsiedlung der Wolgadeutschen, wobei der Wortlaut in krassem Gegensatz zu dem wirklichen Verlauf der »Übersiedlung« stand. Der Erlaß geht von einer Kollektivschuld aus, die bereits eine Kollaboration voraussetzt, obwohl die Wolgadeutschen noch gar keinen Kontakt zu den deutschen Truppen gehabt haben können. Der volle Text lautet:

»Laut genauen Angaben, die Militärbehörden erhalten haben, befinden sich unter der in den Wolgarayons wohnenden deutschen Bevölkerung Tausende und Abertausende Diversanten und Spione, die nach dem aus Deutschland gegebenen Signal Explosionen in den von den Wolgadeutschen besiedelten Rayons hervorrufen sollen. Über das Vorhandensein einer solch großen Anzahl von Diversanten und Spionen unter den Wolgadeutschen hat keiner der Deutschen, die in den Wolgarayons wohnen, die Sowjetbehörden in Kenntnis gesetzt. Folglich verheimlichte die deutsche Bevölkerung der Wolgarayons die Anwesenheit der Feinde des Sowjetvolkes und der Sowjetmacht in ihrer Mitte.

Falls aber auf Anweisung aus Deutschland die deutschen Diversanten und Spione in der Republik der Wolgadeutschen oder in den angrenzenden Rayons Divisionsakte ausführen werden und Blut vergossen wird, wird die Sowjetregierung laut den Gesetzen der Kriegszeit vor die Notwendigkeit gestellt, Strafmaßnahmen gegenüber der gesamten Wolgabevölkerung zu ergreifen.

Zwecks Vorbeugung dieser unerwünschten Erscheinungen und um kein ernstes Blutvergießen zuzulassen, hat das Präsidium des Obersten Sowjet der UdSSR es für notwendig erachtet, die gesamte deutsche in den Wolgarayons wohnende Bevölkerung in andere Rayons zu übersiedeln, wobei den zu Übersiedelnden Land zuzuteilen und eine staatliche Hilfe für die Einrichtung in den neuen Rayons zu erwarten ist. Zwecks Ansiedlung sind die an Ackerland reichen Rayons des Nowosibirsker und Omsker Gebietes, des Altaigaus, Kasachstans und andere Nachbarortschaften bestimmt.

In Übereinstimmung damit wurde dem Staatlichen Komitee für Landesverteidigung vorgeschlagen, die Übersiedlung der gesamten Wolgadeutschen unverzüglich auszuführen und die zu übersiedelnden Wolgadeutschen mit Land und Nutzländereien in den neuen Rayons sicherzustellen« (G. Meyer, *Nationalitätenkonflikte in der Sowjetunion*, Köln 1990, S. 180f.).

Die bedrückende Bilanz dessen, was in wenigen Monaten den Deutschen widerfuhr, die sich noch überhaupt nichts hatten zuschulden kommen lassen, liest sich in der Zusammenfassung bei G. Simon folgendermaßen:

»Insgesamt wurden von Juli bis Oktober 1941 650000 –

750000 Deutsche, davon 400000 aus der Wolgarepublik, deportiert und von ihren Angehörigen getrennt, verloren Besitz und Heimat. Ihr neuer rechtlicher Status ähnelte dem von Strafgefangenen. Die Autonome Republik der Wolgadeutschen wurde durch Beschluß des Obersten Sowjet vom 7. September 1941 aufgehoben. Nach der Vertreibung der Menschen beseitigte die Sowjetmacht die Spuren der Deutschen: Die deutschen Ortsnamen wurden geändert, Baudenkmäler und Friedhöfe zerstört. Die Deutschen verschwanden aus den Medien, den Lexika, ja sogar aus der Statistik« (Simon, S. 230).

Eine überraschende Entscheidung wurde scheinbar zugunsten der einzelnen Sowjetrepubliken im Februar 1944 gefällt. Alle erhielten sie eigene Komissariate (Ministerien) für Verteidigung und Auswärtige Beziehungen. Dahinter verbarg sich jedoch nicht eine größere Freiheit der Unionsrepubliken für eine selbständige Verteidigungs- und Außenpolitik. Stalin hatte vielmehr die Gründung der Vereinten Nationen vor Augen, in der die Sowjetunion nach seinen Vorstellungen letztlich – nach Erweiterung des Territoriums – mit 15 stimmberechtigten Republiken sowie einer zusätzlichen Stimme für die Gesamt-Sowjetunion hätte vertreten sein sollen. Die Gründungsmitglieder gestanden der Sowjetunion schließlich drei UNO-Botschafter mit eigener Stimme zu, einen für die Sowjetunion sowie je einen für Weißrußland und die Ukraine. Was die Sowjetunion in der Charta der Vereinten Nationen unterstützte, nämlich das Selbstbestimmungsrecht der Völker, stand in krassem Widerspruch zur Nachkriegspolitik in den rückeroberten Gebieten. Es begann eine Welle des Terrors, der Gleichschaltung, der Hinrichtungen und neuerlicher Deportationen.

Für die Grenzgebiete im Westen war ein Bevölkerungsaustausch zwischen Polen und der Ukraine vorgesehen, in dessen Verlauf eine halbe Million Ukrainer meist gegen ihren Willen in die Sowjetunion umgesiedelt wurden. Umgekehrt nannte Polen die Zahl von mehr als zwei Millionen Menschen, die aus den polnischen Ost- und jetzigen sowjetischen Westgebieten nach Polen kamen. Der Kampf in der Ukraine um die nationale Unabhängigkeit wurde auch nach dem Krieg verbissen fortgesetzt.

Die unierte ukrainische Kirche mit ihren vier Millionen Gläubigen wurde aufgelöst und mit der russisch-orthodoxen Kirche unter dem Moskauer Patriarchat zwangsvereinigt. Dieser Schritt bedeutete eine Vergewaltigung der Gläubigen, die nur verständlich wird, wenn man sich als Beispiel eine Zwangsvereinigung der Schwedischen Lutheraner mit der römisch-katholischen Kirche unter päpstlicher Oberhoheit vorstellt.

Im Baltikum wurde als Strafaktionen gegen die Esten, Litauer und Letten zwischen 1945 und 1949 erneut mehr als eine halbe Million Menschen deportiert. Dieser Exodus wurde durch eine Maßnahme »ausgeglichen«, die in der Zeit der Perestrojka explosive zwischennationale Spannungen auslösten: Denn eine noch größere Anzahl von Russen wanderte im gleichen Zeitraum in das Baltikum ein, gefolgt von Immigranten weiterer Nationen. Das Ziel, den Anteil der Titularnation durch diese Art der Russifizierung drastisch zu senken, ist in der Nachkriegszeit mit Ausnahme Litauens erreicht worden.

Die Generation, die diesen Prozeß mitgemacht hat, lebt heute noch. Deshalb nehmen gerade im Baltikum die Abrechnungen mit der stalinistischen Vergangenheit und die Abgrenzungstendenzen gegenüber der sowjetischen Zentralmacht einen solch entschiedenen Verlauf. Der Vorwurf der jetzigen nationalen Führungen gegen die heutige Zentralmacht der Kommunistischen Partei in Moskau lautet, sie stehe historisch wie politisch in der Rechtsnachfolge jener Zeit und jenes Systems, das für die Unterdrückung der nicht-russischen Völker verantwortlich war.

Während die Nationalitätenpolitik im Baltikum, in den Westgebieten und im Nordkaukasus mit Strafmaßnahmen wegen »Kollaboration mit dem Feind« begründet wurde, zeigte sich gegenüber anderen Völkern ebenfalls ein vergewaltigender Zugriff. Die Nachkriegsjahre bis zu Stalins Tod waren geprägt von einer Ära der ideologischen Hetzjagd, die ihren Namen »Schdanowschtschina« nach Andrej Schdanow (gestorben 1948), ab 1946 Leiter der Propaganda-Abteilung des Zentralkomitees, erhielt. Großrussisch-chauvinistische Visionen beherrschten das Geschichtsbild, das 1947 eine denkwürdige Historikerdebatte um den islamischen Widerstandskämpfer

Schamil auslöste, der sich im 19. Jahrhundert gegen die zaristische Kolonialmacht erhoben hatte. Vom Klassenstandpunkt der materialistischen Geschichtswissenschaft hätte Schamil ein Ehrenplatz in der sowjetischen Geschichtsbetrachtung gebührt. Doch die Schdanow-Ära stufte den Widerstandskämpfer als »reaktionär« und als »Agenten des britischen Geheimdienstes« ein. Dieses Urteil hatte Signalwirkung. In der Folgezeit wurden zahlreiche Vertreter der nationalen Intelligenz islamischer Völkern in Kasachstan, Aserbaidschan, Kirgisien und Dagestan sowie im hohen Norden, in Jakutien, aus der Partei ausgeschlossen, degradiert und teilweise vor Gericht gestellt. Gleichzeitig führt die Schdanow-Ära einen Kampf gegen »Kosmopolitismus und Objektivismus«. Dahinter verbarg sich ein Antisemitismus, der bald zur offiziellen politischen Linie avancierte und die Verfolgung jüdischer Intellektueller sowie die Schließung jüdischer Schulen und Kultureinrichtungen einleitete. Der Vorsitzende des Jüdischen Antifaschistischen Komitees und berühmte jüdische Schauspieler S. M. Michoels wurde in Minsk ermordet, das Komitee verboten. Zahlreiche Todesurteile gegen Juden lauteten auf Landesverrat, ihnen wurde vorgeworfen, sie hätten sich gegen den Staat verschworen. Ähnliche Vorwürfe, die nahtlos an das Gedankengut der Schdanow-Ära anschließen, werden inzwischen wieder von der antisemitischen *Pamjat*-Bewegung in der Sowjetunion verbreitet.

Als im Januar 1953, kurz vor Stalins Tod, überwiegend jüdische Ärzte beschuldigt wurden, sie hätten zahlreiche sowjetische Politiker ermordet, zeichnete sich ein neues Drama im Kapitel der stalinistischen Nationalitätenpolitik ab. Aus der heutigen Sichtweise sehen Historiker darin »ein Vorzeichen der bereits konkret und im Detail geplanten massenhaften Deportation aller Juden« (Simon, S. 242).

Stalins Tod am 5.März 1953 verhinderte diesen Schritt und leitete eine Wende in der Nationalitätenpolitik der Sowjetunion ein.

5. Rehabilitierung und nationale Wiedergeburt

Die Russifizierungspolitik unter Stalin hatte nach seinem Tod bald offene Proteste »auf ausnahmslos allen ZK-Plenen« der nationalen kommunistischen Parteien der Unionsrepubliken ausgelöst (Heller-Nekrich II, S. 204). Im Kampf um die Macht verschaffte sich Stalins früherer Geheimdienstchef und Stellvertreter Lawrentij Berija eine gewisse Popularität, indem er sich nach Stalins Tod als Mitglied der Kollektiven Führung erfolgreich für eine Re-Nationalisierung der einzelnen Republikführungen eingesetzt hatte. Seither wurde in der Regel der Posten des Ersten Parteisekretärs der nicht-russischen Republiken von nationalen Führungskräften besetzt. Den Kampf um die Nachfolge Stalins konnte Nikita Chruschtschow schließlich zu seinen Gunsten entscheiden. Am 13.September 1953 wurde er zum Parteichef gewählt. Berija wurde wegen seiner Verbrechen in der Stalin-Zeit im Dezember desselben Jahres hingerichtet.

Chruschtschow, der zuvor Parteichef der Ukraine gewesen war, hatte offensichtlich ein Gespür für die Brisanz der nationalen Frage entwickelt und leitete zunächst eine Dezentralisierung und später – mit der Entstalinisierung – eine Rehabilitierung unterdrückter Völker ein.

Noch vor dem entscheidenden XX.Parteitag 1956 machten sich von den deportierten Völkern die Tschetschenen und die Inguschen eigenmächtig auf den Weg in die kaukasische Heimat. Ihr Aufbruch fällt zeitlich zusammen mit einem Beschluß des Ministerrates vom Juli 1954, der den deportierten Völkern, die in ihren neuen Siedlungsgebieten gleichsam in Lagerhaft gehalten wurden, eine gewisse Bewegungsfreiheit zurückgab. Doch die Aufhebung der Vorschriften für die Zwangsansiedlung der Deutschen, Krimtataren, Balkaren und anderen bedeutete noch nicht, daß diese Völker in ihre Heimat zurückkehren durften.

Die Verbrechen der Deportation wurden von Chruschtschow am 25. Februar 1956 auf dem XX. Parteitag zwar nicht vollständig, aber in konkreten Einzelfällen angesprochen. Diese Rede galt als »Geheimrede«, die den Parteikadern damals zur Kenntnis gebracht und interpretiert wurde. Doch das Dokument der Entstalinisierung durfte erst 33 (!) Jahre später in der Sowjetunion veröffentlicht werden. In der wichtigsten Passage, mit der die Rehabilitierung der deportierten Völker und damit ein neues Kapitel in der Geschichte der Sowjetunion eingeleitet wurde, heißt es:

»Die Hauptrolle bei der siegreichen Beendigung des Krieges spielten unsere Kommunistische Partei, die Streitkräfte der Sowjetunion und die Millionen von unserer Partei geschulten Sowjetmenschen. Ihnen gebührt das Hauptverdienst. (Donnernder und anhaltender Beifall.)

Um so ungeheuerlicher sind die Taten, die auf Veranlassung Stalins begangen wurden und schwere Verstöße gegen die fundamentalen leninistischen Grundsätze der Nationalitätenpolitik des Sowjetstaates darstellen. Wir meinen die Massendeportationen ganzer Völkerschaften mitsamt allen Kommunisten und Komsomolzen, ohne jede Ausnahme. Diese Deportationen waren durch keinerlei militärische Überlegungen diktiert.

So wurden bereits gegen Ende des Jahres 1943, als sich im Großen Vaterländischen Krieg durch die Durchbrüche unserer Armee an den Fronten das Blatt zugunsten der Sowjetunion wendete, ein Beschluß über die Deportation sämtlicher Karatschajer aus ihrem angestammten Land gefaßt und durchgeführt. Im gleichen Zeitraum, Ende Dezember 1943, ereilte die gesamte Bevölkerung der Autonomen Kalmückenrepublik dasselbe Schicksal. Im März 1944 wurden sämtliche Tschetschenen und Inguschen deportiert, und die Autonome Republik der Tschetschenen und Inguschen wurde aufgelöst. Im April 1944 wurden alle Balkaren aus dem Gebiet der Autonomen Republiken der Kabardiner und Balkaren in entlegene Gebiete verschleppt und die autonome Republik selbst wurde in Autonome Kabardinische Republik umgetauft. Die Ukrainer entgingen diesem Schicksal lediglich, weil sie zu zahlreich sind und kein Raum vorhanden war, wohin man sie hätte deportieren können. Sonst hätte er auch sie deportiert. (Gelächter und Heiterkeit im Saal.)

Kein Marxist-Leninist und überhaupt kein vernünftiger

Mensch kann verstehen, wie es möglich ist, ganze Völker samt Frauen und Kindern, alten Leuten, Kommunisten und Komsomolzen, für feindliche Handlungen verantwortlich zu machen, Massenrepressalien gegen sie anzuwenden und wegen der Schädlingsarbeit einzelner und kleinerer Gruppen der Not und dem Elend auszusetzen« (Abdruck der gesamten »Geheimrede« in: Medwedjew u. a., *Der XX. Parteitag der KPdSU und seine Folgen*, S. 487–537, Zitat S. 519–520).

Chruschtschow vermied in dieser Rede aber jeden Hinweis auf die Deportation und Auflösung der Autonomen Republiken der Wolgadeutschen und der Krimtataren. Er erwähnte auch nicht die Verschleppung der Letten, Litauer und Esten sowie der Mezcheten, turkisierter Bewohner aus dem südlichen Grenzgebiet Georgiens. Deren Schicksal wurde erst dreißig Jahre später in den sowjetischen Medien und im sowjetischen Parlament diskutiert.

Als Konsequenz aus Chruschtschows Rede auf dem XX. Parteitag wurde 1956/57 die territoriale Autonomie der Balkaren, Kalmücken, Karatschajer sowie der Tschetschenen und Inguschen wiederhergestellt. Die Rückkehr dieser Völker warf erhebliche Probleme auf. In ihren Siedlungsgebieten, Häusern und Wohnungen lebten Neusiedler, meist Russen, die nun ihrerseits diese Gebiete verlassen mußten. In Grosnyj, der Hauptstadt der Autonomen Republik der Inguschen und Tschetschenen, wurde 1958 bei nationalen Zusammenstößen zwischen Russen einerseits sowie Tschetschenen und Inguschen auf der anderen Seite erstmals nachweislich die Truppen des Innenministeriums eingesetzt, die später, in der Zeit der Perestrojka, bemüht waren, an zahlreichen bürgerkriegsähnlichen Konfliktherden kämpferische Nationalisten unter Kontrolle zu bringen.

Als die Mezcheten, die ebenfalls bei der Entstalinisierung unberücksichtigt blieben, aus ihrem Deportationsgebiet in Usbekistan ab 1986 auf eigene Faust in den Kaukasus zurückkehren wollten, wiederholten sich nationale Zusammenstöße wie dreißig Jahre zuvor bei der Rückkehr der anderen Völker.

Ein ähnliches Schicksal erlitten die Krimtataren, die zwar ab 1990 mit offizieller Billigung auf die Krim zurückkehrten, dort aber auf Unverständnis und sogar Widerstand stießen, weil die Krim nach dem Krieg völlig neu besiedelt und überdies 1954 der Ukraine angegliedert worden war.

Die Ära Chruschtschow war von dem Versuch geprägt, in der Nationalitätenpolitik eine schwierige Balance finden. Es galt einerseits, durch Rehabilitierung und Wiederherstellung der verlorenen Autonomie den Völkern jenen Status der annähernden Gleichberechtigung zu verschaffen, den sie in Lenins ursprünglicher Konzeption von einem künftigen Sowjetstaat erhalten sollten. Andererseits versuchte Chruschtschow nach dem Selbstverständnis seiner Politik sogenannte nationalistische Forderungen einzudämmen, die den staatsrechtlichen Bestand der Sowjetunion in Frage stellten.

Die Republiken erhielten 1960 größeren Spielraum, indem wesentliche Aufgaben des zentralen Innenministeriums den Innenministerien der Unionsrepubliken überlassen wurden. Der Versuch einer Schul- und Wirtschaftsreform scheiterte jedoch gleichermaßen an der Sprunghaftigkeit des Parteichefs wie an der mangelnden Flexibilität der Parteiorganisation.

Diese Reformvorhaben wurden von nationalen Forderungen nach größerer sprachlicher und wirtschaftlicher Selbständigkeit begleitet, wie sie verstärkt ab 1988 in der Zeit der Perestrojka wieder auftauchten. In einer rückblickenden Bewertung der Chruschtschow-Zeit ziehen sowjetische Zeitgeschichtler deutliche Parallelen zwischen den Jahren der Entstalinisierung und den ersten Jahren der Perestrojka unter Gorbatschow.

Dennoch fallen in die Chruschtschow-Ära signifikante politische Prozesse, die sich 1961 gegen den national orientierten »Ukrainischen Arbeiter- und Bauernbund« und 1962 gegen Mitglieder einer »Baltischen Föderation« richteten. Deren Bestrebungen waren nahezu identisch mit den heutigen Unabhängigkeitsbewegungen in ebendiesen Republiken. Über den Weg der wirtschaftlichen Selbständigkeit wollten sie die politische Unabhängigkeit erreichen. Aus Furcht vor solchen Entwicklungen kam es unter Chruschtschow zu erheblichen personellen Umbesetzungen in den Führungsspitzen praktisch aller nicht-russischen Republiken nach zentralistischen Kriterien.

Gleichzeitig konstatieren Fachautoren im selben Zeitraum eine zunehmende Chancengleichheit der nicht-russischen Nationen auf dem Gebiet der höheren und wissenschaftlichen Bildung, was sich auf die politische Artikulationsfähigkeit des nationalen Selbstbewußtseins positiv auswirken mußte.

1963 durfte das Oberhaupt der 1946 verbotenen ukrainisch-katholischen (unierten) Kirche, Erzbischof Slipyj, nach Rom ausreisen. Der Kirchenfürst hatte 18 Jahre lang in Sibirien in Haft gesessen. (Über die komplizierten Zusammenhänge zwischen der ukrainisch-katholischen Kirche und dem Sowjetstaat informiert spannend Hans-Jakob Stehle, *Die Ostpolitik des Vatikans*, München 1975). Mit der Freilassung von Erzbischof Slipyj verbanden sich Hoffnungen auf eine Entspannung im Verhältnis des Staates zur Religion, die für zahlreiche Völker der Sowjetunion ein wesentlicher Bestandteil ihrer nationalen Identität ist.

Der Sturz Chruschtschows im Herbst 1964 brachte jedoch eine Zäsur. Von einer hektischen und teilweise widersprüchlichen Politik geriet die Sowjetunion in eine Phase, die später als »Periode der Stagnation« bezeichnet wurde. Auch wenn im wirtschaftlichen Sinn das Land während der nachfolgenden zwei Jahrzehnte unter der Parteiführung von Leonid Breschnjew (1964–1982) weitgehend ruiniert und an den Rand des Zusammenbruchs gesteuert wurde, blieb die nationale Frage auch weiterhin höchst aktuell. Sie war schon aus dem vitalen Eigeninteresse der Völker heraus keiner Stagnation unterworfen.

Noch unter Chruschtschow eingeleitet und nach seinem Sturz fortgeführt wurden die verspäteten Rehabilitierungen der Wolgadeutschen (Erlaß vom 29. August 1964) und der Krimtataren (Erlaß vom 28. April 1967). Doch im Gegensatz zu den namentlich rehabilitierten Völkern durften die Wolgadeutschen und Krimtataren nicht in ihre alten Siedlungsgebiete zurückkehren. Die Beschlüsse zu ihrer Rehabilitierung wurden nicht in der zentralen Presse veröffentlicht. Die Existenz dieser beiden Völker unterlag immer noch einer Tabuisierung von großer gesellschaftlicher Breitenwirkung, auch wenn in geringem Umfang muttersprachlicher Unterricht und muttersprachliche Medien wie lokale Zeitungen und Rundfunksendungen zugelassen wurden. Als im Rahmen der Perestrojka das Schicksal der zwei

Millionen Deutschen in der Sowjetunion öffentlich diskutiert wurde, zeigte sich, wie wenig Sowjetbürger etwas Verläßliches über Existenz und Herkunft der Deutschen in ihrem Land wußten.

Mit Protesten auf dem Roten Platz in Moskau hatten Deutsche wie Krimtataren jahrelang, auch um den Preis ihrer persönlichen Freiheit, für ihre Rechte demonstriert. Sie wandten sich mit Unterschriftsaktionen an das Zentralkomitee.

Die Krimtataren, die trotz ihrer weiten Verstreuung im Land eine Art Volksversammlung aufbauten, reichten 1966 auf dem XXIII. Parteitag eine Petition mit 120000 Unterschriften ein, in der sie das Rückkehrrecht auf die Krim und die Wiederherstellung ihrer Autonomie forderten.

Die Situation der Deutschen war in diesem Punkt vielschichtiger. Denn schon vor der Stalin-Zeit lebten zwei Drittel der Deutschen außerhalb der Wolgarepublik. Deshalb fand die Bewegung zur Wiederherstellung ihrer Autonomie keinen einheitlichen Rückhalt. Statt dessen wurde die Auswanderung nach Deutschland zur wichtigsten Forderung, deren Aktualität bis in die Gegenwart eher noch zugenommen hat.

Ab Ende der sechziger Jahre wurde die Verbindung zwischen politischen Dissidententum und nationalem Engagement immer deutlicher. Es ging nicht mehr nur um partielle Freiheiten, wirtschaftliche Selbständigkeit und stärkere Berücksichtigung der nationalen Sprache, die auch innerhalb der nationalen Parteiorganisationen gefordert wurden, sondern um die Systemfrage. Wichtigster Vertreter dabei war Andrej Sacharow, der weder ein Jude war noch zu einer nationalen Minderheit gehörte, sich aber gerade für diese beiden Gruppen im Rahmen seines politischen Engagements besonders einsetzte. Für die sowjetischen Dissidenten war der Einmarsch der Warschauer-Pakt-Truppen in der Tschechoslowakei im August 1968 ein entscheidendes Warnsignal, weil die Breschnjew-Doktrin von der begrenzten Souveränität der sozialistischen Länder in Übertragung auf den Vielvölkerstaat Sowjetunion eine weitere Einschränkung der nationalen Souveränität dort lebender Völker intendierte.

An Aufmerksamkeit im Ausland büßte die nationale Frage

in der Sowjetunion mit der Entspannungspolitik unter Breschnjew ein, die zu wichtigen Abrüstungsschritten (SALT I und II) führte und die friedliche Koexistenz mit Amerika schriftlich verbürgte. Doch im Mai 1972, als der amerikanische Präsident Nixon bei seinem Besuch in Moskau das Abkommen über die Begrenzung der strategischen Rüstung (SALT I) unterschrieb und mit Breschnjew den Abbau der Spannungen vereinbarte, setzte ein litauischer Arbeiter ein erschütterndes Signal. Aus Protest gegen nationale Unterdrückung im Baltikum, das von den USA staatsrechtlich nie als Teil der Sowjetunion anerkannt worden war, hat sich der Arbeiter Roman Talanta in Kaunas selbst verbrannt. Seine Beerdigung löste nationale Demonstrationen in Litauen aus, die ein solches Ausmaß annahmen, daß Moskau glaubte, diese Bewegung nur mit dem Einsatz von Truppen eindämmen zu können.

Im Mai desselben Jahres glaubte Moskau, auch in der Ukraine ein deutliches Signal gegen den Nationalismus setzen zu müssen. Der ukrainische Parteichef Petr Schelest, Mitglied des Politbüros, wurde entmachtet, weil er für eine größere wirtschaftliche Unabhängigkeit der Ukraine und für eine vorurteilsfreie Darstellung der ukrainischen Nationalgeschichte eingetreten war. Seine Degradierung auf einen politisch eher unbedeutenden Posten war der Auftakt zu einer Entlassungswelle, »bei der wahrscheinlich etwa 1000 Funktionäre, Wissenschaftler und Publizisten ihre Stellung verloren. Schwerpunkt waren die Bereiche der Ideologie, Literatur und Geschichtswissenschaft« (Simon, S. 329).

Die nationale Identität in der Sowjetunion sollte nur noch in der Lebensform, aber nicht mehr inhaltlich Ausdruck finden dürfen. Folklore statt nationaler Identität, die dem ideologischen Anspruch eines neu gewachsenen »Sowjetvolkes« untergeordnet sein sollte. Mit dieser Konsequenz wurde 1977 eine Verfassung verabschiedet, in deren Präambel nicht mehr von dem tatsächlichen Vielvölkerstaat Sowjetunion ausgegangen wird. Statt dessen heißt es:

»Das Sowjetvolk, geleitet von den Ideen des wissenschaftlichen Kommunismus und getreu seinen revolutionären Traditionen... legt die Grundlagen der gesellschaftlichen Ordnung und der Politik der UdSSR fest, bestimmt die Rechte, Freiheiten und Pflichten der Bürger, die Prinzipien der Organisation und die Ziele des sozialistischen Staates des gesamten Volkes und verkündet sie in dieser Verfassung« (in: Brunner/Meissner, Hrsg., *Verfassungen der kommunistischen Staaten,* UTB Schöningh, Paderborn u.a. 1979, S. 385ff.).

Nicht mehr die in der Sowjetunion zusammengeschlossenen Völker, sondern ein fiktives, rein ideologisch definiertes Sowjetvolk war Träger dieser Verfassung. Gerade für das nationale Dissidententum offenbarte diese Verfassung den vergewaltigenden Zugriff, der sich hinter der euphemistischen Klausel verbarg, die nationale Frage in der Sowjetunion sei gelöst.

Diese Lesart behauptete sich über die Breschnjew-Zeit hinaus. Seinen beiden Nachfolgern, die jeweils nach kurzer Amtsdauer verstarben, Jurij Andropow (1982–1984) und Konstantin Tschernenko (1984–1985) blieb nicht einmal Zeit zu einer Bestandsaufnahme der drängenden nationalen Frage. Erst mit Gorbatschow (Parteichef ab März 1985) und dem Beginn von Perestrojka und Glasnost begannen auch die bis dahin staatlichen Medien, die nationale Frage aus Anlaß der Unruhen in Kasachstan im Dezember 1986 öffentlich zu behandeln. Selbst Michail Gorbatschow erlag genau zehn Jahre nach der Verabschiedung der Breschnjew-Verfassung demselben Fehlurteil, die nationale Frage sei gelöst, um dann jedoch selbstkritisch zu argumentieren:

»Dies bedeutet noch lange nicht, daß die nationalen Prozesse problemlos verlaufen. Widersprüche sind für jede Entwicklung typisch, und es gibt sie auch hier. Leider haben wir stets unsere wirklich beachtlichen Erfolge bei der Lösung des Nationalitätenproblems hervorgehoben und die Situation mit hochtrabenden Worten gelobt. Doch wir haben es auch hier mit der Wirklichkeit und all ihren Verwicklungen und Schwierigkeiten zu tun« (M. Gorbatschow, *Perestrojka*, München 1987, S. 149).

Diese »Verwicklungen und Schwierigkeiten« zeigten sich zunächst im Baltikum und im Kaukasus, wo über die Bildung von sogenannten Volksfronten nationale Massenbewegungen entstanden. Diese Entwicklung erfaßte bald auch die zentralasiatischen Republiken sowie die westlichen Grenzrepubliken. Als erste Sowjetrepublik verabschiedete Estland im November 1988 eine Souveräntitätserklärung. Dies war der Ausgangspunkt für einen Art Kettenreaktion in anderen Republiken und autonomen Regionen mit teilweise dramatischen Äußerungsformen.

Innerhalb von nur drei Jahren nach dem Erscheinen von Gorbatschows Buch über die Perestrojka zeigte sich die Unlösbarkeit der nationalen Frage auf der bisherigen Verfassungsgrundlage der Sowjetunion in Form blutiger Bürgerkriege, Pogrome und Massendemonstrationen. Während die einzelnen Völker sich ihre individuellen Auswege mit Souveränitäts- und Unabhängigkeitserklärungen selber suchten, bot Gorbatschow 1990 den Entwurf eines Unionsvertrages an, der nunmehr von einer »Union der Souveränen Sowjetrepubliken« ausging und auf das Attribut »sozialistisch« verzichtete.

Damit versuchte Gorbatschow einer Entwicklung Rechnung zu tragen, die als nationale Wiedergeburt praktisch alle Völker der Sowjetunion erfaßt und den bisherigen Staatsverband der Union der Sozialistischen Sowjetrepubliken faktisch außer Kraft gesetzt hat.

Die Regionalkonflikte

6. Das Baltikum

Die drei baltischen Republiken Litauen, Lettland und Estland betrachten sich heute schon nicht mehr als Bestandteil der Sowjetunion. Zu Beginn ihrer Unabhängigkeitsbewegungen glaubten sie, ein politisches Faustpfand gegenüber der Zentralmacht in Moskau nutzen zu können, das sowohl in der Sowjetunion als auch im Westen weitgehend in Vergessenheit geraten war: Seit dem gewaltsamen Anschluß der baltischen Staaten 1940 unter Stalin haben die USA und die meisten westlichen Staaten, aber auch Jugoslawien und China niemals die staatsrechtliche Zugehörigkeit des Baltikums zur Sowjetunion anerkannt. Deshalb hofften die baltischen Republiken bei ihrer Politik der allmählichen Loslösung aus der Sowjetunion auf wirtschaftliche ebenso wie auf politische Unterstützung des Westens. In den Volksfrontbewegungen, die sich ab Herbst 1988 in allen baltischen Staaten konstituierten, konnte man in unterschiedlicher Ausprägung drei politische Richtungen feststellen:

1. bürgerlich-demokratische Kräfte, die einen Nationalstaat, eventuell im Rahmen einer Konföderation anstrebten,

2. reformkommunistische Kräfte, die im Rahmen der Sowjetunion lediglich für mehr wirtschaftliche und nationale Freiheiten bis hin zur Bildung nationalkommunistischer Parteien eintraten,

3. radikale nationalistische Kräfte, die teilweise mit der Gleichsetzung von antirussischen und antikommunistischen Losungen den sofortigen Austritt aus der Sowjetunion forderten.

Während in Estland und Lettland die bürgerlich-demokratische und reformkommunistische Ideen im Vordergrund standen, kamen in Litauen die gemäßigten Reformkräfte immer stärker unter den Druck nationalistischer Parolen.

Das zunächst gemeinsame Ergebnis aller Volksfrontbewegungen waren im Sommer/Herbst 1988 die Rücktritte der KP-Chefs in Estland, Lettland und Litauen sowie zum Jahreswechsel 1988/1989 die Anerkennung der jeweiligen Nationalsprache als Staatssprache. Die sozialistischen Staatssymbole wurden gegen die alten Hymnen und Nationalfahnen ausgetauscht, deren Benutzung in der Öffentlichkeit noch wenige Jahre zuvor mit Gefängnisstrafen geahndet wurde.

Der erste Verfassungskonflikt, der die Moskauer Zentralmacht alarmierte, entstand mit der Souveränitätserklärung, die Estland als Schrittmacher der Entwicklung am 16. November 1988 verabschiedet hatte.

Mit diesem Souveränitätsanspruch wurde das Tabu der Verfassungshomogenität gebrochen und ein Prozeß eingeleitet, dem sich im Laufe der nachfolgenden zwei Jahre praktisch alle Sowjetrepubliken, aber auch zahlreiche Autonome Republiken und Autonome Gebiet sowie Nationale Kreise anschlossen. Rückblickend wären die Moskauer Zentralmacht und Präsident Gorbatschow froh gewesen, wenn die Entwicklung der nationalen Wiedergeburt lediglich zu solchen Souveränitätserklärungen geführt hätte, die noch im Fall Estlands vom Obersten Sowjet in Moskau als verfassungswidrig verurteilt worden war.

Kernaussage der Souveränitätserklärung war ein Vetorecht gegenüber Unionsgesetzen und gegenüber Verfassungsänderungen auf Unionsebene sowie der Eigentumsanspruch auf die Naturschätze, Produktionsmittel und Banken in Estland. Überdies verlangte Estland, die staatsrechtliche Struktur der Sowjetunion neu zu gestalten. Auf der »Grundlage der Gleichheit« sollte nach den Vorstellungen Estlands ein neuer Unionsvertrag geschlossen werden, der die Souveränität der Republiken festschreibt.

Zwei Jahre später hatte sich Gorbatschow diese Souveränitätsidee zu eigen gemacht, die anfangs von ihm bekämpft worden war. Im November 1990 legte Gorbatschow den Entwurf eines neuen Vertrages über eine künftige »Union Souveräner Sowjetrepubliken« vor. Doch da war es bereits zu spät. Mehrere Völker wollten sich nicht mehr mit der Souveränität im Rahmen einer Union zufriedengeben, sondern forderten die nationalstaatliche Unabhängigkeit. Auch dieser Entwicklungsschritt war vom Baltikum initiiert worden. Dieses Mal war Litauen, das von einer Welle des Nationalgefühls überrollt wurde, die treibende Kraft.

Im Laufe des Jahres 1989 wurde bei freien Wahlen die Kommunistische Partei in allen drei Parlamenten der baltischen Republiken von der Macht verdrängt. Die Volksfronten erhielten die Mehrheit der Stimmen. Mit einer Vielzahl von Beschlüssen leiteten die baltischen Republiken eine neue Phase des Zusammenschlusses ein. Als symbolischer Ausdruck einer Neuorientierung schafften sie am 26. März 1989 die Moskauer Uhrzeit ab, die mit der Annexion 1940 parallel zu allen anderen europäischen Sowjetrepubliken eingeführt worden war. Statt dessen schloß sich das Baltikum wieder der Zeitzone Finnlands an.

Die Volksfronten bildeten eine »Baltische Versammlung« und proklamierten ein gemeinsames Aktionsprogramm. Neben der Entmilitarisierung des Baltikums schwebte ihnen eine gemeinsame Wirtschafts- und möglicherweise auch Währungszone vor. Allerdings zeigte die spätere Entwicklung, daß die Republiken trotz proklamierter Gemeinsamkeiten auf separaten Wegen ihr wirtschaftliches Überleben zu sichern suchten.

Nachdem auch Litauen seine Souveränität erklärt hatte, kam es am 23. August 1989, fünfzig Jahre nach dem Abschluß des Hitler-Stalin-Paktes, zur eindrucksvollsten Massendemonstration in der Zeit der Perestrojka. Zwei Millionen Balten bildeten eine 600 Kilometer lange Menschenkette durch alle drei Republiken. Auf diese Weise demonstrierten sie für die Annullierung des deutsch-sowjetischen Abkommens von 1939, in dessen Geheimprotokoll das Baltikum als sowjetische Einflußsphäre anerkannt wurde. Nur wenige Monate später gab der Volkskongreß in Moskau den Balten Recht und verurteilte das Abkommen.

Der Erfolg ermutigte die baltischen Republiken, die erzwungenen Parlamentsentscheidungen von 1940 über den »freiwilligen Beitritt« zur Sowjetunion zu annullieren. Als Konsequenz daraus erklärten nach Litauen Estland und Lettland ihre Unabhängigkeit von der Sowjetunion. Nachdem sich Moskau mit der ersten Souveränitätserklärung von Estland protestierend abgefunden hatte, führte die Unabhängigkeitserklärung von Litauen zu einer Kraftprobe, in deren Verlauf Michail Gorbatschow trotz seiner erweiterten Befugnisse im neu geschaffenen Präsidentenamt seinen beginnenden politischen Machtverlust im Land zu spüren bekam. Der Oberste Sowjet Litauens, der nun wörtlich übersetzt als Oberster Rat bezeichnet wird, hatte nach einem überwältigenden Wahlsieg der litauischen Volksfront *Sajudis* dessen Führer Vytautas Landsbergis zum neuen Vorsitzenden gewählt, die Bezeichnung »Sozialistische Sowjetrepublik« abgeschafft und am 11. März 1990 folgenden Beschluß »Über die Wiederherstellung eines unabhängigen litauischen Staates« verabschiedet:

»Der Oberste Rat der Republik Litauen, der den Willen der Nation zum Ausdruck bringt, beschließt und proklamiert feierlich, daß die Ausübung der souveränen Macht des litauischen Staates, die seit 1940 durch fremde Mächte eingeschränkt war, wiederhergestellt wird. Die vom Obersten Rat Litauens verkündete Unabhängigkeitserklärung vom 15. Februar 1918 und die Resolution der gesetzgebenden Versammlung über die Wiederherstellung eines demokratischen litauischen Staates vom 15. Mai 1920 haben niemals ihre Rechtsgültigkeit verloren. Sie sind die verfassungsmäßige Grundlage des litauischen Staates und sind noch immer in Kraft.

Das Territorium Litauens bildet ein einheitliches Ganzes. Es ist unteilbar, und die Verfassungen anderer Staaten gelten auf dem Territorium Litauens nicht. Der litauische Staat garantiert die Rechte der dort ansässigen Personen, Staatsbürger und ethnischen Gemeinschaften und erkennt die Prinzipien der Unantastbarkeit der Grenzen an, die 1975 in der Schlußakte der Konferenz für Sicherheit und Zusammenarbeit in Europa in Helsinki ausgesprochen wurden.

Der Oberste Rat Litauens stellt die höchste Staatsgewalt dar und führt die volle Souveränität des Staates ein.«

In einem Schreiben an Gorbatschow wurde der sowjetische

Staatschef aufgefordert, die staatliche Selbständigkeit Litauens anzuerkennen. Gleichzeitig forderte das litauische Parlament die Moskauer Zentralregierung zu Verhandlungen über die praktische Wiederherstellung der Unabhängigkeit auf. Die Reaktion darauf war ein Beschluß des Volkskongresses in Moskau, der die Unabhängigkeitserklärung für »ungesetzlich und ungültig« erklärte. Als Litauen auf seiner Entscheidung beharrte, verhängte Moskau – nach militärischen Drohgebärden der Sowjettruppen – eine Blockade gegen Litauen, dessen Wirtschaft fast völlig von Energielieferungen der Sowjetunion abhängig ist. Litauens Ministerpräsidentin Kazimiera Prunskiene gelang es nicht, bei ihren Reisen durch westeuropäische Länder und die USA für die Politik der Unabhängigkeit wirtschaftliche Unterstützung zu bekommen. Die amerikanische Regierung, die jahrzehntelang für die Unabhängigkeit des Baltikums Konflikte mit der Sowjetunion riskiert hatte, hielt sich aus Sorge um die Perestrojka deutlich zurück. Nach zweimonatiger Wirtschaftsblockade, drastischen Sparmaßnahmen und hohen wirtschaftlichen Verlusten setzte das litauische Parlament die Unabhängigkeitserklärung für die Dauer von Verhandlungen mit der Zentralregierung in Moskau aus.

Der übereilt erscheinende Schritt Litauens in die Unabhängigkeit hatte seine Ursache in zwei seinerzeit bevorstehenden Entscheidungen:

Erstens bereitete der sowjetische Volkskongreß ein Ausführungsgesetz vor, das den Austritt einer Republik aus der Sowjetunion regeln sollte. Das Austrittsrecht selbst ist in Artikel 72 der Sowjetischen Verfassung von 1977 verankert. Litauen war – wie sich später zeigte – zu Recht besorgt, daß ein solches Ausführungsgesetz den Austritt nicht erleichtern, sondern erschweren werde.

Zweitens bereitete der Volkskongreß den Übergang zu einer Präsidialverfassung vor, die das bislang bedeutungslose Amt des Staatschefs mit weitgehenden Machtbefugnissen ausstatten sollte. Litauen befürchtete, daß Gorbatschow als designierter Präsident, an dessen Wahl die litauischen Abgeordneten im Volkskongreß nicht teilnahmen, seine neuen Befugnisse gegen eine Unabhängigkeitsbewegung im Baltikum einsetzen werde.

Deshalb beschloß Litauen seine Unabhängigkeit, kurz bevor Gorbatschow das neue Präsidentenamt am 15. März 1990 übernahm und der Oberste Sowjet in Moskau das Gesetz über den Austritt aus der Sowjetunion am 3. April 1990 verabschiedete.

Die gegen Litauen angewendeten Sanktionen konnten die beiden anderen baltischen Republiken Estland und Lettland nicht abschrecken. Sie beschlossen ebenfalls ihre Unabhängigkeit (Estland am 30. März 1990, Lettland am 4. Mai 1990), allerdings nicht mit dem Paukenschlag einer ausformulierten Unabhängigkeitserklärung, sondern mit dem Hinweis auf einen stufenweisen Übergang in einem nicht näher abgesteckten Zeitrahmen. Auch diese mildere Variante auf dem Weg in die Unabhängigkeit wurde von Gorbatschow kraft der neuen Kompetenz als Präsident per Dekret in harschem Ton verworfen. In den fast gleichlautenden Dekreten vom 14. Mai 1990 hieß es, hier am Beispiel Estlands:

»Der Oberste Sowjet des Estnischen SSR hat einseitig und ohne Beratung mit dem Volk der Republik unter Ignorierung der in der UdSSR bestehenden ökonomischen, politischen, kulturellen und rechtlichen Verbindungen am 30. März 1990 einen Beschluß über den rechtlichen Status Estlands gefaßt, in dem die staatliche Macht der UdSSR in Estland für ungesetzlich erklärt wird. Damit wurden die Artikel 2, 70, 71, 73 und 75 der Verfassung der UdSSR sowie das – später verabschiedete – Gesetz über den Austritt einer Unionsrepublik aus der UdSSR verletzt.

Auf der Grundlage der Punkte 1 und 2 des Artikels 127, des Artikels 74 und 173 der Verfassung der UdSSR verfüge ich, den Beschluß des Obersten Sowjet der Estnischen SSR vom 30. März 1990 über den staatlichen Status Estlands vom Augenblick seiner Annahme an für ungültig zu erklären, ferner jedwede Handlungen der staatlichen Organe und Amtspersonen sowie von Bürgern, die aufgrund des genannten Beschlusses vollzogen werden, als gesetzwidrig zu betrachten.«

Moskau, Kreml, den 14.5.1990

Der Präsident der Union der Sozialistischen Sowjetrepubliken M.S.Gorbatschow

Diese Anordnung blieb ohne die erwünschte Folgewirkung. Denn längst war der Funke auf die Bewegungen für nationale Souveränität und staatliche Unabhängigkeit in andere Sowjetrepubliken übergesprungen. Die Entwicklung lief an der Moskauer Zentralmacht und am Zugriff von Präsident Gorbatschow vorbei. So mußte der Initiator der Perestrojka mit ansehen, wie sich die Veränderungen gegen ihn selbst wandten. Seine Dekrete konnten die Betroffenen nicht einschüchtern, geschweige denn politisch beeinflussen. Ganz im Gegenteil versuchten die Republiken die Moskauer Zentralregierung zu umgehen, um eigene bilaterale Beziehungen anzuknüpfen. So wurde die Unabhängigkeit Litauens zwar nicht vom Ausland, aber von der Moldawischen Sowjetrepublik bereits am 31. Mai 1990 mit allen staatsrechtlichen Attributen anerkannt. Moldawien schlug Litauen die Aufnahme direkter diplomatischer, wirtschaftlicher, politischer und kultureller Beziehungen und den Austausch ständiger Vertretungen vor.

In Moskau, der Hauptstadt der Sowjetunion wie der Hauptstadt der Russischen Föderation, war gerade ein noch mächtigerer – weil populärer – Präsident als Gorbatschow installiert worden. Der Parteirebell Boris Jelzin wurde am 25. Mai 1990 zum Präsidenten der Russischen Föderation gewählt, trat kurz darauf aus der Kommunistischen Partei aus und nahm direkte Gesprächskontakte mit dem litauischen Präsidenten Landsbergis auf. Boris Jelzin versprach Litauen wirtschaftliche Unterstützung, die Gorbatschow verweigerte. Als Chef der größten Sowjetrepublik stellte sich Jelzin auf die Seite der Souveränitätsbewegung und stützte damit die Entwicklung im Baltikum mehr als alle westlichen Politiker, die jahrzehntelang größere Freiheiten für das Baltikum angemahnt hatten. Die Wirtschaftsblockade Gorbatschows gegenüber Litauen bezeichnete er als »großen politischen Fehler«. Statt dessen unterzeichnete Jelzin einen Vertrag zwischen der Russischen Föderation und Litauen, den er als »gleichberechtigtes Abkommen zweier souveräner Staaten« einstufte.

Gegen die Argumente der Moskauer Zentrale, die litauische Regierung vertrete nicht den Volkswillen, bemühte Litauen das Münchner Gallup-Institut für eine Meinungsumfrage. Diese Umfrage kam Ende Juli 1990 zu dem Ergebnis, daß neun von zehn Personen die litauische Unabhängigkeitserklärung vom 1. März unterstützten.

Mit demonstrativen Gesetzesakten versuchte Litauen seine Eigenstaatlichkeit unter Beweis zu stellen. Nach einem Staatsbürgerschaftsgesetz wurde beschlossen, daß litauische Wehrpflichtige nicht mehr in der sowjetischen Armee dienen sollten. In einer Erklärung des litauischen Parlaments vom August 1990 heißt es dazu wörtlich:

»Bürger der Republik Litauen sind nicht verpflichtet, Militärdienst in den Armeen andere Staaten abzuleisten. Infolgedessen ist ihre Weigerung, diesen Dienst in den Streitkräften der UdSSR zu erfüllen, rechtmäßig.«

In den Medien wurde daraufhin offen für eine Verweigerung des Militärdienstes geworben. Wehrpflichtige verbrannten ihre Einberufungsbescheide. Schließlich verabschiedete Litauen ein Parteiengesetz, das die Tätigkeit von Parteien anderer Staaten innerhalb Litauens für ungesetzlich erklärte. Damit wurde die Existenz der restlichen KPdSU und ihrer nicht-litauischen Mitarbeiter in Litauen kriminalisiert. Der größere Teil der KP hatte sich bereits von Moskau losgesagt und existierte als litauische KP weiter. Ein kleiner Rest moskautreuer Kommunisten, meist Russen, verblieben in der alten KPdSU. Ihre Partei unterstand also nach litauischer Interpretation einem fremden, dem sowjetischen Staat, und übte in Litauen eine illegale Tätigkeit aus. Für das Politbüro der KPdSU, daß unter Gorbatschow einen deutlichen Machtverlust zugunsten des Präsidentenamtes erlitten hatte, war das Maß voll. In einem Aufruf forderte am 28. November 1990 das Politbüro Gorbatschow auf, gegen Litauen vorzugehen. Das Politbüro nahm das Parteiengesetz zum Anlaß, um gegen solche »antidemokratischen Handlungen« zu argumentieren, die den »Charakter einer offiziellen Politik« in Litauen einnähmen. In der Erklärung wird das »Fehlen eines effizienten Mechanismus« bemängelt, »mit dem man der verfassungswidrigen Tätigkeit des litauischen Parlaments entgegenwirken« könnte. Nach Einschätzung des Politbüros sei in Litauen »den Kommunisten, den ›Verrätern des litauischen Volkes‹, den Menschen nicht-litauischer Nationalität und den Soldaten der Sowjetarmee der ›Heilige Krieg‹ erklärt« worden.

Dennoch erwiesen sich alle Maßnahmen der Zentralregierung in Moskau zur Eindämmung der Unabhängigkeitsbestrebungen als wirkungslos. Statt dessen beschleunigten die baltischen Republiken den Prozeß der wirtschaftlichen Verselbständigung mit der Entscheidung über die Einführung eigener Währungen und Wirtschaftsgrenzen. Nach der Ausgabe eigener Pässe beschloß Litauen die Herstellung eigener Münzen und Geldscheine. Estland hatte schon vorher den Auftrag zur Herstellung von eigenem Geld an eine amerikanische Firma vergeben. Mit Grenzkontrollen der baltischen Republiken untereinander, vor allem aber gegenüber der Russischen Föderation sollte eine Ausfuhr der qualitativ höherwertigen Waren in die übrige Sowjetunion verhindert oder eingeschränkt werden.

Konkrete Ausfuhrverbote wurden zum Beispiel in Lettland für Fernseher, Klaviere, Haushaltswaren, Baumaterialien, Möbel erlassen. Geschenke dürfen seither nur im Wert bis zu 20 Rubel und Industriewaren im Wert bis zu 200 Rubel aus Lettland in die übrige Sowjetunion ausgeführt werden. Im Oktober 1990 erließ Lettland ein Gesetz, daß ein wesentlicher Teil der Unionssteuern an die Republik abgeführt werden muß. Solche Wirtschaftsgesetze lähmten den normalen Warenhandel und belasteten die gesamtsowjetische Wirtschaft, weil zahlreiche Industriebetriebe nicht den einzelnen Republiken, sondern den sowjetischen Unionsministerien unterstehen.

Um die fortschreitende Russifizierung einzudämmen, beschloß die Regierung in Estland eine Einwanderungsbegrenzung. 1991 dürfen nur noch 2990 Nicht-Esten einwandern. Auch in Estland wurde der Dienst in der sowjetischen Armee zur Disposition gestellt. 58 Prozent aller Wehrpflichtigen traten daraufhin 1990 nicht zu ihrem Dienst in den Kasernen an.

Trotz der Angst vor antirussischen Stimmungen im Baltikum stehen alle drei Republiken weiterhin ganz oben auf der Beliebtheitsskala gerade bei der russischen Bevölkerung in der

Sowjetunion. Der höhere Lebensstandard und die Aussicht auf eine größere, vor allem wirtschaftliche Unabhängigkeit von dem uneffizienten Apparat in Moskau bleiben weiterhin attraktiv. In Lettland, wo ohnedies ein deutlich höherer Anteil von Russen lebt als in Estland und Litauen, haben auch viele Russen die Entwicklung zur Unabhängigkeit der Republik mitgetragen. Allerdings ist die alte Kommunistische Partei in Lettland noch deutlich stärker und wehrt sich mit Unterschriftenaktionen und Demonstrationen gegen zahlreiche Verordnungen. So läßt Lettland – wie auch Estland und Litauen – den Jahrestag zur Oktoberrevolution nicht mehr als staatlichen Feiertag gelten. Statt dessen werden wieder Ostern und Weihnachten gefeiert. Die alte KP besteht jedoch weiterhin auf Kundgebungen anläßlich revolutionärer Gedenktage.

In allen baltischen Republiken gibt es industrielle Ballungsgebiete wie der Norden Estlands oder die Hafenstadt Klapeida (früher Memel) in Litauen, wo die Russen auf lokaler Ebene in der Mehrheit sind. Von diesen Bevölkerungsgruppen geht eine Bewegung aus, die für die Beibehaltung der Unionsgesetze vor allem aus wirtschaftlichen Gründen eintritt und dafür mit Gegendemonstrationen in der Öffentlichkeit wirbt.

Auch mit anderen nationalen Gruppen sind Konflikte vorauszusehen. In Litauen leben viele Polen. Der westliche Teil Litauens hatte lange zu Polen gehört. Inzwischen beanspruchen auch die Polen in Litauen ihre eigene Autonomie, eine Forderung, die von der national-litauischen Führung unter Präsident Landsbergis nicht akzeptiert wird.

Die Sprachengesetze in den baltischen Republiken sorgen ebenfalls für Unruhe. In Ämtern und Behörden, bei höherer Ausbildung und Qualifikation für leitende Stellungen soll die jeweilige Republiksprache beherrscht werden. Für Lettland, wo bereits seit Peter dem Großen russisch gesprochen wird, ist der Übergang auf die lettische Sprache besonders kompliziert. Nicht-Balten sehen darin eine künstliche Hürde, um den nationalen Führungskräften Vorteile zu verschaffen.

Besonders schwierig ist die Lage des Baltikums gegenüber dem Ausland. Die drei Republiken haben sich wieder zu einem Baltischen Rat zusammengeschlossen, wie er schon einmal zwischen 1934 und 1940 bestanden hat. Dieser Baltische Rat hatte sich im September 1990 erfolglos an die Teilnehmer der Zwei-plus-vier-Verhandlungen über Deutschland gewandt, um auch für die baltischen Staaten Verhandlungen der Alliierten Siegermächte über die Unabhängigkeit zu erreichen.

Auf einer gemeinsamen Sitzung der Parlamente Estlands, Litauens und Lettlands beschlossen die drei baltischen Republiken im Dezember 1990, ein Aufnahmegesuch für die Mitgliedschaft in der KSZE zu stellen.

Nach Tiflis 1989, Baku 1990 kam es im Januar 1991 in Vilnius zur dritten blutigen Eskalation beim Eingreifen der Sowjetarmee, als Panzer über demonstrierende, aber wehrlose Litauer rollten und das Gebäude des litauischen Rundfunks und Fernsehens besetzten. Dreizehn Tote und weit über hundert Verletzte waren die Opfer, über die in den zentralen Moskauer Massenmedien zunächst geschwiegen wurde. Ein selbsternanntes Komitee zur nationalen Rettung proklamierte die Machtübernahme. Der sowjetische Innenminister verteidigte den Truppeneinsatz damit, daß dieses Komitee um Hilfe nachgesucht habe.

Trotz weltweiter Empörung über das Vorgehen der Truppen in Litauen überfielen Sondertruppen wenige Tage später, am 20. Januar 1991, das Innenminsterium von Riga in der Nachbarrepublik Lettland. Vier Menschen wurden getötet, zahlreiche verletzt. Die Trauerfeiern im Baltikum wurden zu einer gewaltigen Manifestation nicht nur gegen Moskau, sondern namentlich gegen Gorbatschow, den man als Schuldigen dieser Zusammenstöße mit den nach Unabhängigkeit strebenden baltischen Völkern ansah.

An diesem Beispiel zeigte sich, daß Moskau nicht gewillt war, im Baltikum zwei wesentliche Faktoren anzuerkennen: erstens überging Moskau das freigewählte litauische Parlament und dessen Regierung; zweitens ignorierte Moskau trotz einer vielgepriesenen Phase von Glasnost die historische Wahrheit, daß das Baltikum annektiertes Gebiet ist und deshalb nach staatsrechtlicher Auffassung des Westens auch niemals Teil der Sowjetunion war.

7. Die Westrepubliken

Die westlichen Grenzrepubliken Ukraine, Weißrußland und Moldawien haben mit der nationalen Frage in ihrem Territorium ein besonders schweres Erbe angetreten. Die Ukrainer und die Weißrussen waren als slawische Völker gegenüber einer Russifizierung auffälliger als die anderen nicht-slawischen Völker der Sowjetunion. In Moldawien, zum größten Teil eine Beute des Hitler-Stalin-Paktes, wurde in Abgrenzung gegen das benachbarte Rumänien künstlich ein eigener Nationenbegriff und eine eigene Nationalsprache entwickelt, obwohl beides mit Rumänisch identisch ist.

Im Verlauf der nationalen Wiedergeburt sind diese drei Republiken in der politischen Praxis zunächst nicht so weit gegangen wie die benachbarten Völker im Baltikum.

Die größten nationalen Demonstrationen begannen in der kleinsten der drei Republiken, in Moldawien. Dort gingen im Sommer 1989 mehr als 300000 Menschen auf die Straße, um zweierlei zu erreichen: erstens sollte Moldawisch als Amtssprache anerkannt und zweitens beschlossen werden, die kyrillische Schrift wieder zugunsten der lateinischen Schrift aufzugeben. Beide Forderungen wurden erfüllt. Im Zusammenhang mit dieser Entwicklung zeichnete sich ein Problem ab, das später in Moldawien zu blutigen Zusammenstößen führte. Teile der russischen Bevölkerung, die dort zehn Prozent der Einwohner ausmachen, streikten gegen die Nationalbewegung der Moldawier.

In der Ukraine bildete sich im Herbst 1989 die Nationalbewegung *Ruch*, die zunächst für eine Souveränität der Ukraine innerhalb der Sowjetunion eintrat. Ein Jahr später hatte sich die Bewegung radikalisiert und forderte die Schaffung eines unabhängigen ukrainischen Nationalstaates.

Die Volksfrontbewegung in Weißrußland mußte – als einzige in der Sowjetunion – für ihren Gründungskongreß im Juni 1989 in die Nachbarrepublik Litauen ausweichen. Die eigene Republikführung, die als ausgesprochen konservativ, aber wirtschaftlich als erfolgreich galt, duldete keine Nationalbewegung auf ihrem Territorium. Auch später bekannte sich Weißrußland trotz einer dramatisch klingenden Souveränitätserklärung zu einem eher gemäßigten Kurs in der nationalen Frage.

Der Antrieb für die Verabschiedung eigener Souveränitätserklärungen ist in den westlichen Grenzrepubliken weniger auf den Vorbildcharakter des Baltikums zurückzuführen, sondern wohl mehr auf eine Zäsur, die einen Umschwung im Denken Gorbatschows signalisierte. Während das Baltikum zunächst wegen »Abtrünnigkeit« von Gorbatschow politisch geächtet wurde, konnte sich der sowjetische Präsident einer Entscheidung der Russischen Föderation nicht mehr widersetzen, die – unter dem Vorsitz von Boris Jelzin – am 12. Juni 1990 für sich das Recht auf Souveränität und Austritt aus der Sowjetunion proklamierte. Nur zwei Tage später sprach sich auch Gorbatschow – entgegen seiner vorherigen Argumentation – für eine Umwandlung der Sowjetunion in eine »Union souveräner Staaten« aus. Dieses Bekenntnis, mit dem Gorbatschow sich dem Zerfallsprozeß der Sowjetunion – vermutlich zu spät – entgegenstellen wollte, wirkte wie ein politischer Dammbruch. In kurzer Folge billigten die Parlamente Moldawiens (24. Juni 1990), der Ukraine (16. Juli 1990) und Weißrußlands (27. Juli 1990) eigene Souveränitätserklärungen. Innerhalb der folgenden Wochen schlossen sich weitere Sowjetrepubliken diesem Schritt an.

Die Ukraine und Weißrußland formulierten in ihren Souveränitätserklärungen weitgehende Ansprüche bis hin zur Neutralität ihrer Republiken. Moldowa begriff seine staatliche Souveränität als Auftakt zu einem bis dahin undenkbaren Ereignis: Die Grenzen zu Rumänien wurden geöffnet, Freunde und Verwandte, die sich teilweise jahrzehntelang nicht gesehen hatten, aber auch Tausende von Neugierigen besuchten einander.

In allen Souveränitätserklärungen wurde beibehalten, was im Falle Estlands zu einer Verurteilung durch den sowjetischen Volkskongreß führte: Das Republikrecht wurde dem Unionsrecht übergeordnet.

Die Ukraine führte eine eigene Staatsbürgerschaft ein, die jedoch im Gegensatz zum litauischen Staatsbürgerschaftsgesetz die gleichzeitige Staatsbürgerschaft der UdSSR nicht ausschloß. Bei nachfolgenden Gesetzesmaßnahmen berief sich die Ukraine auf Beschlüsse der Zentralrada (Parlament), die im Januar 1918 die Unabhängigkeit der Ukraine verkündet hatte. Damit sollte – ähnlich wie in den baltischen Republiken – eine Kontinuität zwischen der gegenwärtigen Unabhängigkeitsbewegung und der staatlichen Unabhängigkeit nach dem Zerfall des zaristischen Rußlands hergestellt werden. Die Ukraine nutzte darüber hinaus ihre Mitgliedschaft als Einzelrepublik (neben Weißrußland und der UdSSR) in der UNO für eine spektakuläre Aktion. Die Deklaration über die Souveränität wurde als offizielles Dokument der UNO-Vollversammlung in New York mit einem Bericht des UN-Generalsekretärs verbreitet, in dem es heißt:

»Das Prinzip der Selbstbestimmung der Völker und Nationen hat einen neuen Impuls in der Entwicklung der nationalen Staatlichkeit mit der Annahme dieses Dokuments am 16. Juli 1990 durch den Obersten Sowjet der Republik erhalten.«

Daß zeitgleich in der Ukraine die Stadtverordnete von Iwano-Frankowsk für die Demontage eines Lenin-Denkmals stimmten, war ein ungewollter, aber symbolischer Zufall.

Der Rückgriff der Ukraine auf die Tradition der Eigenstaatlichkeit belebte auch solche nationalen Kräfte, die auf eine schnellere Entwicklung und auf eine radikale Abgrenzung gegenüber der Sowjetmacht drängten.

Dies bekamen das ukrainische Parlament und Regierungschef Massol im Oktober 1990 zu spüren, als Studenten im Hungerstreik und Massendemonstrationen mit antikommunistischen Losungen den Rücktritt des Regierungschefs erzwangen. Das Parlament konnte sich zwar noch auf eine knappe Mehrheit kommunistischer Abgeordneter stützen, verabschiedete jedoch für das Jahr 1991 weitgehende Zugeständnisse: Ein Referendum soll über die mögliche Auflösung des Parlaments und Neuwahlen entscheiden. Ein Wehrdienstgesetz soll sicherstellen, daß junge Ukrainer nur freiwillig außerhalb ihrer Heimatrepublik Militärdienst abzuleisten brauchen.

Am 19. November 1990 vereinbarte die Ukraine als wirtschaftlich zweitstärkste Republik der Sowjetunion mit der größten Republik, der Russischen Föderation, einen Grundlagenvertrag, der damit 200 Millionen Menschen umfaßt. Damit wurde bewußt eine »Achse der Stabilisierung« in der Sowjetunion eingezogen, wie sich aus Artikel 8 des Vertrages über die Bereiche der Zusammenarbeit ableiten läßt. Darin werden unter anderem aufgeführt:

»Zusammenwirken in der Außenpolitik, Zusammenarbeit bei der Schaffung und Entwicklung eines gemeinsamen Wirtschaftsraumes, eines gemeinsamen europäischen und eines europäisch-asiatischen Marktes auf dem Gebiet der Zollpolitik, der Leitung der Transportsysteme einschließlich Nachrichten- und Telekommunikationssatelliten, Zusammenarbeit auf dem Gebiet des Umweltschutzes, bei Fragen der Auswanderungspolitik und der Bekämpfung des organisierten und internationalen Verbrechens.«

Die beiden stärksten Partner innerhalb der Sowjetunion haben damit bereits vorweggenommen, was in einem neuen, von Gorbatschow vorgelegten Unionsvertrag angestrebt wurde. Eine vertraglich vereinbarte Zusammenarbeit unter Respektierung größtmöglicher Souveränität der einzelnen Republiken. Insofern hat Boris Jelzin in der Praxis gewissermaßen von der Basis her entwickelt, was Gorbatschow als theoretischen Überbau erst zur Diskussion gestellt hatte. Das Netzwerk dieser Zusammenarbeit wurde von eher gemäßigten Ukrainern als möglicher Garant dafür gesehen, daß die Nationalbewegung nicht jede politische Rationalität sprengt. Denn bei den Feiern zum 500. Jahrestag der Gründung des ukrainischen Kosakenheeres in den Gebieten von Dnjepropetrowsk und Saporoschje wurde das Treffen in ein nationalistisches Bekenntnis umgemünzt. Nicht nur die längst wieder eingeführten gelbblauen ukrainischen Nationalfahnen, sondern auch die schwarzroten Fahnen der sogenannten Bandera-Gruppe wurde mit Begeisterung geschwungen. Die Bandera-Leute, genannt nach Stjepan Bandera, arbeiteten bereits vor dem Beginn des Zweiten Weltkrieges in einer Organisation Ukrainischer Nationalisten (OUN) mit Deutschland zusammen. Später nutzten sie den deutschen Besatzungsstatus für den Aufbau einer Armee und die Ausrufung eine unabhängigen Ukraine, bis sie selbst von den Deutschen verhaftet wurden. Die politische Heimat dieser OUN lag in der früher abgetrennten Westukraine (Hauptstadt Lwiw, Lemberg), deren Bevölkerung überwiegend zur lange Zeit verfolgten, mit Rom unierten ukrainischen-katholischen Kirche gehörten. Dort sind die nationalen Stimmen am stärksten. Ein Bürgerkomitee in Lemberg forderte, die Ukrainische Nationalarmee wieder zu gründen und unter den Schutz der Gottesmutter zu stellen. In Ternopol wurde ein symbolisches Hügelgrab für die Mitglieder der Nationalistenbewegung OUN errichtet. Ein Denkmal für Bandera wurde in Auftrag gegeben. Überdies wurden in mehr als fünfzig Orten der Ukraine die gelbblauen Nationalfahnen aufgrund von Gemeindebeschlüssen von Geistlichen geweiht und gegen die roten Fahnen der Sowjetmacht ausgetauscht. Der religiöse Einfluß nimmt mit der Nationalbewegung zu und wirft gewaltige Probleme auf. Zwischen den russisch-orthodoxen Gläubigen und den Anhängern der unierten Kirche, die mit der russisch-orthodoxen Kirche nach dem Krieg zwangsvereinigt wurden, brachen offene Feindseligkeiten aus. Unierte forderten ihre Kirchengebäude zurück, die sie unter Stalin an die russische Kirche hatten abtreten müssen. Dagegen wehrten sich orthodoxe Geistliche mit Hungerstreik und Geiselnahmen. Inzwischen ist neben der russisch-orthodoxen und der (mit Rom unierten) ukrainisch-katholischen Kirche wieder die ukrainisch-orthodoxe Kirche mit einem eigenen Patriarchat anerkannt worden. Auch hierbei entstanden Forderungen an die russisch-orthdoxe Kirche, die nun einen großen Teil ihres Einflusses in der Ukraine verloren hat.

Völlig unklar ist in der Ukraine das Schicksal der Krimtataren. Ihr altes Siedlungsgebiet auf der Krim gehört staatsrechtlich seit 1954 zur Krim. Trotz Rehabilitierung war ihnen bis 1989 die Rückkehr auf die Krim nicht erlaubt worden. Inzwischen beschäftigt sich eine Kommission mit dem Schicksal der Krimtataren, von denen bis zum Herbst 1990 mehr als 100000 auf die Krim zurückgekehrt sind. Trotz offiziellen Wohlwollens erhielten sie von den Behörden nicht genügend Land. Baumaterial fehlte. Unter Hinweis auf die früheren Besitzverhältnisse besetzten Krimtataren eigenmächtig Land und gründeten Siedlungen. Die betroffene Bevölkerung, die nach dem Zweiten Weltkrieg auf der Krim neu angesiedelt wurde, zeigte wenig Verständnis für die zurückgekehrten Krimtataren. Eine Lösung des Problems ist nicht in Sicht. Überdies besteht nicht einmal Klarheit über die wirkliche Anzahl von Krimtataren. Die staatliche Kommission arbeitete zunächst mit den Daten der Volkszählung von 1989, die 270000 Krimtataren auswies. Inzwischen wird die Zahl von 350000 genannt, Fachleute gehen von einer wesentlich höheren Zahl aus.

Weniger problembeladen ist unter nationalem wie religiösem Aspekt die Sowjetrepublik Weißrußland. Die eher zaghaft entstandene Volksfrontbewegung hat nie so viele Massen mobilisiert wie in den Nachbarrepubliken des Baltikums und der Ukraine. Nationale Leidenschaften fehlen weitgehend. Vertreter der Staats- und Parteispitze haben einen vorsichtigen Kurs der Erneuerung beibehalten, der von deutlicher Skepsis gegenüber den radikalen Anhängern der Perestrojka charakterisiert ist. Gleichzeitig mit Gorbatschow zog sich auch das weißrussische Parlament wieder auf konservative Positionen in der Eigentumsfrage zurück. Im Dezember 1990 lehnte das Parlament in der weißrussischen Hauptstadt Minsk Privateigentum an Grund und Boden ab, nachdem die baltischen Republiken bereits das Gegenteil beschlossen hatten.

Die Souveränitätserklärung Weißrußlands klingt wesentliche radikaler, als es ihre Auswirkungen sind, auch wenn der Tag der Souveränitätserklärung, der 27. Juli, nunmehr als staatlicher Feiertag begangen wird. In erster Linie will Weißrußland seine Souveränität nutzen, um sich verstärkt den Landsleuten im angrenzenden Polen zu widmen. Hierin liegt der eigentliche nationale Konfliktstoff, der über die Landesgrenzen hinausweist. Im Herbst 1990 ist der Versuch gescheitert, mit Polen einen Freundschaftsvertrag und den Austausch konsularischer Vertretungen zu vereinbaren. Weißrußland weigerte sich, weil Polen in diesen Vertrag eine Grenzgarantie von 1945 aufgenommen haben wollte, die damals von der Sowjetunion und nicht von Weißrußland ausgehandelt worden war. Allerdings versicherte Weißrußland, es habe keine Territorialansprüche gegenüber Polen. Solche Ansprüche hatte Weißrußland nur gegenüber Litauen angemeldet. Grund für die Verstimmung zwischen Polen und Weißrußland ist jedoch die Lage der meist orthodoxen Weißrussen jenseits der Grenze. Der Vorsitzende der Kommission für internationale Angelegenheiten beim Obersten Sowjet Weißrußlands, P. Sadowski, schilderte die Verhältnisse nach dem Scheitern des Vertrages am 16. Oktober 1990 im sowjetischen Fernsehen:

»Auf dem Territorium des heutigen Polens lebt eine autochtone weißrussische Bevölkerung bereits seit vielen Jahrhunderten. Das sind keine Übersiedler, sondern Weißrussen, die dort seit alters leben. Es sind etwa eine halbe Million. Aber ihre Lage ist nicht gerade die beste. Ich würde sagen, eine schwach entwickelte landwirtschaftliche, industrielle und städtische Struktur.

Es gibt Probleme mit den weißrussischen Gläubigen, die im wesentlichen orthodox sind. Es reicht schon, wenn man sagt, daß in der letzten Zeit nach bestimmten Angaben neun, nach anderen sechs orthodoxe Kirchen in Brand gesteckt wurden. Das kann jedenfalls kein Zufall sein, wenn sich das regelmäßig wiederholt.«

Umgekehrt hat sich Weißrußland bereit erklärt, den zweieinhalb Millionen Katholiken in seiner Republik, von denen viele polnischstämmig sind, Kirchen zurückzugeben. Die römisch-katholische Diözese Minsk ist wiedererrichtet worden.

Im Bereich der orthodoxen Kirche, die in Weißrußland ebenso wie in der Ukraine dem Moskauer Patriarchat unterstellt war, deutete sich ebenfalls ein vorsichtiger nationaler Wandel an. Gläubige verlangten den Gebrauch der weißrussischen Sprache im Gottesdienst. An diesem Merkmal kann man den Stand der nationalkirchlichen Entwicklung am eindrucksvollsten bemessen. Hier äußerte sich der Unmut über die Russifizierung ebenso wie in den Schulen, Universitäten und Massenmedien, die sich für ein Wiederaufleben der weißrussischen Sprache, die weitgehend aus dem öffentlichen Leben verdrängt war, aussprachen. Mit einem Sprachengesetz soll diese Entwicklung gefördert werden. Die Regierung hat deshalb eine Liste von Ämtern und Behörden erarbeitet, für deren Stellenplan die Kenntnis der weißrussischen Sprache nunmehr vorgeschrieben wird. Für einen allmählichen Übergang zur weißrussischen Sprache sollen künftig zweisprachige Zeitungen erscheinen.

Doch drückender als die Sorgen der nationalen Selbstbehauptung sind für Weißrußland, eine landwirtschaftlich geprägte Republik, die katastrophalen Folgen von Tschernobyl. In einem spektakulären Hilferuf hatte der Außenminister von Weißrußland, das ebenso wie die Ukraine einen eigenen Sitz in der UNO hat, vor der Vollversammlung der Vereinten Nationen im Oktober 1990 die dramatischen Verhältnisse in seiner Heimat geschildert: »Ein Fünftel der Gesamtbevölkerung – das sind 2,2 Millionen Menschen, darunter fast 800000 Kinder – sind unschuldige Opfer von Tschernobyl geworden, Geiseln der verzögerten schädlichen Strahlenwirkungen.«

Bei der Katastrophe von Tschernobyl 1986 in der Ukraine waren 70 Prozent des radioaktiven Niederschlags in der Nachbarrepublik Weißrußland niedergegangen.

Vier Jahre nach dem Unglück wurde Weißrußland zum ökologischen Notstandsgebiet erklärt. Die schleppende Hilfe aus der Moskauer Zentrale, die gravierenden und viel zu spät erkannten Folgen der Katastrophe, für die niemand verantwortlich sein wollte, waren für die radikalen Teile der Volksfrontbewegung in Weißrußland der Anlaß, letztlich doch den Austritt aus der Sowjetunion zu fordern.

Moldawien, die kleinste der westlichen Grenzrepubliken, hat die größten politischen Erschütterungen erlebt. Im öffentlichen Bewußtsein war Moldawien bestenfalls als »Obstgarten der Sowjetunion« präsent. Die Nationalprobleme, die in Moldawien lange Zeit tabuisiert waren, kamen um so abrupter zum Vorschein. Der erfolgreiche Kampf um die Anerkennung der ursprünglichen Sprachform als Amtssprache und die Öffnung zu Rumänien, die nach dem Sturz des Diktators Nicolae Ceausescu möglich geworden war, hat die nationale Wiedergeburt der rumänischen Moldauer ebenso wie die Spannungen mit den nationalen Minderheiten in der Republik gefördert. Noch vor der Souveränitätserklärung waren warnende Anzeichen aufgetaucht, die aber außerhalb Moldawiens kaum wahrgenommen wurden. Am 14. Mai 1990 beschloß der Oberste Sowjet Moldawiens mit einer Verfassungsänderung die Einführung einer neuen Staatsflagge. Das sowjetische Symbol wurde gegen die blaugelbschwarze Trikolore ausgetauscht, die nach Ansicht des Parlaments der Tradition Moldawiens entsprach und »das Streben Moldawiens nach wirklicher Souveränität und nationaler Unabhängigkeit« widerspiegelte. Doch dieser Beschluß wurde von mehreren Stadt- und Gebietsparlamenten (Sowjets) abgelehnt. Es handelte sich um die Siedlungsgebiete der Russen und der turkstämmigen, aber christianisierten Gagausen. Aus der Ablehnung der Verfassungsänderung wurde nach dem Souveränitätsbeschluß Moldawiens (24. Juni 1990) ein politischer Kampf, der blutig endete. Mit der Souveränitätserklärung änderte die Moldawische SSR ihre Namen in Sozialistische Sowjetrepublik Moldowa. Als Reaktion darauf spalteten sich etwa 150000 Gagausen von Moldowa ab und gründeten (20. August 1990) ihre eigene Republik mit der Hauptstadt Komrat. Kurz danach riefen die Russen in Moldowa ebenfalls eine eigene Dnjestr-Republik (3. September 1990) mit der Hauptstadt Tiraspol aus, die sie direkt der Sowjetunion unterstellten. Beide Minderheitengruppen fühlten sich von der Nationalbewegung der Moldauer diskriminiert.

Die moldawische Volksfrontbewegung wandte sich daraufhin in einem Appell über das rumänische Fernsehen in Bukarest an die Rumänen in aller Welt, sich gegen eine Zerstückelung Moldowas zu wehren mit dem Argument:

»Das sowjetische Imperium hat vor fünfzig Jahren unserem Land (gemeint ist Rumänien) Bessarabien und den Norden der Bukowina entrissen und es so in drei Teile aufgespalten. Nachdem es uns am linken Ufer des Pruth einem Genozid ausgesetzt hat, greift es jetzt zu neuen Maßnahmen der Aufsplitterung des Landes unserer Vorfahren und Nachkommen.«

Erstmals seit 1945 verabschiedete das rumänische Parlament eine in ähnlichem Tonfall gehaltene Deklaration, die die moldawisch-rumänischen Brüder jenseits der Grenze in ihrem Zusammengehörigkeitswillen bestärken sollte.

Als die Gagausen am 24. Oktober 1990 Wahlen in ihrer neu gegründeten Republik ankündigten, rief die moldawische Volksfront und die Regierung ihre Anhänger auf, Freiwilligenverbände zu gründen, die »zum Schutz der Heimat in den Süden«, also in die Republik der Gagausen, marschieren sollten.

Obwohl das Moskauer Innenministerium Sondereinheiten in Moldowa stationiert hatte, konnten Zusammenstöße nicht unterbunden werden. Anfang November, nach der ersten Sitzung des neuen Parlaments der Gagausen, waren die ersten Toten und Verletzten im moldawischen Nationalitätenkonflikt zu beklagen. Inzwischen hatten sich auch in der russischen Dnjestr-Republik Selbstverteidigungsbrigaden gebildet. Beschlüsse des moldawischen Parlaments zur Auflösung der beiden Republikneugründungen und der Selbstverteidigungsgruppen wurden ignoriert. Das moldawische Parlament sah in der Entsendung von Truppen der Moskauer Zentrale eher die Interessen der dissidierenden Minderheiten als die eigenen nationalen Interessen geschützt. Aus Protest dagegen stellte die moldawische Regierung ihre Mitarbeit an dem neuen Unionsvertrag ein.

Unter dem Druck Moskaus mußte Moldowa jedoch seine Freiwilligenkorps auflösen und den Parlamentsbeschluß aussetzen, der den Gagausen die Autonomie verweigerte. Im Rahmen des Unionsvertrages sollte nach einer Neuregelung gesucht werden. In der nationalkommunistischen Führung Moldowas wurde dadurch jedoch die Neigung bestärkt, dem Unionsvertrag nicht beizutreten.

8. Der Transkaukasus

Die nationale Wiedergeburt in den drei transkaukasischen Republiken Armenien, Georgien und Aserbaidschan war während der Perestrojka schon ab 1988 von blutigen Zusammenstößen begleitet. Während sich im nördlichen Baltikum Volksfrontbewegungen bildeten, die ihren Kampf mit politischen Argumenten begannen, kam es im südlichen Kaukasus bereits zu Pogromen aus nationaler Leidenschaft. Die Gründe dafür sind in den völlig anderen kulturhistorischen Rahmenbedingungen zu suchen. Die Völker im südlichen wie auch im nördlichen Kaukasus (der zur Russischen Föderation gehört) sind teilweise christianisiert, teilweise islamisiert und im Verlauf der Geschichte immer wieder durch Grenzziehungen fremder Mächte geteilt worden. Nationale Minderheiten des einen Volkes wohnen in Siedlungsgebieten eines Nachbarvolkes. Territoriale und nationale Grenzziehung stimmen nicht überein. Deshalb fühlen sich durch die nationalen Unabhängigkeitsbewegungen der Titularnationen die Minderheiten in den jeweiligen Republiken übergangen und bemühen sich ihrerseits um einen eigenen Souveränitätsstatus.

Besonders die ineinandergreifenden Siedlungsgebiete der christlichen Armenier und der moslemisch-schiitischen Aserbaidschaner haben den aktuellen Nationalitätenkonflikt zu einem für Moskau unlösbaren Problem werden lassen. In Georgien kämpfen kleinere Kaukasusvölker wie die Abchasier und Osseten, die sich staatsrechtlich nicht mehr unterordnen wollen, gegen die georgische Titularnation. Dennoch verbindet eine Gemeinsamkeit die widerstreitenden Völker im südlichen Kaukasus. Sie lehnen sich gleichermaßen gegen die Zentralgewalt Moskaus auf und wollen ihre periphere Lage in der Sowjetunion zum Ausgangspunkt eines eigenen Nationalstaates machen. In der Gesamtschau der Nationalitätenkonflikte zeigt sich, daß die geographische Randlage die Bereitschaft zum Austritt aus der Sowjetunion und zur Bildung eines unabhängigen Staates bestärkt.

Nationale Unruhen und Pogrome im Transkaukasus sind

nicht erst mit der Perestrojka entstanden. Doch die größeren politischen Freiheiten haben zu weitreichenden politischen Forderungen geführt. Den Ausgangspunkt bildete dabei Armenien. In ersten Massendemonstrationen 1988, an denen bis zu einer halben Million Armenier teilgenommen haben, wurde die Rückgabe der armenischen Enklave Berg-Karabach von Aserbaidschan gefordert. Dieses Autonome Gebiet, das teilweise bis zu fünf Kilometer an die armenischen Republikgrenze heranreicht, ist überwiegend durch einen bis zu fünfzig Kilometer breiten Landstreifen von Armenien getrennt und wurde 1936 verwaltungsrechtlich Aserbaidschan angegliedert. Armenien hatte stets auf der Rückgabe von Berg-Karabach bestanden, weil – wie ab 1989 auch für die Öffentlichkeit offenbar wurde – Aserbaidschan den dort lebenden Armeniern praktisch alle nationalen Minderheitenrechte versagte. Bis heute ist nicht geklärt, wie es zu dem ersten Racheakt an Armeniern kam, der am 28. Februar 1988 in Sumgait losbrach und den Auftakt für bürgerkriegsähnliche Verhältnisse bildete, die mehr als zwei Jahre anhielten. Sumgait ist eine verkommene Industriestadt in Aserbaidschan, nördlich der Hauptstadt Baku am Kaspischen Meer. Aus Wut über die Forderungen der Armenier, die in ihrer Hauptstadt Eriwan demonstrierten, fielen meist Jugendliche über armenische Familien her, die in Sumgait lebten. Die Zahl der Toten ist nie korrekt ermittelt worden. Die Angaben schwankten zwischen zwei Dutzend und 200 Armeniern, die teilweise in ritueller Perversion zu Tode gefoltert wurden.
Die erschütternden Dokumente dieser pogromartigen Ausschreitungen, Leichenphotos und Autopsieberichte gelangten zwar in die Hände westlicher Korrespondenten, doch die staatlichen Massenmedien der Sowjetunion nahmen davon offiziell keine Kenntnis. Glasnost hatte damals seine Grenzen erreicht. Die Moskauer Zentrale signalisierte öffentlich kein Eingreifen zugunsten der Armenier. Von diesem Zeitpunkt an hatten Gorbatschow und die Perestrojka für die meisten Armenier verspielt. Der Staats- und Parteichef bekam dies am Ende 1988 zu spüren, als er nach dem schweren Erdbeben in Armenien pesönlich eingreifen wollte, aber mit Steinwürfen

und Haßparolen von der Bevölkerung aus ihrer Republik vertrieben wurde.

Im Streit um Berg-Karabach hatte die sowjetische Staatsmacht längst jede Autorität verloren. Armenier und Aserbaidschaner bewaffneten sich. Bei Kämpfen im Januar 1989 gab es in Berg-Karabach 28 Tote. Moskau unterstellte daraufhin das Autonome Gebiet einer Sonderverwaltung. Aber nicht einmal die entsandten Truppen des Innenministeriums konnten den Konflikt eindämmen. Mehr als zwei Jahre nach Beginn der Unruhen um Berg-Karabach kam eine Untersuchungskommission des sowjetischen Innenministeriums zu dem Schluß, daß sich in dem umstrittenen Gebiet »keinerlei Tendenzen zur Stabilisierung« abzeichneten. In dem Rechenschaftsbericht wurde von willkürlichen Verhaftungen durch die – nun wieder aserbaidschanische – Verwaltung berichtet. Den Truppen des sowjetischen Innenministeriums wird bescheinigt, daß ihre Anwesenheit »wenig wirksam« sei.

In der Zwischenzeit waren Hunderttausende Armenier aus Aserbaidschan geflohen. Umgekehrt hatten zahlreiche Aserbaidschaner nicht nur Armenien, sondern auch die Autonome Sowjetrepublik Nachitschewan verlassen. Nachitschewan liegt zwar auf armenischem Gebiet, grenzt an den Iran, gehört aber verwaltungsrechtlich zu Aserbaidschan.

Während dieser inter-ethnische Konflikt weiterschwelte, hatte sich in Georgien eine gegen Moskau gerichtete Nationalbewegung gebildet, die mit Massenkundgebungen mehr Selbständigkeit für die Republik forderte. Auch hier führte eine Eskalation der Gewalt zum Autoritätsverlust der Moskauer Zentralregierung und letztlich zu einer Radikalisierung, die bei den ersten freien Wahlen den nationalistischen Kräften die Mehrheit im Parlament verschaffte. Am 9. April 1989 wurden in Tiflis gegen die Großdemonstration der Georgier Truppen eingesetzt, die einen Befehl zum Eingreifen erhalten haben, für den hinterher niemand verantwortlich sein wollte. Das Resultat waren Hunderte von Verletzten und 19 Tote. Weniger die Tatsache dieses Zusammenstoßes als die Art des brutalen Vorgehens, für das die Armeeführung – vermutlich sogar die politische Führung in Moskau – verantwortlich war, brachte nahezu das gesamte georgische Volk in Aufruhr. Gegen die Zivilbevölkerung waren unbekannte Kampfgase eingesetzt worden. Frauen waren von Soldaten mit Kampfspaten zu Tode geprügelt worden. Gorbatschow, der während dieser Vorgänge nicht in der Sowjetunion weilte, mußte hinnehmen, daß seine politische Führung und die Politik der Perestrojka mit diesen Ereignissen belastet wurden.

Als im Sommer desselben Jahres die Abchasen, deren Autonome Republik im nordwestlichen Zipfel von Georgien liegt, gegen die Unterdrückung ihrer nationalen Freiheiten durch die Georgier auf die Straße gingen, eskalierte wiederum die Gewalt. Im Juli 1989 gab es dort noch einmal zwanzig Tote.

In Aserbaidschan erlag die politische Führung der Kommunisten dem Druck der Nationalbewegung. Ein Generalstreik, den die Volksfront organisierte, erzwang am 25. September 1989 die Verabschiedung eines Gesetzes »Über die Souveränität der Aserbaidschanischen SSR«. Gleichzeitig beschloß das Parlament, gegen die Entscheidung Moskaus die umstrittene Enklave Berg-Karabach der Moskauer Sonderverwaltung zu entziehen und wieder Aserbaidschan zu unterstellen. Die bürgerkriegsähnlichen Auseinandersetzungen zwischen Armeniern und Aserbaidschanern gingen weiter. Die Zahl der Toten bei den Partisanenkämpfen in der gebirgigen Gegend war offiziell nicht mehr zu registrieren.

Der Jahreswechsel 1989/90 brachte eine unerwartete Entwicklung in Aserbaidschan, dessen Titularnation nur zu einem Drittel innerhalb der sowjetischen Grenzen, zu zwei Dritteln aber im südlich angrenzenden Iran wohnt.

Die Grenzen zum Iran waren seit der islamischen Revolution praktisch unpassierbar. Die Welle nationaler Begeisterung in Aserbaidschan, die auch von islamisch-fundamentalistischen Kräften genutzt wurde, schwappte plötzlich über die Grenze in den Iran. Fast 8000 Menschen, überwiegend Jugendliche, stürmten in der Nacht vom 31. Dezember 1989 zum 1. Januar 1990 die Grenzbefestigungen im Bereich der Autonomen Sowjetrepublik Nachitschewan und verbrüderten sich mit Aserbaidschanern im Iran, die dort Aseris genannt werden. Seit November 1989 hatte die aserbaidschanische Volksfront eine

»Öffnung der Grenzen zum freien Verkehr mit Iran« und die »Vereinigung von Nord- und Südaserbaidschan« gefordert und das Datum der Grenzstürmung als Ultimatum festgelegt.

In der aserbaidschanischen Hauptstadt Baku erhitzten sich die Gemüter wieder. Ein weiteres Pogrom gegen die dort verbliebenen Armenier forderte am 13. Januar 1990 noch einmal 22 Tote. Moskau verhängte über Baku den Ausnahmezustand und entschied sich für einen Truppeneinsatz in Aserbaidschan, der auf den heftigen Widerstand der Nationalisten stieß. 142 Menschen kamen in den Kämpfen ums Leben. 30000 Armenier und Russen wurden teilweise mit Schiffen über das Kaspische Meer evakuiert. Zur Durchführung des Unternehmens mußten die Truppen eine Seeblockade des Hafens von Baku mit Waffengewalt brechen. Die Aserbaidschaner wehrten sich gegen die Truppenpräsenz und das Ausnahmerecht mit einem Generalstreik. Die Antwort der Zentralregierung war eine Welle von Massenverhaftungen. Ein aserbaidschanischer »Nationaler Verteidigungsrat«, der die Nationalbewegung der Volksfront unterstützte, wurde verboten. Die Führer der Volksfront, die sich verhandlungsbereit zeigten und nach Moskau reisten, wurden dort verhaftet. Die armenische Volksfront – sonst den Aserbaidschanern eher feindlich gesonnen – protestierte ihrerseit gegen den Truppeneinsatz in Baku.

Die Autonome Sowjetrepublik Nachitschewan, die zu 80 Prozent von Aserbaidschanern bewohnt ist, verkündete nach dem Truppeneinsatz in Baku am 20. Januar 1990 ihren Austritt aus der Sowjetunion. In einem dramatischen Aufruf verbreitete das Fernsehen eine »Vier-Punkte-Resolution des Präsidenten von Nachitschewan«. Die benachbarten Staaten Türkei und Iran, die Vereinten Nationen sowie alle Regierungen der Welt wurden in diesem Aufruf um Unterstützung gebeten. Die Fernsehansagerin war nach iranischer Sitte in einen Schleier gehüllt. Dann überraschte das Fernsehen von Nachitschewan seine Zuschauer mit Lesungen aus dem Koran. Tausende von Aserbaidschanern pilgerten zum Freitagsgebet über die Grenze in Moscheen des benachbarten Irans. Der Nationalitätenkonflikt wurde damit zu einer Belastungsprobe für die auswärtigen Beziehungen Moskaus mit Teheran. Mehr als 160 Abgeordnete des Parlaments in Teheran wandten sich nach dem Truppeneinsatz in Baku mit einem Brief an Gorbatschow, in dem es unter anderem hieß:

»Mit den Demonstrationen in den Städten und den Massenversammlungen an den Grenzen der Islamischen Republik Iran, die in unserem Zeitalter des Sitz des Islam ist, hat die Bevölkerung des sowjetischen Aserbaidschan ihren Wunsch zum Ausdruck gebracht, in den Schoß des Islam zurückzukehren und ihre verlorene Identität wiederzufinden... Zusammen mit allen anderen Muslimen der Welt drücken wir, die Abgeordneten der Majlis (d. i. das iranische Parlament), unser tiefes Bedauern über die Trauer und die Leiden aus, die über die Muslime im sowjetischen Aserbaidschan hereingebrochen sind. Wir sprechen ihnen unser Mitgefühl aus und fordern den sowjetischen Führer auf, sich nicht von der Tücke und der Arroganz der Welt und den verbrecherischen Vereinigten Staaten beeinflussen zu lassen und die sowjetischen Muslime, deren Herzen von der Liebe zum Islam erfüllt sind, friedlich zu behandeln.«

Moskau vereinbarte daraufhin im Februar 1990 mit Teheran einen kleinen Grenzverkehr zwischen beiden Staaten, damit sich die teilweise zerrissenen Familien und Sippen wieder regelmäßig treffen können. Für den Zeitraum von zunächst drei Jahren erhalten die Grenzbewohner bis zu viermal pro Jahr ein Visum, das ihnen erlaubt, 15 Tage lang die Grenzregion des Nachbarstaates in festgelegten Gebieten zu besuchen. Darüber hinaus verschärfte das Parlament in der aserbaidschanischen Hauptstadt Baku Gesetze gegen den Nationalismus. Streiks und Protestdemonstrationen gingen dennoch weiter.

Mit der Eskalation der Gewalt von beiden Seiten hatte Gorbatschow auch das inzwischen nationalkommunistisch regierte Aserbaidschan für seine Politik der Perestrojka verloren. Außenstehende Beobachter bemerkten die politischen Folgen spätestens, als ein von Gorbatschow gestürzter Gegner aus dem Politbüro, Gejdar Alijew, bei den Wahlen 1990 in Nachitschewan sein politisches Comeback feierte.

Die Auswirkungen der Ereignisse von Baku waren katastrophal. Von den insgesamt 220000 Armeniern, deren Familien teilweise seit Jahrzehnten in Baku gelebt hatten, waren nur noch einige tausend übriggeblieben. Die meisten hatten sich auf die Flucht begeben. Auch in Armenien hatte die sowjetische Staatsmacht bereits alle Autorität verloren. Die Tatsache, daß nicht einmal die Truppen des sowjetischen Innenministeriums in der Lage waren, die Nationalkonflikte im südlichen Kaukasus einzudämmen, führte dazu, daß sich immer weitere Teile der armenischen Bevölkerung zum Selbstschutz bewaffneten. Militante Armenier besorgten sich Munition, Gewehre und Pistolen häufig bei Überfällen auf Polizeistationen und Armee-Einheiten und bauten eine selbständig operierende »Armenische Nationalarmee« auf, die auch mit Überfällen im armenisch-aserbaidschanischen Grenzgebiet letztlich gegen das Interesse der armenischen Republikführung agierte.

Am 27. Mai 1990, einen Tag vor den Gedenkfeiern für die Gründung des unabhängigen armenischen Staates 1918, überfielen nationalistische Armenier in Eriwan einen Trupp sowjetischer Soldaten, die zurückschossen. Schützenpanzerwagen fuhren auf und zielten in die Menge. 24 Armenier und zwei Soldaten starben. Der Widerstand gegen die »Armenische Nationalarmee« wurde schließlich von dem ersten nicht-kommunistischen armenischen Präsidenten Lewon Ter-Petrosjan mitgetragen. Im Februar 1988 hatte er das von Moskau verbotene Komitee Berg-Karabach mit gegründet und war dafür ins Gefängnis gekommen. Als führendes Mitglied der armenischen Nationalbewegung wurde Ter-Petrosjan, der selbst als militanter Nationalist galt, am 4. August 1990 zum Parlamentspräsidenten gewählt. Am 23. August erklärte das Parlament Armenien für souverän und änderte den Namen in »Republik Armenien«. Schon im Februar 1990 hatte das armenische Parlament die Zugehörigkeit der Enklave Berg-Karabach zu Aserbaidschan für ungültig erklärt.

Der Kampf der »Armenischen Nationalarmee« schien sich derweil im Kampf gegen Aserbaidschan zu verselbständigen. Im Parlament der Nachbarrepublik Aserbaidschan hieß es dazu in einer Stellungnahme:

»Man kann heute nicht mehr von einem zwischen-nationalen Konflikt sprechen, sondern von einer unverschleierten Aggression gegen das souveräne Aserbaidschan.«

Der nicht-kommunistischen Republikführung in Armenien entglitt die Kontrolle. Von Moskau hatte Präsident Gorbatschow schon am 25. Juli 1990 – also noch vor dem Machtwechsel in der armenischen Republikführung – die Auflösung der bewaffneten Formationen und die Konfiszierung der Waffen innerhalb von zwei Wochen angeordnet. Dieses Dekret wurde nicht befolgt. Gorbatschow war machtlos. Nach einer Aussprache mit dem neuen, nicht-kommunistischen Präsidenten Armeniens verlängerte Gorbatschow die Frist zur Ablieferung der Waffen um zwei Monate und bewirkte damit einen mäßigenden Einfluß der armenischen Republikführung auf die »Armenische Nationalarmee«. Als eine Art Kompensation wurden »Abteilungen der Selbstverteidigung« gebildet, deren Mitglieder nicht älter als 35 Jahre sein durften und den regulären Wehrdienst in der Armee absolviert haben mußten. Im Kampf gegen die immer noch aktive »Armenische Nationalarmee« verhängte schließlich das armenische Parlament selbst am 29. August 1990 den Ausnahmezustand über die gesamte Republik und erreichte die Kapitulation der »Armenischen Nationalarmee«. Präsident Ter-Petrosjan hat mittlerweile eine zweijährige Übergangsperiode in Aussicht genommen, innerhalb derer Armenien in eine unabhängige Republik umgewandelt werden soll. Die Entsowjetisierung Armeniens und seine Abgrenzung zur Sowjetunion wurde mit mehreren Maßnahmen eingeleitet. Die Stadt Leninakan, nach dem sowjetischen Staatsgründer benannt, erhielt im Oktober 1990 wieder ihren alten Namen Kumairi zurück. Am 1. November 1990 wurde die Ausfuhr von Nahrungsmitteln, Baumaterialien und Medikamenten aus Armenien in die übrige Sowjetunion verboten. Die Revolutionsfeiern am 7. November fanden nicht mehr statt. Erstmals blieb das Lenin-Denkmal in Eriwan ohne Blumenschmuck. Die Tatsache, daß dennoch der 7. und 8. November, die üblichen Staatsfeiertage zum Gedenken an die Oktoberrevolution, zu freien Tagen deklariert wurden, begründete die Staatsführung damit, daß Schulferien seien und man den Werktätigen einen Erholungsurlaub genehmigen wolle.

Angesichts der spektakulären und blutigen Ereignisse im Verhältnis zwischen Armenien und Aserbaidschan sind die kleineren, aber ebenfalls seit langem schwelenden Konfliktherde weniger beachtet worden. Das gilt für die Beziehungen zwischen Georgien und seinen nationalen Minderheiten, den Abchasen, den Adscharen und den Osseten. In den Regionen der nationalen Minderheiten, die über unterschiedliche Formen der Autonomie verfügen, leben auch zahlreiche Georgier. Mit Beginn der georgischen Nationalbewegung und der Propagierung eines künftigen georgischen Nationalstaates befürchteten die Minderheiten eine Schmälerung ihrer Rechte. Historisch begründete Spannungen gerade zwischen Abchasen und Georgiern sowie zwischen Osseten und Georgiern brachen wieder auf. Georgiens Vorwurf gegenüber der Moskauer Zentralmacht, nämlich die Mißachtung der nationalen Freiheiten, traf nun die Georgier selbst wegen ihrer Haltung gegenüber den kleineren Völkern. Inzwischen verlangen die Osseten, deren Südliches Autonomes Gebiet in Georgien liegt, einen Zusammenschluß mit den Osseten, die im nördlichen Kaukasus – im Bestand der Russischen Föderation – über eine eigene Autonome Sowjetrepublik verfügen. Seit dem Jahreswechsel 1989/90 kam es immer wieder zu Zusammenstößen und nationalmotivierten Überfällen in Süd-Ossetien und in Abchasien, teilweise mit zahlreichen Toten.

Die Abchasische Autonome Republik erklärte sich im August 1990 für souverän und provozierte damit eine Reaktion des georgischen Parlaments, das die Unabhängigkeitserklärung Abchasiens als »Verstoß gegen die Verfassungen Georgiens, Abchasiens und der Sowjetunion« außer Kraft setzte. Bei der Abstimmung im abchasischen Parlament waren nur die Hälfte der Abgeordneten anwesend, die Mehrheit der Einwohner Abchasiens sind Georgier. In einer späteren Abstimmung widerrief das abchasische Parlament die Proklamation der staatlichen Souveränität.

Dieser Vorgang illustriert anschaulich das problematische Verhältnis der Titularvölker und ihrer nationalen Wiedergeburt zu den noch kleineren Völkern im Bestand ihrer jeweiligen Republiken. Was der Moskauer Zentralmacht vorgehalten wird, nämlich geltende Verfassungsgrundsätze gegen die Nationalbewegungen anzuwenden, wird auf anderer Ebene, im Verhältnis der Titularnationen zu deren nationalen Minderheiten, ebenso praktiziert. Angesichts dieser Entwicklung müssen illusionäre Vorstellungen über die »nationale Befreiung aus der sowjetischen Vorherrschaft« kritisch überprüft werden.

Die Kommunistische Partei in Georgien, die bei den ersten freien Wahlen im Herbst 1990 von der Macht verdrängt wurde, versuchte im Frühjahr vor den Wahlen, Anschluß an die radikalen Forderungen der Nationalbewegung zu finden. Die Kommunisten gingen mit einem Dokument in den Wahlkampf, das »die Wiederherstellung der vollen staatlichen Unabhängigkeit Georgiens« proklamierte. Die Kommunisten – obwohl noch an der Macht – konnten oder wollten nicht verhindern, daß im August 1990 die Lenin-Statue in der georgischen Hauptstadt Tiflis demontiert wurde. Nach den verlorenen Wahlen spalteten sich die Kommunisten von der KPdSU ab und gaben im Dezember 1990 bekannt, daß aus den Räumen der nunmehr georgischen Nationalkommunisten alle Bilder von Marx, Engels, Lenin und Gorbatschow entfernt worden seien. Die politische Macht in Georgien hatte inzwischen das frühere oppositionelle Bündnis »Runder Tisch freies Georgien« übernommen, das fast die Zweidrittelmehrheit im Parlament erringen konnte. Am 19. November verabschiedete dieses Parlament Verfassungsänderungen, die den Souveränitätsforderungen der übrigen Sowjetrepubliken entsprachen. Präsident Georgiens wurde Swiad Gamsachurdia, nach Litauen und Armenien das dritte nicht-kommunistische Republikoberhaupt in der Sowjetunion. Er war wegen seiner provokantnationalistischen Parolen oft umstritten und trat stets für die Wiederherstellung eines unabhängigen Georgiens ein. Unter seiner Führung strich das Parlament die Attribute »sowjetisch« und »sozialistisch« aus dem Namen der »Republik Georgien«, räumte sich selbst jedoch eine unbestimmte Übergangszeit bis zur Erlangung der staatlichen Unabhängigkeit ein.

9. Zentralasien

Der sichtbare Auftakt nationaler Unruhen zu Beginn der Perestrojka fand bereits im Dezember 1986 in Kasachstan statt. Doch damals waren Öffentlichkeit sowie Staats- und Parteiführung darauf eingestellt, für den Ausbruch dieser Unruhen lediglich soziale und wirtschaftliche Mißstände geltend zu machen. Das Hauptproblem Kasachstans, die Tatsache, daß die Titularnation der Kasachen in der zweitgrößten Republik der Sowjetunion in die Minderheit geraten war und um ihre nationale Identiät fürchtete, blieb zunächst weitgehend unberücksichtigt. In diesem Punkt unterscheidet sich Kasachstan von den übrigen zentralasiatischen Republiken Turkmenien, Usbekistan, Tadschikistan und Kirgisien.

Die mittelasiatischen Republiken südlich von Kasachstan, die in der islamischen Kulturtradition stehen und eine religiöse Renaissance erleben, weisen ein überdurchschnittliches Bevölkerungswachstum auf. Die russischen Kolonisatoren sind seit der Zarenzeit hier stets in der Minderheit geblieben. Das wirtschaftliche Erbe dieser unter der Sowjetmacht fortgesetzten Kolonisation ist die größte Belastung für Zentralasien geworden. Die Republiken dienen der übrigen Sowjetunion als Rohstofflieferanten von Baumwolle, Seide und Wolle. Verarbeitende Industrie mit ausreichenden Beschäftigungsplätzen fehlt. Ihre landwirtschaftliche Produktion zur eigenen Versorgung mit Lebensmitteln ist gemessen an dem Bedarf eher kümmerlich. Überdies verwechselten Vertreter der kommunistischen Macht ihr Amt häufig mit dem Herrschaftsanspruch regierender Familienclans und Sippschaften. Wegen nationaler Spannungen der angestammten Völker untereinander sowie der in der Stalin-Zeit massenhaft nach Zentralasien deportierten und angesiedelten Völker haben die Nationalbewegungen in diesen Republiken nicht die politische Qualität und die institutionelle Durchschlagskraft erreicht wie in den westlichen Teilen der Sowjetunion.

Im Gegensatz zum Baltikum, der Ukraine oder dem Kaukasus fiel in Zentralasien der eher dirigistische Zugriff auf, der die

Nationalbewegungen von oben zu steuern schien und erst allmählich Massenbewegungen unter der Bevölkerung auslöste. Auch die Welle von Souveränitätserklärungen erfaßte relativ spät die zentralasiatischen Republiken.

In Usbekistan war zum Jahresbeginn 1988 – wie zuvor in Kasachstan zum Jahresende 1986 – der nationale Parteichef wegen Unfähigkeit und Korruption abgesetzt worden. Moskau vermied diesmal jedoch seinen Fehler, einen Russen als Parteichef einzusetzen. Dieser Akt hatte in Kasachstan letztlich die Unruhen ausgelöst. In Usbekistan wurde nach einer internen Lösung gesucht. Gleichwohl ließ sich innerhalb von Usbekistan – ebenso wie in den Nachbarrepubliken – eine starke Rückbesinnung auf das islamische Kulturerbe beobachten. Wanderprediger, die früher im verborgenen wirkten, traten ungehindert öffentlich auf. Aus Grabstätten wurden Korantexte und heilige Bücher wieder hervorgeholt, die während der Stalin-Zeit und noch in der Ära Chruschtschows aus Angst vor Verfolgung versteckt worden waren. Kolchosgemeinschaften feierten wieder islamische Hochzeiten, Beschneidungen und Beerdigungen. Diese republikübergreifende Bewegung hat zunächst sogar die nationale Abgrenzung der zentralasiatischen Völker untereinander in den Hintergrund treten lassen. Tatsächlich wurde immer wieder der Zusammenschluß der Völker auf dem Gebiet des alten Turkestan propagiert, doch historisch-territoriale Ansprüche und nationale Gegensätze behielten die Oberhand. Dies gilt ganz besonders für das Verhältnis zwischen den Tadschiken, die eine iranische Sprache sprechen, und ihren zentralasiatischen Nachbarn, deren Idiome dieselbe turksprachige Grundlage haben.

Im Februar 1989 haben die Tadschiken nach vorangegangenen nationalen Demonstrationen als erste ihre Sprache zur Amtssprache erhoben. Im Juni desselben Jahres brachen mehrere Konfliktherde in Zentralasien auf: Zwischen den Usbeken und den Mezcheten kam es zu blutigen Zusammenstößen, bei denen über hundert Menschen getötet, über tausend verletzt wurden. Die Mezcheten, ein Turkvolk, ebenfalls in islamischer Kulturtradition stehend, waren unter Stalin aus dem georgisch-türkischen Grenzgebiet nach Usbekistan verbannt worden, weil sie als potentielle Kollaborateure eingestuft wurden. Ähnlich den Krimtataren organisierten die Mezcheten eine eigene Volksvertretung und bemühten sich jahrzehntelang vergeblich um die Rückkehr in ihre transkaukasische Heimat. Was die blutigen Zusammenstöße mit den Usbeken letztlich ausgelöst hatte, blieb unklar. Sicher ist nur, daß vor allem jugendliche Usbeken, teilweise mit islamisch-fundamentalistischen Parolen, mordend gegen die Mezcheten vorgingen, ihre Häuser in Brand setzten und die Menschen vertrieben. Rituelle Verstümmelungen haben seinerzeit die politisch Verantwortlichen wie den damaligen Ministerpräsidenten Ryschkow erschauern lassen, die zum Krisenmanagement nach Usbekistan kamen. 15000 Mezcheten mußten, teilweise unter abenteuerlichen Umständen, evakuiert werden. Sie wurden mit Hubschraubern ausgeflogen oder verließen auf Schleichwegen durch die Berge fluchtartig ihre Siedlunsgebiete. Im Laufe des Jahres sind weitere 20000 Mezcheten aus dem Gebiet im Fergana-Tal ausgesiedelt worden. Spätere Analysen zeigten, daß in einer Gegend mit extrem hoher Arbeitslosigkeit sich die sozialen Spannungen hauptsächlich gegen die nationale Minderheit der Mezcheten entladen hatten.

Ebenfalls im Juni 1989 wüteten jugendliche Kasachen in Nowy Usen (am Ostufer des Kaspischen Meeres), später noch in weiteren Orten, gegen die Angehörigen anderer Nationen. Hierbei waren fünf Todesopfer zu beklagen. Anlaß war wiederum sozialer und wirtschaftlicher Neid auf Zuwanderer. Der Unmut richtete sich gegen angebliche Kaukasier, die wirtschaftlich erfolgreicher erschienen als die Stammbevölkerung. Tiefere Ursache dieser Konflikte sind aber jahrzehntelang unterdrückte Nationalgefühle. Glasnost wurde mit einem Freibrief für unkontrolliertes Nachholbedürfnis an nationalistischer Selbstbehauptung verwechselt.

In all diesen Krisenfällen wurden Sondertruppen des Innenministeriums eingesetzt, die in ihrer Funktion etwa der amerikanischen Nationalgarde vergleichbar sind. Im Herbst 1989 ergriffen dann Kasachstan und Kirgisien administrative Schritte, um nationalen Forderungen entgegenzukommen. Die jeweiligen Nationalsprachen wurden zur Amtssprache erhoben.

Nur wenige Monate später, im Juni 1990, brach ein weiterer Konfliktherd auf, der jahrzehntelang in der Öffentlichkeit unbeachtet geblieben war. In der Stadt Osch, in Kirgisien, bekämpften sich Kirgisen und Usbeken. Anlaß war der Streit um Weide- und Bauland. Die tieferliegenden Gründe sind jedoch in der Siedlungsgeschichte dieser Grenzregion zu Usbekistan zu suchen. Mit dem kolonisatorischen Vordringen der Russen dehnten auch die Usbeken ihre Siedlungsgebiete aus. Noch vor wenigen Jahren klagte der Parteichef von Osch darüber, daß von der wirtschaftlichen Migration besonders die Titularnation der Kirgisen betroffen sei, während es den anderen Nationen, namentlich den Usbeken, leichter gelänge, sich wirtschaftlich zu etablieren. In demselben Monat, in dem dieser Konflikt mindestens 139 Tote gefordert hatte, verabschiedete Usbekistan als erste der zentralasiatischen Republiken eine Souveränitätserklärung, die sich inhaltlich an die vorherigen Souveränitätserklärungen der baltischen Nationen und der Russischen Föderation anschloß. Allerdings lag zwischen den Beschlüssen jener Parlamente und der usbekischen Erklärung eine wichtige Zäsur. Gorbatschow, erst ein erklärter Gegner der Souveränitätsbestrebungen, hatte sich unter dem Druck der Verhältnisse am 14. Juni 1990 für die Umwandlung der Sowjetunion in eine »Union souveräner Staaten« ausgesprochen. Fünf Tage darauf erklärte sich Usbekistan für souverän. Mit zeitlichem Abstand folgten Turkmenien und Tadschikistan (August 1990), Kasachstan (Oktober 1990) und schließlich Kirgisien (Souveränitätsentwurf Dezember 1990). Damit hatten sich die zentralasiatischen Republiken formal der allgemeinen politischen Entwicklung in der nationalen Frage der Sowjetunion angeschlossen. Gleichzeitig fiel auf, daß nationale Zusammenstöße zwar mit großer Leidenschaft, aber ohne politische Konsequenzen erfolgten. Auch die jeweiligen Volksfrontbewegungen, die in den zentralasiatischen Republiken entstanden, schienen sich mehr nach dem Vorbild der übrigen Republiken zu richten, als von einer inhaltlich eigenen Konzeption auszugehen.

Der historische Rückgriff der teilweise jungen Nationen, die sich erst nach der Aufgliederung des alten Turkestans herausgebildet hatten, blieb in seiner antirussischen Haltung meist auf die zaristische und später sowjetische Kolonialpolitik beschränkt. Diese Attacken waren meist mit heftigen Anklagen gegen eine unerträgliche Umweltbelastung verbunden, deren Folge eine hohe Kindersterblichkeit und geringe Lebenserwartungen sind.

Neben den sozialen Altlasten der Titularnationen hat die Sowjetperiode der Stalin-Zeit in Zentralasien für zusätzlichen nationalen Sprengstoff gesorgt. Die Deportationen der Kriegsjahre haben mindestens drei Millionen Menschen nach Zentralasien gebracht, neben mehr als einer Million Deutschen zahlreiche Kaukasusvölker, darunter die Mezcheten sowie Krimtataren und Koreaner. An eine Integration dieser Völker war nie gedacht worden. Sie lebten neben den Titularnationen und hofften stets auf Rehabilitierung und Rückkehr in ihre alten Siedlungsgebiete. In diesem Zusammenhang gab es immer wieder Animositäten gegen die »zugewanderten« Völker, etwa als die Deutschen in Kasachstan den Versuch unternahmen, dort eine Autonomie zu verwirklichen.

Der belastende Widerspruch besteht darin, daß die verbliebenen Gemeinschaften der deportierten Völker, vor allem die Deutschen, Krimtataren, Koreaner, Kurden und Mezcheten, sich einerseits nie mit ihrem Schicksal werden abfinden können, andererseits jedoch ihre alten Siedlungsgebiete für eine ungehinderte Rückkehr nicht mehr zur Verfügung stehen.

Die Deutschen in Kasachstan haben ihre Entscheidung gefällt. In einer der größten Auswanderungsbewegungen der Gegenwart wird mehr als eine Million Deutsche in die Heimat ihrer Vorväter zurückkehren. Für Kasachstan bedeutet das einen wirtschaftlichen Aderlaß, weil es damit wichtige und qualifizierte Arbeitskräfte verliert.

Kasachstan, Kornkammer und Schwerindustriegebiet, war als flächenmäßig zweitgrößte Sowjetrepublik zum Experimentierfeld für Atomtests ausgewählt geworden, die unerträgliche Umweltbelastungen zur Folge hatten. Deshalb bekannte sich die Republik in ihrer Souveränitätserklärung ausdrücklich zum Umweltschutz und erklärte wörtlich: »Auf dem Territorium Kasachstans wird die Produktion und Lagerung von Atomwaffen sowie Atomwaffentests verboten.« Im Dezember 1990 verabschiedete das kasachische Parlament einen weiteren Beschluß, der »Atomexplosionen und die Tests aller Gattungen von Massenvernichtungsmitteln auf dem Testgelände im Gebiet von Semipalatinsk sowie auf allen anderen Testgeländen der Republik« verbot. Gleichzeitig wurde eine Entschädigung für die betroffene Bevölkerung gefordert, die jahrelang unter den Atomtests gelitten hat.

In der Souveränitätserklärung hat die Republik im Oktober 1990 darauf beharrt, »auf ihrem Territorum die Gültigkeit von Gesetzen und anderen Akten der obersten Organe der Union aufzuheben, die das Recht und die Verfassung der Republik verletzen«. Damit verstieß die kasachische Souveränitätserklärung gegen einen wenige Tage zuvor vom Obersten Sowjet in Moskau gefaßten Beschluß. Das sowjetische Parlament hatte angesichts der Fülle von Souveränitätserklärungen den Vorrang von Unionsgesetzen vor Republikgesetzen bestätigt. Dieser Verfassungskonflikt wurde jedoch von allen Republiken in Kauf genommen.

Die südliche Nachbarrepublik Kirgisien hat als letzte der bisherigen Unionsrepubliken erst im Dezember 1990 den Entwurf einer Souveränitätserklärung vorgelegt. Die schweren nationalen Zusammenstöße von Osch im Januar und im Juni 1990 schienen die politische Entwicklung nicht zu beschleunigen, sondern eher zu verzögern. In einer Debatte über diese Ereignisse wurde im kirgisischen Parlament (Oktober 1990) die Zahl von 212 Opfern genannt. An diesen Unruhen entzündete sich der Streit zwischen den etablierten Funktionären und einer sich langsam formierenden Opposition. Die Staats- und Parteiführung übte sich in Selbstkritik, wollte dann jedoch zur Tagesordnung übergehen. Angehörige der Opposition traten vor dem Parlament in den Hungerstreik, weil sie grundlegende politische Mängel für die Unruhen in Kirgisien verantwortlich machten. Die Demonstranten einer Demokratischen Bewegung erzwangen letztlich den Rücktritt des KP-Chefs von der Kandidatur für das Präsidentenamt, in das daraufhin der bisherige Präsident der Akademie der Wissenschaften gewählt wurde. Doch die Umbenennung der Republik in Sozialistische Sowjetrepublik Kirgisien zeugte davon, daß die politische Konformität mit der Gesamtstruktur der Sowjetunion aufrechterhalten blieb.

Anders verhielt sich dagegen Usbekistan. In der Volksfrontbewegung *Birlik* (»Einheit«) haben sich Umweltschützer, politische Opposition und islamische Erneuerungskräfte zusammengeschlossen. Unklar bleibt für den Außenstehenden, ob mit dieser »Einheitsbewegung« möglicherweise mehr als nur der Zusammenschluß der Usbeken, sondern darüber hinaus anderer Turkvölker gemeint sein könnte. Schon Stalin fürchtete eine solche Einheitsbewegung und versuchte durch immer weitere Teilung der zentralasiatischen Gebiete im alten Turkestan eine nationale Zergliederung zu erreichen. Auf jeden Fall hat die *Birlik*-Bewegung das Ziel, sich gegen russischen Kultur- und Wirtschaftseinfluß abzugrenzen. Neben der Wiedereinführung der usbekischen Amtssprache wird auch die Verwendung der arabischen Schrift propagiert, die unter der Sowjetmacht abgeschafft worden war. Die Propaganda gegen russische Kader in Politik und Wirtschaft hat dazu geführt, daß in den ersten neun Monaten 1990 fast 80000 Russen Usbekistan verlassen haben. Doch nicht nur die Russen, auch andere Nationen sind von dieser Abgrenzungspolitik betroffen. Im selben Zeitraum haben weitere 100000 Menschen anderer Nationalitäten ebenfalls Usbekistan verlassen. Dazu zählten insbesondere die Mezcheten, die ab Juni 1990 regelrechten Pogromen mit über hundert Toten ausgesetzt waren. Innerhalb von Usbekistan klagten andere Völkerschaften über den Verlust ihrer nationalen Identität, weil sie bei den innersowjetischen Grenzziehungen ihr Territorium verloren haben. Das gilt für die Bewohner der früheren Republik Choresm, die nunmehr zwischen Turkmenien, Karakalpakien und Usbekistan aufgeteilt ist.

Die Entsendung von Truppen des Innenministeriums zur Befriedung der Lage in Usbekistan hat zusätzlichen Widerstand hervorgerufen, wie Überfälle und eine regelrechte Lynchjustiz der Bevölkerung an den Soldaten der Sondertruppen Anfang Dezember 1990 gezeigt haben. Auch wenn sich in Usbekistan – wie in allen zentralasiatischen Republiken – ein Kommunist als Präsident behaupten konnte, hat die Staatsführung eine kritische Distanz gegenüber dem vorgeschlagenen neuen Unionsvertrag eingenommen. Der usbekische Präsident Karimow formulierte Mitte Dezember 1990 unmißverständlich, »daß sowohl bei dem Übergang zum Markt als auch bei dem Abschluß des Unionsvertrages Usbekistan sein eigenes Ziel verfolgen und seinen eigenen Standpunkt einnehmen wird«. Deshalb werde Usbekistan »den Unionsvertrag in dieser Form nicht unterzeichnen«.

In einer verschachtelten Grenzziehung schiebt sich Tadschikistan keilförmig zwischen Kirgisien und Usbekistan. In dieser Republik wird eine Abgrenzung gerade gegenüber den Usbeken wiederbelebt, die historische Wurzeln hat. Denn Tadschikistan beansprucht für Volkszugehörige, die in der Nachbarrepublik Usbekistan, vor allem in Buchara, siedeln, einen autonomen Status. Die eher willkürlichen Grenzziehungen der Sowjetzeit verfehlten es auch hier, den historischen Siedlungsraum mit den neuen Staatsgebilden in Einklang zu bringen. Dieser latente Konflikt wurde jedoch von dem überraschenden Ausbruch der Gewalt überlagert, der sich im Februar 1990 in der tadschikischen Hauptstadt Duschanbe gegen die angeblich armenischen Flüchtlinge aus dem Transkaukasus richtete und zahlreiche Menschenopfer kostete. Diese Unruhen waren um so überraschender, als die Armenier, die in Tadschikistan siedelten, jahrzehntelang problemlos von der Titularnation akzeptiert worden waren. Nach Darstellung des armenischen Rundfunks gingen die Unruhen auf eindeutige Provokationen zurück. In dieser Schilderung hieß es:

»Zuvor waren Vertreter der Aserbaidschanischen Volksfront in Tadschikistan eingetroffen, um anti-armenische Stimmung zu provozieren. Sie verteilten besonders an junge Leute große Mengen Geld und Drogen und riefen sie auf, alle Ausländer, an erster Stelle Armenier, zu vertreiben, die örtlichen Behörden zu stürzen und eine islamische Republik zu gründen« (nach: Osteuropa-Monitor, DW Nr. 37/1990, S. 4).

Der Konflikt konnte durch die Truppen des Innenministeriums eingedämmt werden. Zahlreiche Armenier wurden evakuiert. Eine Aufklärung der Vorfälle blieb jedoch monatelang aus. In diesem Zusammenhang wiesen tadschikische Abgeordnete auf das schier aussichtslose Unterfangen hin, den Nationen in der Sowjetunion wieder ihre ursprünglichen Siedlungsgebiete zuzuweisen, weil 65 (von 290) Millionen Sowjetbürger außerhalb der Republikgrenzen ihrer Titularnationen wohnen. Gleichwohl hat Tadschikistan unter dem Druck wirtschaftlicher Mangelerscheinungen Maßnahmen zur Abgrenzung gegen andere Republiken ergriffen. Ab 1990 wurde die Ausfuhr »von Lebensmitteln, Elektrogeräten für den täglichen Bedarf und anderen Waren mit erhöhter Nachfrage« verboten. Die Republik begann, sich auch politisch abzuschotten. Der bisherige Parteichef, Kachar Machkamow (seit 1985), konnte sich auch als Republikpräsident behaupten. In seiner Amtszeit wurde die Nationalbewegung *Wachtad*, »Einigung«, verboten. Die landeskundige österreichische Journalistin Marianne Sajdik kam im Sommer 1990 zu dem Schluß, in Tadschikistan habe sich die alte Garde an der Macht gehalten; die Linie des Parteichefs scheine sich darauf zu beschränken, soziale und wirtschaftliche Mißstände unter den Tisch zu kehren. Auch die Souveränitätserklärung Tadschikistans vom August 1990 zielte auf Konformität. Sie entsprach bereits der Neufassung des Unionsvertrages in der von Gorbatschow vorgeschlagenen Form. Der innere Zustand Tadschikistans läßt keine Experimente zu, denn die Republik hat die niedrigsten Einkommen, die höchste Kindersterblichkeit und den geringsten Prozentsatz an städtischer Bevölkerung. Vorrang vor dem politischen Willensakt einer nationalen Renaissance haben hier mehr als in anderen Republiken der Sowjetunion existentielle Grundbedürfnisse.

Als die »stabilste Republik« wurde trotz erheblicher sozialer und wirtschaftlicher Mißstände Turkmenien noch im September 1990 von sowjetischen Massenmedien gepriesen. Nationale Unruhen waren nicht aufgetreten. Der große Wüstenanteil, die geringe Verstädterung, das Nomadendasein großer Bevölkerungsteile prägen die Republik in ganz besonderer Weise. Die Zeitung *Komsomolskaja Prawda* berichtete im Frühjahr 1990 von unglaublichen Mißständen, von Versorgungsmängeln und Unterernährung, während ein turkmenischer Korrespondent beim Obersten Sowjet in Moskau aus seiner Heimat geradezu paradiesische Zustände schilderte:

»Die Turkmenische SSR ist heutzutage die stabilste Republik im Land, wo es keine Streiks wegen zwischennationaler Konflikte gibt. Im Gegensatz zu anderen Regionen kann man in den hiesigen Geschäften Butter, Zucker, Zigaretten, Brot, Fleisch und Wurst kaufen, wobei man weder eine Einkaufskarte noch einen Personalausweis vorzeigen muß« (Osteuropa-Monitor, Deutsche Welle, Köln, Nr. 180/1990, S. 8).

Der kommunistische Parteichef konnte sich nahezu widerstandslos bei der Wahl für das Amt des Republikpräsidenten durchsetzen.

Für den Außenstehenden kaum merklich, vollzieht sich aber auch in Turkmenien – deutlich zurückhaltender als in der Nachbarrepublik Usbekistan – eine islamische Kulturrenaissance. Eine kleine Schicht der Intelligenz beginnt gegen die Mißstände aufzubegehren, für die sie teilweise die russische Kolonisation und ihre Folgen, teilweise auch Systemmängel verantwortlich macht. Doch von seiten der Staatsführung wurde die Zustimmung zu einem Unionsvertrag sowie ein weiterer Bestand Turkmeniens in der Sowjetunion nie in Zweifel gezogen.

10. Die Russische Föderation

Die Existenz der Sowjetunion ist ohne Rußland nicht denkbar. Doch Rußland kann ohne die Sowjetunion existieren.

Auf diesem Grundgedanken entwickelte sich ein neues Selbstbewußtsein der Russischen Föderation, als dessen Repräsentant Boris Jelzin teilweise in der Rolle des Gegenspielers, teilweise als taktischer Verbündeter von Michail Gorbatschow den Diskussionsverlauf über die Neuordnung der Sowjetunion wesentlich mitbestimmte.

Die Russische Föderation ist mehr als nur die genuine Heimat der Russen. In den Grenzen ihres riesigen Gebietes von der Größe Südamerikas verfügen mehr als dreißig verschiedene Völker über eigene Formen der Autonomie, die sie inzwischen mit dem Anspruch auf Souveränität verbinden.

Die wirtschaftliche Potenz und die Bodenschätze der Russischen Föderation sind die Bestandsgarantie für das Überleben der heutigen Sowjetunion. Somit kam der Souveränitätserklärung der Russischen Föderation Signalcharakter zu. Die Souveränitätsbestrebungen der peripheren Republiken im Baltikum waren bis dahin von der sowjetischen Zentralmacht als der Versuch interpretiert worden, die gültige Staatsordnung zu untergraben. Die Kritik vor allem von Michail Gorbatschow richtete sich gegen diese Republiken, denen er das Recht auf Souveränität zunächst sogar abgesprochen hatte.

Mit der Wahl von Boris Jelzin zum Vorsitzenden des Parlaments der Russischen Föderation und damit zum russischen Republikpräsidenten im Mai 1990 verlor Gorbatschow erheblichen Einfluß. Ein Kandidat seiner Wahl hatte sich im Parlament der Russischen Föderation nicht durchsetzen können. Die zweite Niederlage bestand für Gorbatschow darin, daß sich die Russische Föderation unter dem Einfluß von Boris Jelzin im Juni 1990 für souverän erklärte und ihr Recht auf Austritt aus der Sowjetunion bekräftigte. Allerdings schwenkte der Machtpolitiker Gorbatschow, dessen pragmatischer Sinn für das politisch Mögliche seinen erstaunlichen Wandel über Jahre hinweg bestimmte, auf die Linie des neuen Souveränitätsbewußtseins um. Nur zwei Tage nach der Entscheidung der Russischen Föderation plädierte Gorbatschow selbst für die Umwandlung der Sowjetunion auf der Grundlage eines neuen Vertrages in eine »Union souveräner Staaten«. Gleichzeitig lockerte er Sanktionen, mit denen Litauen für seine Unabhängigkeitserklärung bestraft worden war. Auch hier wurde Gorbatschow von Boris Jelzin politisch überholt, indem Jelzin von sich aus das Gespräch mit dem litauischen Präsidenten Landsbergis aufnahm und den baltischen Republiken die Unterstützung der Russischen Föderation zusicherte. Die Russische Föderation wuchs in die Rolle der bisherigen gesamtsowjetischen Zentralmacht hinein, indem sie sich als wirtschaftlicher Stabilitätsfaktor für die künftigen Beziehungen der Republiken untereinander anbot. Boris Jelzin initiierte Verträge zwischen der Russischen Föderation und den einzelnen Republiken, unter denen der Vertrag zwischen Rußland und der Ukraine im November 1990 eine Sonderstellung einnimmt. Damit wurden die beiden größten Wirtschaftsgebiete mit insgesamt 200 Millionen Einwohnern gewissermaßen im Vorgriff auf eine Neuordnung der Sowjetunion aneinander gebunden. Dieser Schritt wirkte einem drohenden Zerfall der Sowjetunion mehr entgegen, als Michail Gorbatschow mit seinen Präsidialdekreten zu erreichen in der Lage war.

Doch auch Rußland als Kerngebiet der Sowjetunion sah sich Forderungen eines erwachenden Nationalismus anderer Völker auf seinem Territorium gegenüber. Schon im Herbst 1989 waren in Sibirien wieder tatarische Schulen eingerichtet worden für jene Muttersprachler, die außerhalb der Tatarischen Autonomen Republik leben. Denn von den sechseinhalb Millionen Tataren wohnt nur ein Sechstel in der bis dahin Tatarischen Autonomen Republik, während der Rest weit verstreut in der Russischen Föderation siedelt. Im Zuge dieser Entwicklung wurde für die islamisch geprägten Tataren im sibirischen Tjumen eine Moschee gebaut.

Nur wenig später, zum Jahresende 1989, meldeten sich die Dolganen, Nenzen, Nganasanen und Enzen, also die arktischen Völker des Autonomen Kreises Tajmyr, zu Wort. Von der Öffentlichkeit weitgehend vergessen, litten sie unter der industriellen Entwicklung und der Ausbeutung der Bodenschätze, wodurch ihre Existenzgrundlage für Rentierzucht und Fischfang gefährdet wurde. Ethnologen befürchten das baldige Aussterben von Sprache und Kultur dieser Völker, die sich auf einem eigenen Kongreß organisierten, um den Aufbruch in der nationalen Frage für ihre Interessen zu nutzen. Im April 1990 schlossen sich die kleinen Völker des sowjetischen Nordens in einer Assoziation zusammen. Im selben Jahr begannen einzelne Völker innerhalb der Russischen Föderation ihre Souveränitätsansprüche zu formulieren.

Im Frühjahr 1990 brach der Nationalitätenkonflikt in der Autonomen Republik der Tschetschenen und Inguschen im Nordkaukasus aus. Die Inguschen forderten ihre eigenen Autonomie als Wiedergutmachung für die Folgen der Stalin-Zeit. Ihr territoriale Selbständigkeit, nach der Revolution 1919 geschaffen, ging 1934 in einer gemeinsamen Autonomen Republik mit den Tschetschenen auf. Während des Großen Vaterländischen Krieges wurden sie nach Kasachstan und Zentralasien deportiert. Nach ihrer Rehabilitierung und Rückkehr waren jedoch zahlreiche Dörfer der Inguschen der Nord-Ossetischen Autonomen Republik zugeschlagen worden. Die Südosseten wiederum, deren Region zur Georgischen Republik gehört, wollen die Vereinigung mit den Nordosseten unter der Administration der Russischen Föderation.

Deutlich antirussische Tendenzen wies dagegen ein anderer Konflikt im August 1990 innerhalb der Russischen Föderation auf. In der Autonomen Republik Tuwa im sowjetisch-mongolischen Grenzgebiet, die vor ihrer Eingliederung von 1926 bis 1944 als Volksrepublik ein Satellit der Sowjetunion war, mußten Tausende von Russen im August 1990 die Flucht ergreifen. Diese Ausschreitungen haben international kaum Schlagzeilen gemacht, obwohl die russische Bevölkerung überfallen wurde, ihre Häuser angezündet wurden und Flugblätter zum Mord an Russen aufriefen. Radio Moskau meldete über die Lage: »In der jetzt herrschenden Situation in der Autonomen Republik kann niemand ein sicheres Leben der russischsprachigen Bevölkerung jenseits des Sajangebirges garantieren.«

Bis zu diesem Zeitpunkt hatten sich nur Unionsrepubliken

(Sowjetrepubliken) zur Souveränität bekannt. Im August 1990, wenige Tage nach den Unruhen in Tuwa, beanspruchte Karelien als erste Autonome Sowjetrepublik den Status eines »souveränen, demokratischen Rechtsstaates«. Im Gegensatz zu späteren Erklärungen anderer autonomer Gebilde war Karelien jedoch bereit, freiwillig Kompetenzen an die Russische Föderation und an die UdSSR abzutreten.

Die Autonome Republik Komi, die ebenfalls innerhalb der Russischen Föderation liegt, ging in ihren Forderungen im August 1990 entschieden weiter. Die Republik verzichtete auf den Zusatz »autonom« mit der Begründung, dieser Zusatz »schränkt die Rechte des auf ihrem Territorium lebenden Volkes ein und versetzt es – im Vergleich zu anderen Staatsgebilden – in eine nicht gleichberechtigte Lage«. Die Finno-ugrische Sprache der Komi wurde der russischen Staatssprache gleichgestellt, und die Republik verlangte künftig die Anerkennung einer eigenen Staatsbürgerschaft. Das Problem des Gesetzesvorranges erfuhr mit dieser Souveränitätserklärung eine weitere Komplizierung. Bei den bisherigen Souveränitätserklärungen verlangten die Unionsrepubliken den Vorrang ihrer Gesetze vor denen der Union. Nun verlangte eine staatsrechtlich nachgeordnete Autonome Republik den Vorrang ihrer Gesetze sowohl vor jenen der Russischen Föderation als auch vor den Gesetzen der gesamten Sowjetunion.

Noch komplizierter wurde die Lage mit der Entscheidung der Tatarischen Autonomen Sowjetrepublik an der Wolga, die sich Ende August 1990 nicht nur für souverän erklärte, sondern sich gleichzeitig von der Russischen Föderation trennte, um sich als Sowjetrepublik auf eine Stufe mit den übrigen Unionsrepubliken zu stellen. Den gleichen Statuswechsel verlangte im September 1990 die Udmurtische Autonome Republik. Da die Russische Föderation allein 16 der insgesamt zwanzig bisherigen Autonomen Republiken sowie fünf der acht Autonomen Gebiete und alle zehn Nationalen (Autonomen) Kreise der Sowjetunion auf ihrem Territorium beherbergt, war abzusehen, daß auch Rußland trotz seiner Souveränitätserklärung an einer Neuordnung der Sowjetunion mehr gelegen sein mußte als den nach Austritt strebenden baltischen Republiken. Denn nach den Autonomen Republiken begannen auch Nationale (Autonome) Kreise ihren Status eigenmächtig zu verändern. Die Nationalen Kreise der Korjaken und der Tschuktschen erklärten sich 1990 jeweils zu Autonomen Sowjetrepubliken.

Im Parlament (Obersten Sowjet) der Russischen Föderation wurde im Mai 1990 der Status der autonomen Republiken unter dem Aspekt diskutiert, daß eine Regelung der nationalen Frage innerhalb der Russischen Föderation für die übrige Sowjetunion Vorbildcharakter haben könnte. In dieser Debatte charakterisierte die Abgeordnete Dr. Konowalowa aus der Autonomen Republik Jakutien die Grundproblematik des Statuswandels:

»In erster Linie muß man mit einer Prüfung der Strukturen des Landes als Föderation und des Status seiner autonomen Gebilde beginnen. Die Rechte dieser Gebilde tragen deklarativen Charakter. In der Verfassung jeder beliebigen autonomen Republik ist verankert, daß sie ein souveräner Staat ist. Und zur gleichen Zeit wird gesagt, daß ihre Regierung nur den kleinen Teil der Volkswirtschaft leiten kann, der sich unter örtlicher Oberaufsicht befindet.

Diese Betriebe machen nur etwa zehn Prozent der Gesamtproduktion aus. Wie die ökonomische Basis, so auch die Finanzen: Für die Entwicklung Jakutiens sind jährlich sechs Milliarden Rubel erforderlich, doch in seinem Budget befinden sich lediglich 800 Millionen. Wir können durchaus Gesetze darüber annehmen, daß die jakutische Sprache zur Staatssprache werden soll, und dennoch wird sie es niemals werden, denn in dem vom Obersten Sowjet angenommenem Gesetz über die Sprachen heißt es, daß alle Ausgaben in Verbindung mit dem Erlernen der Muttersprache aus dem örtlichen Budget bezahlt werden müssen, so zum Beispiel die Herausgabe von Lehrbüchern, die Ausbildung der Lehrer, die Eröffnung von zusätzlichen Schulen und so weiter. Und das kostet nicht nur Tausende, sondern Millionen.

Mit anderen Worten, wenn nicht eine solide ökonomische Basis aufgebaut wird, sind alle Gespräche über die Entwicklung der Nationalsprache, Kultur und Kunst nur leere Worte, wie sie so oft in den vergangenen sieben Jahrzehnten erklungen sind« (nach: Osteuropa-Monitor, DW, Nr. 97/1990, S. 6).

Die nationale Vielfalt der größten und zentralsten Republik machte mit den Souveränitätsansprüchen der kleineren Völker die besondere Verantwortung Rußlands für die Neuordnung der Sowjetunion deutlich. Hierin liegt auch der Grund dafür, weshalb Boris Jelzin entgegen seiner politischen Überzeugung dem angeschlagenen sowjetischen Präsidenten Gorbatschow im November 1990 eine »Koalitionsregierung der Nationalen Einheit« anbot. Boris Jelzin hatte bereits im Sommer 1990 die Konsequenz aus der mangelnden Reformbereitschaft der Kommunistischen Partei gezogen und war als Präsident der Russischen Föderation (!) demonstrativ aus der Partei ausgetreten.

In der Folgezeit besuchte er auf zahlreichen Reisen innerhalb der Russischen Föderation gerade die nicht-russischen Völker, um für einen neuen Zusammenschluß auf gleichberechtigter Grundlage zu werben. Der Ausgleich zwischen Russen und Nicht-Russen ist jedoch nicht nur für die Russische Föderation, sondern für die gesamte Sowjetunion von existentieller Bedeutung, weil mehr als 25 Millionen Russen außerhalb von Rußland leben. Von ihnen befanden sich fast 80000 bis zum Jahresende 1990 auf der Flucht vor antirussischen Ausschreitungen und nationalen Unruhen in der Sowjetunion.

Es ist bemerkenswert, daß Konflikte der nicht-russischen Völker untereinander zunächst mehr Aufsehen erregt haben als der Protest nicht-russischer Völker gegen Russen. Die Ursache dafür mag in der historischen Entwicklung des Vielvölkerstaates liegen. Die Russen als historisch expansive und kolonisatorische Kraft leiden bis heute unter dem unionsweiten Klischee der Fremdherrscher. Die Russifizierungspolitik der Stalin-Zeit verstärkte diese Ablehnung der nicht-russischen Völker. Eine antirussische Haltung im Kampf um die nationale Identität galt daher zwangsläufig als legitim. Dabei wurde aber übersehen, daß auch die Russen in der Sowjetunion ihren Weg aus der Sowjetisierung heraus zu einem neuen nationalen Selbstwertgefühl suchen. Diese Entwicklung verlief nicht ohne nationalistische Extreme wie die Herausbildung der *Pamjat*-Bewegung, die den Antisemitismus wieder belebte. Auch Panslawisten orthodoxer Prägung und Monarchisten warben ungehindert für ihre Sichtweise der nationalen Wiedergeburt Rußlands.

Als prominentester Vertreter des Panslawismus schlug Alexander Solschenizyn in einem Manifest *Rußlands Weg aus der Krise* die Auflösung der Sowjetunion vor mit dem Ziel, nur einen gemeinsamen Staat der slawischen Völker beizubehalten. Dieser Weg besteht für ihn in der Begrenzung auf die russischen Siedlungsteile in der heutigen Russischen Föderation, die Ukraine, Weißrußland und den westlichen Teilen von Kasachstan. Dabei versteht Solschenizyn den russischen Nationalbegriff in einem großrussischen Anspruch, dem sich die ostslawischen Völker der Ukraine, die er als Kleinrussen bezeichnet, und die Weißrussen unterzuordnen oder wenigstens anzuschließen hätten mit dem Argument: »Unter litauischer und polnischer Herrschaft waren Kleinrussen und Weißrussen sich ihres Russentums bewußt, und sie widerstanden allen Versuchungen, zu Polen und zum Katholizismus abzufallen« (S. 14).

Gorbatschow grenzte sich gegen solche, unter Russen zweifellos populäre Ansichten ab, weil es ihm um den Erhalt der Gesamtsowjetunion ging. Der sowjetische Präsident verweigerte der realpolitischen Entwicklung des Zerfalls seine Anerkennung. Aufgrund des Drucks konservativer Kreise, des Militärs, des alten Parteiapparates und des KGB, die praktisch bis zum Jahresende 1990 verlorene Positionen wieder zurückerobern konnten, sah sich Gorbatschow gezwungen, weiter auf globalsowjetische Lösungen der Krise zu setzen.

Sein Gegenspieler Boris Jelzin konnte sich statt dessen als Präsident der Russischen Föderation zunächst auf taktische Alleingänge zurückziehen. Dies kam besonders deutlich bei der Diskussion um die Wirtschaftsreform zum Ausdruck, als Jelzin für die Russische Föderation ein Radikalprogramm zur Einführung der Marktwirtschaft betrieb, während Gorbatschow noch mit der Eigentumsfrage haderte. Jelzin stützte sich in seiner Politik auf zwei Schwerpunkte:

Erstens wollte er in kurzer Zeit die Bevölkerung in den Genuß einer besseren Versorgung kommen lassen, auch um den Preis einer singulären Wirtschaftspolitik.

Zweitens verfügt die Russische Föderation über die größten

Bodenschätze (90 Prozent des Erdöls, 75 Prozent des Erdgases) und über die Hälfte des Viehbestandes in der Sowjetunion.

Boris Jelzin kam jedoch ebenso wie Gorbatschow unter den Druck der wirtschaftlichen Krise, die sogar bei den Beziehungen innerhalb der Russischen Föderation zu einem Ultimatum Kareliens an die Russische Regierung führte. Die karelische Republikführung, die eigens die Zugehörigkeit zur Russischen Föderation anerkannt hatte, wandte sich im September 1990 an Boris Jelzin mit einem Brief, der die sich abzeichnende Wirtschaftskatastrophe bereits vorwegnahm: »Im Zusammenhang mit den unzureichenden Lieferungen von Erdöl- und landwirtschaftlichen Produkten (...) sowie im Zusammenhang mit dem damit verbundenen Anwachsen der sozialen Spannungen in der Gesellschaft und den ständigen Streikdrohungen der Arbeitskollektive bitten wir, die zuständigen Organisationen zu verpflichten, die Mindestlieferungen im Laufe des Septembers zu ergänzen und in Zukunft die Lieferungen in dem vereinbarten Ausmaß zu gewährleisten. Sollte das nicht geschehen, wird die Karelische ASSR am 24. September den Versand von Holzprodukten, Zeitungspapier und Baumaterialien (...) einstellen« (nach: Osteuropa-Monitor, DW, Nr. 179/1990, S. 12).

In dieser Situation griff Michail Gorbatschow mit seinen präsidialen Sondervollmachten ein und verfügte am 29. September 1990 per Dekret »die bestehenden Wirtschaftsverpflichtungen und die Erfüllung der Vertragsverpflichtungen für die Lieferung von Rohstoffen, Materialien und Zuliefererzeugnissen zu gewährleisten«. Diese Anordnung erstreckte sich auch auf das Jahr 1991 und beinhaltete bereits eine Warnung, auch das gesamte System der zusammenbrechenden Lebensmittelversorgung über die Sondervollmachten zu verwalten.

Mit der dramatischen Zuspitzung der Versorgungslage wurde klar, daß an die Stelle der bekämpften Kommandowirtschaft noch keine funktionierenden marktwirtschaftlichen Strukturen getreten waren. Die Russische Föderation als Wirtschaftskoloß bekam dies am deutlichsten zu spüren. Radikale Programme und radikale Losungen ihres Präsidenten Jelzin vermochten den wirtschaftlichen Zusammenbruch nicht aufzuhalten. Dahinter verbarg sich die Erkenntnis, daß nicht nur die

Sowjetunion, sondern auch die Russische Föderation für die Umstellung der Wirtschaft noch nicht flexibel genug war. Als Konsequenz daraus erklärte sich Ende Oktober 1990 sogar das ostsibirische Verwaltungsgebiet Irkutsk, das keine autonome Untergliederung darstellt, für unabhängig, um »die Interessen der Drei-Millionen-Bevölkerung der Region zu schützen«, ohne jedoch die weitere Zugehörigkeit zur Russischen Föderation zu bestreiten.

Die Bedeutung Rußlands für das Überleben der Sowjetunion demonstrierte der selbstbewußte Boris Jelzin im November, als er dem angeschlagenen Michail Gorbatschow eine »Koalitionsregierung der Nationalen Einheit« anbot, deren wichtigste Ämter, die des Ministerpräsidenten, des Verteidigungs- und des Finanzministers, auf Vorschlag der Russischen Föderation besetzt werden sollten. Damit versuchte Jelzin gleichzeitig, die Regierung unter Ministerpräsident Ryschkow aus dem Amt zu drängen, die den dringlichen Reformvorhaben und der Einführung der Marktwirtschaft nicht gewachsen war.

Wäre Gorbatschow auf diesen Vorschlag einer taktischen Verbindung mit Boris Jelzin eingegangen, dann hätte er vermutlich noch die Idee der Perestrojka retten können. Gorbatschow verweigerte jedoch eine Teilung der Macht und setzte auf einen neuen Zentralismus. Dafür ließ er sich vom Kongreß der Volksdeputierten eine Fülle von Sondervollmachten erteilen, wie sie vor ihm keinem anderen Führer der Sowjetunion zur Verfügung gestanden haben.

Die beiden einflußreichsten Republiken, die Russische Föderation und die Ukraine, nutzten die Unterzeichnung eines Vertrages über Freundschaft und Zusammenarbeit im November 1990, um vor dem anbrechenden Neo-Zentralismus unter Gorbatschow zu warnen, der bis dahin die Souveränitätserklärungen der einzelnen Republiken nicht als rechtmäßig anerkannt hatte. Hingegen haben sich die Ukraine und die Russische Föderation in ihrem Vertrag gegenseitig als souveräne Staaten anerkannt und demonstrativ jeden Hinweis auf die derzeit noch gültige Sowjetverfassung unterlassen.

Zur gleichen Zeit setzten die nicht-russischen Völker innerhalb der Russischen Föderation ihre Politik der Abgrenzung fort. Ende November 1990 wurde in Moskau eine »Konföderation der unterdrückten Völker der RSFSR« gegründet. Vertreter der Balkaren, Inguschen, Kalmücken, Karatschajer, Krimtataren, Deutschen und Tschetschenen, die unter Stalin deportiert worden waren, verlangten die volle Wiederherstellung ihres territorial-rechtlichen Status. Die bisherige Autonome Republik der Teschtschenen und Inguschen im Nordkaukasus erklärte daraufhin ihre Souveränität als eigene Republik mit dem Ziel, weder der Russischen Föderation noch der Sowjetunion weiter anzugehören. Zuvor hatte sich Anfang November bereits das Autonome Gebiet der Karatschajer und Tscherkessen, das zur Region Stawropol im Nordkaukasus gehört, einseitig in eine Sowjetrepublik umgewandelt mit dem Anspruch, als souveräner Staat im Bereich von Rußland weiterzubestehen.

Während Gorbatschow auf gesamtsowjetischer Ebene dem Zerfall des Staates entgegenzusteuern versuchte, bemühte sich nun auch Boris Jelzin, den Zerfall der Russischen Föderation aufzuhalten. In einem Appell an die Völker des Nordkausus versprach er nach dem Souveränitätsbeschluß der Tschetschenen und Inguschen, die Gleichberechtigung aller Völker zu fördern. Dafür stellte er ein Gesetz über die Rehabilitierung der früher unterdrückten Völker in Aussicht. Ziel dieses Gesetzes solle die »Wiederherstellung der Gerechtigkeit unter Berücksichtigung der entstandenen Realitäten und der Gewährleistung der Ruhe aller in der Region lebenden Nationalitäten« sein.

Die Ruhe im Land war jedoch durch die großen Flüchtlingsströme schon längst zerstört. Bis Anfang Dezember 1990 hatte die Regierung der Russischen Föderation zahlreiche Maßnahmen ergriffen, um die Flüchtlinge zu integrieren. Ihnen durfte ausnahmsweise ohne Meldepflicht Arbeit zugewiesen werden. Diese landesweite Meldepflicht diente bisher dazu, die Verstädterung und den Zuzug in die Ballungsgebiete einzudämmen. Ferner hatte die Russische Föderation eine Kommission für Flüchtlingsfragen eingerichtet mit einem eigenen Komitee beim Moskauer Stadtrat. Denn die meisten Flüchtlinge kamen in der Hoffnung auf staatliche Aufmerksamkeit und schnelle Hilfe in die sowjetische Hauptstadt, die gleichfalls Hauptstadt der Russischen Föderation ist. Das soziale Elend als Folge der nationalen Vertreibung manifestierte sich am Rand des Roten Platzes in Zelt- und Barackensiedlungen, in denen zahlreiche Flüchtlinge dahinvegetierten, bis zum Jahreswechsel 1990/91 in einer Nachtaktion die Siedlung abgerissen wurde.

Angesichts dieser dramatischen Entwicklung hatte im Parlament der Russischen Föderation der Abgeordnete Michail Arutionow einen Siebenpunkteplan eingefordert, um das Flüchtlingsproblem in den Griff zu bekommen. Seine Vorschläge offenbarten gleichzeitig die bisherige Hilflosigkeit einer unvorbereiteten und unflexiblen Bürokratie gegenüber den Folgen der unbewältigten nationalen Frage:

»1. Der Oberste Sowjet und unsere Komitees für Flüchtlingsfragen müssen die Erarbeitung von Gesetzen über Flüchtlinge und Zwangsumsiedler beenden und sie verabschieden.

2. Es ist erforderlich, endlich ein staatliches Programm Rußlands über die Flüchtlingshilfe zu erarbeiten und dabei die Entwicklung unserer Kleinstädte und der russischen Dörfer zu berücksichtigen.

3. Beim Abschluß von Verträgen mit anderen Republiken ist es notwendig, bedingungslos ohne Verletzung ihrer gesetzlich verbrieften Souveränität, die Interessen der russischsprachigen Bevölkerung zu schützen und eine materielle und finanzielle Versorgung unserer Landsleute, die sich nach Rußland begeben, durch diese Republiken anzustreben.

4. Es ist notwendig, daß im Regierungsprogramm die während der vergangenen Wahlen von vielen Deputierten angekündigten Vorhaben realisiert werden, das heißt: den Bau von Industrieanlagen maximal zu reduzieren und alle dabei frei werdenden Baukapazitäten und materiellen Ressourcen für den Wohnungsbau einzusetzen.

5. Es ist notwendig, dem Obersten Sowjet der RSFSR und seinen Komitees vorzuschlagen, Gesetzgebungsakte zu verabschieden, um die Meldepflicht aufzuheben. Die Meldepflicht ist eine beschämende Erscheinung in unserem Leben, die es nicht gestattet, Änderungen bezüglich der nationalen Zugehörigkeit in allen Dokumenten vorzunehmen oder die dazu berechtigt, überhaupt keine Angaben über die nationale Zugehörigkeit zu machen.

6. Es ist notwendig, einen speziellen allrussischen Hilfsfonds für Flüchtlinge und Zwangsumgesiedelte zu schaffen.

7. Notwendig ist ein Beschluß über die Umwandlung einer Reihe von Erholungsheimen und Pensionen in Notunterkünfte für Flüchtlinge und Zwangsumsiedler« (nach: Osteuropa-Monitor, DW, Nr. 234/1990, S. 6–7).

Mit derselben Dringlichkeit diskutierte das Parlament der Russischen Föderation bis zum Jahresende 1990 den Abschluß eines neuen Unionsvertrages, der die Beziehungen zwischen den Republiken und der Zentralmacht regeln sollte. Im Gegensatz zu den baltischen Republiken sowie Georgien und Moldowa sprachen sich die Abgeordneten des russischen Parlaments grundsätzlich für eine Teilnahme an dem neuen Unionsvertrag aus. Allerdings verlangte die Russische Föderation zunächst die Ausarbeitung einer eigenen Verfassung, auf deren Grundlage der neue Unionsvertrag erstellt und unterzeichnet werden müsse. Die von Gorbatschow vorgelegte Fassung eines Unionsvertrages sollte dafür lediglich die Ausgangsbasis bilden. Der Präsident der Russischen Föderation, Boris Jelzin, plädierte für einen einleitenden Prozeß »zur Schaffung horizontaler Beziehungen zwischen Republiken und zum Abschluß von Verträgen zwischen ihnen«. Die Notwendigkeit solcher vorhergehenden Vertragswerke zwischen den Republiken rechtfertigte er mit dem Argument: »Wir sind überzeugt, daß ein aktiver Vertragsprozeß innerhalb der UdSSR die Stabilisierung der Lage vor Abschluß des Unionsvertrages fördern wird.«

Zum Jahreswechsel 1990/91 demonstrierte Jelzin der sowjetischen Zentralregierung noch einmal die Stärke der Russischen Föderation. Das russische Parlament strich 90 Prozent seiner Finanzabgaben an die Moskauer Zentralmacht, deren wirtschaftlicher Handlungsspielraum dadurch erheblich eingeschränkt wurde. Dieser Akt machte auch den übrigen Republiken deutlich, daß der entscheidende Verhandlungspartner für sie eine souveräne Russische Föderation ist, keinesfalls aber ein mit Sondervollmachten ausgestatteter Präsident Gorbatschow, der nach fünf Jahren Perestrojka als »König ohne Land« dastand und sich deshalb auf die Macht des Apparates, des Militärs und des KGB, zurückbesann.

Das Ende des Zentralismus

11. Der zweite Zerfall des Imperiums

Die Jahrestage der Oktoberrevolution sind in der Sowjetunion Anlaß für eine politische und ideologische Bestandsaufnahme der Kommunistischen Partei. Am 4. November 1989 sprach KGB-Chef Krjutschkow, der sich bereits kurz nach seiner Amtsübernahme mit einem neuen, offeneren Führungsstil und selbstkritischen Überlegungen zum KGB Sympathien im In- und Ausland verschafft hatte. Doch die Reden im Vorfeld der Revolutionsfeiern am 7. November sind kein Anlaß zur Selbstkritik. Es geht um die Rechtfertigung und Verteidigung revolutionärer Errungenschaften. Angesichts der bereits dramatischen Entwicklungen innerhalb der Sowjetunion im Bereich der nationalen Frage verkündete der KGB-Chef gegen Jahresende 1989 mit trotzigem Unterton:

»Im Westen gibt es immer noch Stimmen, darunter von hochgestellten Politikern, daß ein Zerfall des sowjetischen Staates vorbestimmt ist. Wir hören so etwas nicht zum erstenmal. Unsere große Union der Völker hat nicht nur eine Prüfung überstanden und überlebt. Sie wird auch dieses Mal durchhalten. Die Sowjetunion zerfällt nicht. Sie sucht und findet Wege für ihre Erneuerung. Die Sowjetunion schöpft neue Kräfte als der größte Vielvölkerstaat der Welt« (nach: Osteuropa-Monitor, DW, 6.11.89, S. 3).

Ein Jahr später hatte sich die entschiedene Meinung des KGB-Chefs grundlegend geändert. Die Entwicklung innerhalb der Sowjetunion hat seine Prognose widerlegt.

Die geplanten Revolutionsfeiern im November 1990 waren in mehreren Republiken am Widerstand der Bevölkerung gescheitert. Militärparaden mußten auf Kasernenhöfen abgehalten werden anstatt – wie früher – im Zentrum der Metropolen. Unter diesem Eindruck gab KGB-Chef Krjutschkow im Dezember 1990 eine Erklärung ab, mit der er den Zerfallsprozeß der Sowjetunion eingestand:

»Es ist die Gefahr des Auseinanderbrechens der Sowjetunion entstanden. Nationaler Chauvinismus wird angeheizt. Es werden Massenunruhen und Gewalttaten provoziert. Es spielt sich wohl das Schrecklichste ab, wenn die nationale Zugehörigkeit zur Ursache für die Vernichtung von Menschenleben und die Verhöhnung menschlicher Werte wird. Die überspitzten Vorstellungen von nationaler Souveränität führten zu einem regelrechten Krieg zwischen Unions- und Republikgesetzen, zur Mißachtung der Menschenrechte. Man versucht, die Lebensader der historisch gewachsenen Bindungen zu treffen. Millionen menschlicher Schicksale werden zerbrochen« (nach: Osteuropa-Monitor, DW, Nr. 238/1990, S. 1).

Der Sowjetpatriotismus, der von Michail Gorbatschow im Dezember 1984, also kurz vor seinem Amtsantritt als »eine der größten Errungenschaften unserer Gesellschaft« gepriesen wurde, war im Schicksalsjahr 1989/90 in einem Zerfallsprozeß untergegangen, der den Bestand der Sowjetunion in mehrfacher Hinsicht in Frage stellte:

1. Die Wirtschaft: Der planwirtschaftliche Zentralismus hatte sich nicht bewährt. Experimente mit größerer wirtschaftlicher Selbständigkeit einzelner Republiken – in begrenztem Umfang bereits seit 1983 unter Andropow begonnen – mußten mißlingen, weil die Republiken weiterhin von der zentralen Rohstoff- und Ersatzteilzulieferung und dem zentralgesteuerten Markt abhängig waren. Der Schritt zur vollen wirtschaftlichen Unabhängigkeit mit Besitzrecht an den Naturschätzen sowie an Grund und Boden, von Estland einseitig 1988 eingeleitet, stieß auf energischen Widerstand von Michail Gorbatschow, der dagegen argumentierte:

»Der Grund und Boden, die Bodenschätze, die Gewässer und Wälder sind Allgemeingut des sowjetischen Volkes und ausschließliches Eigentum des Staates. Eigentum des ganzen Volkes sind auch die Hauptproduktionsmittel... Stellen wir uns einmal vor, die Russische Föderation würde sich auf den gleichen Standpunkt stellen, wie ihn die estnischen Genossen eingenommen haben. Was soll man dann tun?«

Die rethorische Ratlosigkeit Gorbatschows wurde von der Wirklichkeit eingeholt. Die Russische Föderation und alle übrigen Republiken traten in die Fußstapfen Estlands. Das von Gorbatschow bemühte »sowjetische Volk« erwies sich als eine Fiktion. Als »besonders besorgniserregend« bezeichnete es Gorbatschow im November 1988 in seiner Attacke gegen die Esten, »daß in den heute zur Debatte stehenden Dokumenten neben anderen Eigentumsarten auch Privateigentum zugelassen wird«. Nichts konnte deutlicher die Diskrepanz zwischen der Notwendigkeit einer Wirtschaftsreform und den ideologischen Hemmnissen illustrieren, denen Gorbatschow selbst unterlag.

Der Zerfall des planwirtschaftlichen Zentralismus war flankiert von dem Unvermögen einer gemeinsamen Wirtschaftsreform, als deren Folge der innersowjetische Verbraucher- und Industriemarkt zerfiel. Die Reformansätze mußten scheitern, weil sie den Republiken nur begrenzte Freiheiten ließen. Bedeutende Industriezweige unterstanden jedoch weiterhin den Fachministerien der Zentralregierung in Moskau, die in die wirtschaftliche Struktur der Republiken entscheidend und reformverhindernd eingreifen konnten. Die Sondervollmachten von Präsident Gorbatschow, mit denen er im September 1990 die Aufrechterhaltung der zentralen Wirtschaftsbeziehungen per Dekret anordnete, erschienen angesichts dieses Zerfalls bereits als anachronistisch. Die einzelnen Republiken konterkarrierten das vergebliche Bemühen der Zentralregierung, indem Wirtschafts- und Preisbildungsgesetze Moskaus von den Republiken nicht anerkannt wurden.

2. Das Militär: Die nationalen Konflikte innerhalb der Armee waren jahrelang verschwiegen worden. Dem Übergewicht der Russen im Offizierskorps stand die zunehmende Zahl von Rekruten aus den geburtenstarken zentralasiatischen Republiken gegenüber. Die nationale Abgrenzung einzelner Republiken gegenüber Moskau, hier wiederum ausgehend vom Baltikum, hatte zur Folge, daß die Idee nationaler Streitkräfte

wiederbelebt wurde. Mit Unterstützung der national orientierten Volksfronten verweigerten Jugendliche den Dienst außerhalb ihrer Heimatrepublik.

Im Mai 1990 beklagte der stellvertretende Generalstabschef der Sowjetunion, Generaloberst Bronislaw Omelitschew »koordinierte Boykottversuche gegen die Einberufung« junger Rekruten, namentlich in den drei baltischen Republiken sowie in der Ukraine, in Moldawien und in den drei transkaukasischen Republiken. Gerade im Transkaukasus bildeten sich unter den bürgerkriegsähnlichen Verhältnissen nationale Verteidigungsgruppen, die sich teilweise durch Überläufer, teilweise mit Überfällen auf reguläre Truppen Waffen besorgten. Ein Präsidialerlaß von Michail Gorbatschow im Juli 1990, der die Gründung bewaffneter Gruppierungen verbot und die Auflösung bisheriger bewaffneter Formationen verlangte, wurde nicht befolgt. Gorbatschow mußte sein ultimatives Dekret verlängern und politische Zugeständnisse signalisieren, ehe sich bewaffnete Nationalverbände in Armenien zur Aufgabe bereit erklärten.

Die Truppen des Innenministeriums, die landesweit zur Befriedung an den zahlreichen Konfliktherden eingesetzt wurden, erhielten selten die notwendige Unterstützung der örtlichen Bevölkerung. Aus dieser Erfahrung heraus schlug der, später gestürzte, reformorientierte Innenminister Wadim Bakatin im Oktober 1990 vor, zur Aufrechterhaltung der lokalen Ordnung den Republiken das Recht auf eigene Truppeneinheiten einzuräumen. Damit hätte die Entscheidung einzelner Republiken sanktioniert werden können, die in eigenen Gesetzen die Ableistung des Militärdienstes auf die Heimatrepublik beschränkten. Im November 1990 wandte sich Gorbatschow mit einem Dekret gegen solche Beschlüsse, »die praktisch Wehrdienstverweigerung und Fahnenflucht aus den Streitkräften der UdSSR, den Grenztruppen, den Truppen des Innenministeriums und anderen von der Gesetzgebung der UdSSR vorgesehenen bewaffneten Einheiten fördern«. Gleichzeitig verfügte Gorbatschow die strafrechtliche Verfolgung von »Amtsträgern und Bürgern«, die sich der Unionsgesetzgebung in den Fragen der Verteidigung nicht unterwerfen. Im Klartext stellte

Gorbatschow mit diesem Dekret den beginnenden Zerfall der sowjetischen Streitkräfte fest. Die von ihm verfügte Strafverfolgung richtete sich nicht nur gegen Rekruten, sondern auch gegen die Abgeordneten der Republikparlamente, die solche von Gorbatschow kritisierten Gesetze verabschiedet hatten.

Dieses Dekret wurde in den betroffenen Republiken nicht beachtet. Der Prestigeverlust von Gorbatschow bedeutet für ihn Machtverlust. Als Reaktion griff das Militär selbst ein. Verteidigungsminister Jasow erließ cine Reihe von Befehlen, aus denen der Überdruß der Bevölkerung gegenüber der eigenen Armee und der Autoritätszerfall besonders deutlich hervorgehen. Unter anderem heißt es in der Erklärung des Verteidigungsministers vom 27. November 1990:

»Bei rechtswidrigen Handlungen gegen Kasernen und Soldatensiedlungen (Abstellen von elektrischem Strom, Wasser usw.) erhielten die Befehlshaber der Truppen der Militärbezirke und der Flotte den Auftrag, die Objekte und Systeme zur Lebensversorgung unter die Bewachung und den Schutz der Militäreinheiten zu stellen.

Die Befehlshaber der Truppen der Militärbezirke und der Flotte erhielten Befehl, Akte von Vandalismus gegenüber Denkmälern und Gräbern von sowjetischen Soldaten nicht zuzulassen sowie entschieden der Errichtung von Denkmälern und anderen Formen der Verherrlichung von Faschisten und ihren Söldlingen entgegenzuwirken und bereits vorhandene derartige Symbole zu liquidieren.«

Mit diesen Befehlen war ein von Ausland kaum bemerkter Einschnitt im politischen Leben der Sowjetunion erfolgt. Die militärische Führung stellte die Machtlosigkeit der politischen Führung bloß.

Der spektakuläre Rücktritt von Außenminister Schewardnadse im Dezember 1990 und seine Warnungen vor der Errichtung einer Diktatur hing unmittelbar mit dieser Entwicklung zusammen.

3. Die Partei: Fast eine Million Sowjetbürger sind bis zum Ende 1990 aus der Kommunistischen Partei ausgetreten. Gorbatschow selbst hatte mit seiner Reform des politischen Systems versucht, das Ansehen der parlamentarischen Vertretun-

gen auf Kosten des Parteiapparates zu stärken. Deshalb wurde er später von seinen konservativen Gegnern für den Prestigeverlust der Kommunistischen Partei verantwortlich gemacht.

In der Tat haben Politbüro und Zentralkomitee gegenüber den gewählten Parlamenten und dem Präsdidentenamt ihre Vormachtstellung verloren. Gorbatschow, der seine Reformen aus gesamtsowjetischer Sicht begonnen hatte, unterschätzte jedoch die Folgen dieses Schrittes. Denn auch in den Republiken verloren die Kommunisten an Prestige. Die regionalen Parteiverbände standen in Konkurrenz zu nationalen Unabhängigkeitsbewegungen, oder sie kamen unter deren direkten Einfluß. Deutlichstes Beispiel sind auch hierbei die baltischen Republiken gewesen, deren kommunistische Parteien sich als erste von der KPdSU abgespalten haben, um als selbständige Parteien für eine größere Unabhängigkeit der Republiken einzutreten. Der Zerfall der zentralen Parteiorganisation beschleunigte den Zerfall der Zentralmacht. Über das Beispiel Litauen war die KPdSU besonders empört, weil ein Parteiengesetz anderen Staatsbürgern außerhalb Litauens aktive Parteipolitik verbot. Dieses Verbot richtete sich praktisch gegen alle Mitglieder der alten KPdSU, die von Moskau nach Litauen entsandt worden waren, um dort zeitweilige Kaderarbeit im Sinne des kommunistischen Parteienzentralismus zu betreiben.

4. Die Staatsordnung: Ende Mai 1990 wurde die Zahl der innersowjetischen Flüchtlinge auf 600000 geschätzt. Diese Zahl ist in den nachfolgenden Monaten weiter angewachsen. Ganze Völkergruppen sind aus ihren Siedlungsgebieten aufgebrochen, weil sie sich nicht mehr sicher fühlten, weil wirtschaftliche und soziale Strukturen, die ihre Existenz gewährleisteten, zusammenbrachen. Diese Entwicklung illustriert den Zerfall der Staatsordnung am bedrückendsten. Eine weitere Flüchtlings- und Emigrationswelle wird über die Landesgrenzen hinweg das Ausland erreichen, sobald nach einem neuen Reisegesetz Millionen von Sowjetbürger einen gültigen Paß erhalten.

Schon jetzt ist die Emigration für zwei Völker der erstrebenswerte Weg, die zerfallende Sowjetunion zu überwinden: Von den zwei Millionen Deutschen und den verbliebenen 1,8 Millionen Juden stellen jährliche Hunderttausende einen Ausreiseantrag. Wenn diese Emigrationswelle anhält, dann werden in einigen Jahren wahrscheinlich nur noch jeweils ein Fünftel der Deutschen und der Juden in der Sowjetunion zurückbleiben. Wichtiges Argument für die Auswanderung der Deutschen ist die Tatsache, daß sie auch ein halbes Jahrhundert nach Zerschlagung ihrer Republik nicht mit der Wiederherstellung ihrer Autonomie rechnen können. Die Juden, denen eine entlegene Region in Fernost als Autonomes Gebiet zugewiesen wurde, obwohl sie zu 95 Prozent im europäischen Teil der Sowjetunion siedelten, werden von einem zunehmend aggressiven Antisemitismus außer Landes getrieben.

Mit den Deutschen und den Juden verliert die Sowjetunion gut geschulte Arbeitskräfte und einen überproportionalen Anteil der wissenschaftlichen und kulturellen Intelligenz. Auch diese Tatsache beschleunigt die Zerfallserscheinungen im Land.

Die Souveränitätserklärungen der Republiken und autonomer Gebilde beinhalten durchgängig ein weiteres Element des Zerfalls. Sie wollen sich nicht mehr den Unions- oder Bundesgesetzen unterstellen. Der Anspruch auf Souveränitätssymbole einzelner Republiken wie die Herausgabe eigener Briefmarken und einer eigenen Währung sind äußere Merkmale dieses Zerfalls.

Im Dezember 1990 beklagte Michail Gorbatschow vor den Deputierten des Volkskongresses, daß »Republiken und andere national-territoriale Gebilde alle möglichen Änderungen ihrer Rechtsgrundlage verkünden und dabei die geltende Verfassung der UdSSR ignorieren«. Der sowjetische Präsident nannte dies »Partisanenmethoden«, die schwere Unruhen nach sich ziehen. Deshalb verlangte er von den Volksdeputierten ein Bekenntnis zum Erhalt der Staatsordnung:

»Ich halte es für notwendig, daß der Volksdeputiertenkongreß unerschütterlich erklärt: Bis zum Abschluß des Unionsvertrages, der den Rechtsstatus aller seiner Teilnehmer endgültig definiert, bleibt die Verfassung der UdSSR oberster Gesetzesakt, der unbedingte Einhaltung verlangt. Davon ausgehend wird auch die Präsidialmacht wirksam sein« (nach: Osteuropa-Monitor, DW, Nr. 242/1990, S. 11).

Dann griff Gorbatschow zu einer Manifestation, die nicht mit den ursprünglichen Intentionen seiner Reformpolitik in Einklang zu bringen ist. Vermutlich aufgrund wachsender Kritik und Einflußnahme seitens der Armee warnte er in derselben Rede den Volkskongreß: »Die Armee ist das wichtigste Bollwerk der staatlichen Souveränität des Landes, seiner äußeren und inneren Stabilität.«

Nicht mehr die angestrebte Demokratie, sondern die Armee sollte nun wieder Garant der inneren Stabilität sein.

Diese Kehrtwendung unter dem Eindruck eines Zerfalls der Sowjetunion war das Eingeständnis der Reformunfähigkeit des Systems.

12. Perspektiven einer Neuordnung

Auf der 19. Parteikonferenz im Juni 1988 hatte Michail Gorbatschow eine für viele Parteigenossen schockierende Erkenntnis formuliert: »Das bestehende politische System hat sich als unfähig erwiesen, uns vor dem Anschwellen von Stagnationserscheinungen im wirtschaftlichen und sozialen Leben in den letzten Jahrzehnten zu bewahren, und die damals eingeleiteten Reformen zum Mißerfolg verurteilt.«

Noch nie zuvor hatte ein Parteichef die Fehlentwicklung der Sowjetunion auf die Mängel des politischen Systems zurückgeführt. Die Perspektiven einer Neuordnung sah Gorbatschow in einer Reform des politischen Systems, wobei er immer den Erhalt der gesamten Sowjetunion vor Augen hatte. Sein Ziel, eine Präsidialdemokratie zu errichten, die weitgehend von der Vorherrschaft der Kommunistischen Partei befreit ist, hatte er knapp zwei Jahre später erreicht, als er im März 1990 in das neu geschaffene Präsidentenamt gewählt wurde. Wenige Monate später, im August 1990, räumte der neue Präsident ein, was durch die aufbrechenden Nationalitätenkonflikte im Land offenbar geworden war:

»Die Sowjetunion in ihrem bisherigen Bestand, hat ihre Möglichkeiten erschöpft. Aber das ist keine Rechtfertigung für den Zerfall und für den Separatismus, sondern ein Motiv dafür, sie auf neuen Grundlagen umzugestalten. Der Abschluß eines neuen Unionsvertrages muß zum Wendepunkt bei der Lösung der zwischennationalen Beziehungen werden.«

Bis dahin waren eher zaghafte Versuche zu beobachten, mit denen auf die nationalen Forderungen reagiert wurden. Die Parteikonferenz 1988, die als Zäsur bei der politischen Umgestaltung angesehen wurde, hatte eine Entschließung »Zu den Beziehungen zwischen den Nationen« verabschiedet, die über unverbindliche Lippenbekenntnisse nicht hinausging. Darin hieß es allgemein, die Rechte der Unionsrepubliken und autonomen Staatsgebilde müßten erweitert werden, und zwar durch Abgrenzung der Kompetenzen der UdSSR und der Sowjetrepubliken sowie durch Dezentralisierung.

Mehr als ein Jahr später, im September 1989, fand eine Plenarsitzung des Zentralkomitees zur Nationalitätenfrage statt, die mehrfach angekündigt und verschoben worden war, dann jedoch keine grundsätzliche Entscheidung über die nationale Frage brachte. Im Anschluß daran bemühte sich der Oberste Sowjet, das Parlament, in Moskau, den historischen und gegenwärtigen Belastungen der Nationalitätenpolitik gerecht zu werden und auf Gesetzesebene eine Neuordnung der Beziehungen zwischen dem Zentrum und den Republiken einzuleiten.

Im November 1989 wurde eine Deklaration angenommen, die die deportierten Völker voll rehabilitierte. Die Beschlüsse Stalins zur gewaltsamen Umsiedlung dieser Völker wurden als »gesetzwidrig und verbrecherisch von Anfang an« bezeichnet. Den Betroffenen garantierte der Oberste Sowjet die unbedingte Wiederherstellung ihrer Rechte.

Kurz darauf verabschiedete der Oberste Sowjet ein Gesetz zur Nationalitätenpolitik, das auch den Autonomen Sowjetrepubliken eine eigene Staatsbürgerschaft zuerkannte.

Im Dezember 1989 verurteilte der Oberste Sowjet den Hitler-Stalin-Pakt, als dessen Folge die drei baltischen Republiken Estland, Litauen und Lettland sowie Bessarabien, das heutige Moldawien (Moldowa) von der Sowjetunion annektiert wurden.

Für die nach Unabhängigkeit strebenden Republiken war Artikel 72 der sowjetischen Verfassung von 1977 von entscheidender Bedeutung, in dem verankert ist:

»Jeder Unionsrepublik bleibt das Recht auf freien Austritt aus der UdSSR vorbehalten.«

Zu diesem Artikel wurde 13 Jahre später, am 3. April 1990, ein Ausführungsgesetz nachgeschoben, und zwar unter dem Eindruck der litauischen Unabhängigkeitserklärung vom 11. März 1990. Das neue Gesetz errichtete vor den Austritt aus der Sowjetunion eine mindestens fünfjährige Hürde. So lange dauert das formale Verfahren durch alle Parlamentsinstanzen, vorausgesetzt, zwei Drittel der Bevölkerung einer Republik haben für den Austritt aus der Sowjetunion votiert. Einschränkungen können von seiten der autonomen Gebietskörperschaften geltend gemacht werden, die innerhalb einer Republik liegen. Wenn das Referendum nicht mit Zweidrittelmehrheit angenommen wird, ist eine Wiederholung sogar erst nach zehn Jahren möglich.

Als Reaktion auf den rapiden Zerfall der einheitlichen Wirtschaftsstruktur wurde ebenfalls im April 1990 ein Gesetz über die Wirtschaftsbeziehungen zwischen der Union und den Republiken verabschiedet, das am 1. Januar 1991 in Kraft getreten ist. In zwei Punkten kommt darin ein neues Prinzip der Wirtschaftsordnung zum Tragen: erstens können die Republiken selbständig außenwirtschaftlich handeln und zweitens dürfen sie Beschlüsse von Unionsorganen aussetzen, sofern die Interessen der Republiken beeinträchtigt werden. Im Gegensatz zu Einzelmaßnahmen zahlreicher Republiken verbietet dieses Gesetz, den innersowjetischen Warenverkehr, das heißt die Ausfuhr von Waren aus einzelnen Republiken, einzuschränken oder innersowjetische Transitgebühren zu erheben, womit ungesetzliche Zölle gemeint sind.

In einem weiteren Gesetz vom April 1990 wurde die »rechtswidrige Tätigkeit nationalistischer und separatistischer Organisationen« unter Strafe gestellt. Darüber hinaus richtet sich das Gesetz gegen den politischen Zerfallsprozeß in der Sowjetunion. Denn es können auch Personen belangt werden, »die öffentlich Aufrufe zum gewaltsamen Sturz oder der Veränderung der existierenden Ordnung und der Territorien der UdSSR, der Unionsrepubliken und der Autonomien« erlassen. Diesen Straftatbestand erfüllen praktisch alle Volksfrontbewegungen ebenso wie alle Abgeordnete, die sich für eine völlige Neuordnung der Sowjetunion einsetzen.

Dabei war bereits die »Veränderung der existierenden Ordnung« von Gorbatschow selbst in Aussicht gestellt worden, als er sich für eine Umwandlung des Landes in eine »Union souveräner Staaten« ausgesprochen hatte.

Einen Vertragsentwurf über die neue Union legte Gorbatschow im November 1990 vor konnte aber trotz politischen Drucks nicht erreichen, daß dieser Entwurf bereits zum Jahresende vom Volkskongreß in Moskau angenommen wurde. Die angestrebte Neuordnung der Sowjetunion beschränkte sich im

Dezember 1990 zunächst auf den Ausbau des Präsidialsystems, in dessen Rahmen ein Vizepräsident, ein Ministerkabinett, ein Föderationsrat und ein Sicherheitsrat eingerichtet wurden, die dem Präsidenten unterstehen. Der Unionsvertrag wurde vertagt. Die Debatte im Volkskongreß hatte die Gegensätze aufleben lassen. Ein erzürnter Abgeordneter bezeichnete das neue Abkommen zutreffend als »Vertrag zwischen Rußland und seinen Kolonien«. Als Kompromiß beschloß der Volkskongreß, 1991 ein landesweites Referendum über den »Erhalt einer erneuerten Union föderativer, gleichberechtigter, souveräner, sozialistischer Sowjetrepubliken« durchzuführen. Die baltischen Staaten Estland, Litauen, Lettland sowie Georgien haben sich bereits gegen einen Beitritt zu einem neuen Unionsvertrag ausgespochen. Sie streben die völlige Unabhängigkeit von der Sowjetunion an.

Die Perspektiven eine Neuordnung verengen sich mit der sich verschärfenden wirtschaftlichen und politischen Krise der Sowjetunion auf drei Möglichkeiten:

1. Eine Umwandlung der territorial-administrativen Struktur der Sowjetunion, die sowohl unter wirtschaftlichen als auch unter nationalen Aspekten tragfähig ist. Dies setzt eine enorme Kompromißbereitschaft bei allen Völkern voraus und verlangt neue innersowjetische Grenzziehungen. Das Zentrum müßte einen wesentlichen Teil der Macht an die Regionen abgeben. Wenn man dabei diejenigen Republiken halten will, die nach völliger Unabhängigkeit streben, bliebe nur eine Umwandlung der Föderation, des bisherigen sowjetischen Bundesstaates, in eine Konföderation, also einen Bund souveräner Staaten, übrig. Bisherige Vorschläge versuchen, beide Elemente miteinander zu verknüpfen. In diesem Zusammenhang ist auch eine politische Asymmetrie denkbar, die davon ausgeht, daß die baltischen Republiken und Georgien mit einer größeren Unabhängigkeit, aber auch mit größeren Wirtschaftslasten der restlichen Sowjetunion assoziiert sind.

2. Die Sowjetunion zerfällt in Einzelstaaten, die sich in mehreren Unionen locker zusammenschließen. Denn als Kleinstaaten hätten die meisten Republiken allein keine Überlebenschance. Geopolitische und nationale Bedingungen

werden dieses Szenarium mitbestimmen. Die baltischen Republiken könnten in einem solchen Zusammenschluß überleben. Der Transkaukasus dagegen würde an seinen inneren Widersprüchen politisch zugrunde gehen. Die westliche Grenzrepublik Ukraine wäre eine der größten europäischen Staaten. Beherrschendes Element bliebe jedoch Rußland, selbst wenn die zentralasiatischen Republiken sich als eigene Union selbständig machten. Gegen eine solche Entwicklung spricht die machtpolitische Rolle der Sowjetunion als Partner der USA. Innerer und äußerer politischer Druck wird einem Zerfall der Sowjetunion daher entgegenwirken.

3. Ein Neo-Zentralismus löst die Perestrojka ab. Die Warnungen vor einer diktatorischen Entwicklung, als politisches Vermächtnis vom verstorbenen Andrej Sacharow im Dezember 1989 formuliert und vom resignierenden Außenminister Eduard Schewardnadse im Dezember 1990 wiederholt, scheinen angesichts des Machtkampfes in der Sowjetunion gerechtfertigt. Die Machtfülle, mit der das neue Präsidentenamt ausgestattet ist, zwingt zur Wiederholung dessen, was Andrej Sacharow kurz vor seinem Tod im sowjetischen Volkskongreß nicht mehr vollständig vortragen konnte, weil er von Gorbatschow unterbrochen wurde:

»Die Konzentration einer solchen Macht in den Händen einer Person ist überaus gefährlich, und zwar auch dann, wenn diese Person der Initiator der Perestrojka ist. Das gilt besonders für die Möglichkeit einer Einflußnahme hinter den Kulissen. Und was ist, wenn einmal ein anderer diesen Posten innehaben wird?«

Die Sowjetunion in der Gegenwart

13. Die staatliche Gliederung

Die staatsrechtliche und nationale Gliederung der Sowjetunion wird seit Ende 1988 besonders von den kleineren Völkern in Frage gestellt. Der Überblick zeigt, daß vor allem im Verlauf der ersten dreißig Jahre der Sowjetmacht die staatsrechtliche Gliederung des öfteren revidiert wurde.

Die Sowjetunion (Union der Sozialistischen Sowjetrepubliken) war bis zur Vorlage eines Entwurfes für einen neuen Vertrag über die »Union Souveräner Sowjetrepubliken« in 14 Sozialistische Sowjetrepubliken (SSR) und die Russische Sozialistische Föderative Sowjetrepublik (RSFSR) gegliedert, die nominell noch immer existieren. Innerhalb dieser Sowjetrepubliken liegen – mit abgestuften Kompetenzen ausgestattet – insgesamt zwanzig Autonome Sozialistische Sowjetrepubliken (ASSR), acht Autonome Gebiete (AG) sowie zehn Nationale Kreise (NK), die inzwischen auch als Autonome Kreise bezeichnet werden. Die Parlamente dieser autonomen Untergliederungen haben zum großen Teil bereits Beschlüsse über einen neuen staatsrechtlichen Status gefaßt, die mit der sowjetischen Verfassung von 1977 kollidierten.

Über die Neuordnung dieses Gefüges wurden im Herbst 1990 Verhandlungen zwischen Moskau und den einzelnen Völkern aufgenommen. Ein neuer Unionsvertrag soll die nationale Selbstbestimmung der verschiedenen Völker stärker berücksichtigen und die politische Struktur der Sowjetunion dezentralisieren. Das Austrittsrecht aus der Sowjetunion wurde gesetzlich neu gefaßt, aber die teilweise radikalen Forderungen einzelner Republiken und Völker blieben unerfüllt.

In zwei Schritten versuchen sich immer mehr Völker von der Sowjetunion zu lösen:

Im ersten Schritt haben praktisch alle Republiken und Autonomen Republiken ihre Souveränität erklärt. Damit beanspruchen sie den nationalen Besitz an Bodenschätzen sowie neben oder anstatt Russisch eine eigene Staatssprache. Ferner anerkennen sie Unionsgesetze nur nach einem eigenen Prüfungsverfahren und stellen somit Republikrecht über Unionsrecht. Eine neu geschaffene Regelung, daß die Republiken kein Unionsgesetz ablehnen können, wird in der Praxis nicht berücksichtigt.

Im zweiten Schritt haben Republiken zunächst im Baltikum und im Transkaukasus ihre Unabhängigkeit erklärt oder das Erreichen der Unabhängigkeit als politisches Ziel deklariert. Damit ist staatsrechtlich der Austritt aus der Union der Sozialstischen Sowjetrepubliken gemeint. Um diesen Zerfallsprozeß zu stoppen, hat Moskau alle Völker zu Verhandlungen über einen neuen Unionsvertrag aufgefordert.

Weder in den Sowjetrepubliken (auch Unionsrepubliken oder Bundesrepubliken genannt) noch in den autonomen Untergliederungen muß die Titularnation zwangsläufig die Mehrheit der Bevölkerung stellen. So leben in der Kasachischen SSR mehr Russen als Kasachen und in den meisten Autonomen Gebieten und Kreisen kommt die Titularnation, nach der die Gebiete und Kreise benannt sind, selten auf mehr als 30 Prozent Bevölkerungsanteil. Zahlreiche kleine Völkerschaften mit nur wenigen Tausend Angehörigen haben keinen eigenen nationalen oder autonomen Kreis. Ungeklärt ist das Schicksal der etwa zwei Millionen Deutschen in der Sowjetunion. Ihre autonome Wolgarepublik wurde von Stalin 1941 aufgelöst, die Bevölkerung deportiert. Eine Wiederherstellung ihrer Autonomie wird seit 1989 ohne greifbare Ergebnisse in der Öffentlichkeit diskutiert.

Die Sowjetunion hatte 1990 insgesamt 286,7 Millionen Einwohner, darunter 145 Millionen Russen, deren prozentualer Anteil beständig sinkt und nunmehr 50,5 Prozent an der Gesamtbevölkerung ausmacht. Zweitgrößte Nation sind die Ukrainer mit 44,1 Millionen. Die gesamte Fläche der UdSSR beträgt 22,4 Millionen Quadratkilometer. Die Sowjetunion erstreckt sich über elf Zeitzonen und ist der größte Flächenstaat der Welt.

Die nachfolgende Darstellung berücksichtigt die Souveränitäts- und Unabhängigkeitserklärungen sowie die Umbenennungen einzelner Republiken, geht aber zum leichteren Verständnis von der staatsrechtlichen Gliederung aus, wie sie zum Jahresende 1990 in der Sowjetunion bestanden hat, allerdings in einer historisch-geographischen Ordnung:

Estland: Sozialistische Sowjetrepublik seit 1940, annektiert aufgrund des Hitler-Stalin-Paktes. 1941 Massendeportation der estnischen Intelligenz. Völkerrechtlich ist die sowjetische Annexion von den USA nie anerkannt worden. 1990 Umbenennung in Republik Estland. Religion überwiegend lutheranisch.
Fläche: 45100 qkm. Einwohner: 1,6 Mio, darunter 65% Esten, 28% Russen, 3% Ukrainer, 2% Weißrussen. Hauptstadt: Tallinn
Wirtschaft: Gut funktionierende Landwirtschaft, erfolgreiche Viehwirtschaft. Energiegewinnung aus Ölschiefer, Elektorindustrie.
Politik: Loslösungsbestrebung von Moskau mit Unterstützung der estnischen Kommunistischen Partei, wirtschaftliche Selbständigkeit mit dem Ziel einer eigenen Währung und eines Binnenmarktes der baltischen Republiken. Verkündete als erste Sowjetrepublik 1988 ihre Souveränität und strebte mit einer Erklärung von 1990 die Unabhängigkeit an. Im gleichen Jahr stimmte das estnische Parlament für die Aufstellung einer eigenen Armee und schaffte die sowjetischen Feiertage ab.

Litauen: Sozialistische Sowjetrepublik seit 1940, annektiert aufgrund des Hitler-Stalin-Paktes, von den USA völkerrechtlich nie anerkannt. Unter Stalin Deportation der Intelligenz, die teilweise erst 1988 zurückkehren durfte. Seit 1990 Republik Litauen. Titularnation überwiegend katholisch geprägt.
Fläche: 65200 qkm. Einwohner: 3,7 Mio, darunter 80% Litauer, 9% Russen, 8% Polen, 2% Weißrussen. Hauptstadt: Vilnius (Wilna).
Wirtschaft: Ertragreiche Landwirtschaft, Vieh- und Pferdezucht, Leichtindustrie, Elektroindustrie, Wärmekraftwerke teilweise auf Torfbasis.
Politik: 1990 wählte das Parlament mit Vytautas Landsbergis den ersten Nicht-Kommunisten zum Vorsitzenden des Obersten Sowjet (Republikpräsident), erklärte Litauen einseitig für unabhängig und rief die Republik aus. Die litauische KP hatte sich bereits zuvor von der sowjetischen Mutterpartei losgesagt.
Der Westen reagierte jedoch zurückhaltend.

Lettland: Sozialistische Sowjetrepublik seit 1940, Annexion aufgrund des Hitler-Stalin-Paktes, die von den USA nie anerkannt wurde. Stark geprägt von der lutheranischen Kirche.
Fläche: 64800 qkm. Einwohner: 2,7 Mio, darunter 54% Letten, 33% Russen, 5% Weißrussen, 3% Ukrainer, 2% Polen. Hauptstadt: Riga.

Wirtschaft: Landwirtschaft mit intensiver Viehzucht, kaum Bodenschätze, arbeitsintensive Leichtindustrie. Bestes Eisenbahnnetz aller Sowjetrepubliken.
Politik: Ab 1988 wurde Lettisch als Republiksprache eingeführt, 1990 Spaltung der Kommunistischen Partei in Befürworter und Gegner eines Austritts aus der Sowjetunion. Im gleichen Jahr erklärte Lettland seine Souveränität mit dem Ziel, seine Unabhängigkeit wiederzuerlangen.

Die Westrepubliken

Weißrußland (Belorußland): Sozialistische Sowjetrepublik seit 1922, zuvor ab 1919 selbständige Sozialistische Sowjetrepublik. Zusammen mit der Ukrainischen SSR, der Transkaukasischen SSR und der Russischen Föderation 1922 Gründungsmitglied der UdSSR. Eigene UNO-Vertretung.
Fläche: 207600 qkm. Einwohner: 10,2 Mio, darunter 79% Weißrussen, 12% Russen, 4% Polen, 2% Ukrainer. Hauptstadt: Minsk.
Wirtschaft: Bedeutende Landwirtschaft mit traditioneller Rinder- und Schweinezucht, führend im sowjetischen Maschinenbau. Keine nennenswerten Bodenschätze. Schwerste Schäden durch die Kernkraftkatastrophe von Tschernobyl (1986) in der angrenzenden Ukraine.
Politik: Die Gründung einer Nationalbewegung unter dem Namen *Adradschenje* (Wiedergeburt) zur Unterstützung der Perestrojka fand gegen teilweise heftigen Widerstand der Republikführung statt. 1990 Souveränitätserklärung mit dem Ziel, Weißrußland in eine neutrale Republik umzuwandeln.

Ukraine: Sozialistische Sowjetrepublik seit 1922. Nach kurzzeitiger Existenz einer ukrainischen Nationalrepublik nahm die Rote Armee Ende 1918 Kiew ein, im Januar 1919 wurde die selbständige Ukrainische Sozialistische Sowjetrepublik von den Bolschewiken ausgerufen, die zusammen mit der Weißrussischen SSR, der Transkaukasischen SSR und der Russischen Föderation 1922 die UdSSR gründete. Als Gründungsmitglied der UNO ist die Ukraine, ebenso wie Weißrußland, neben der UdSSR mit einem eigenen Botschafter bei den Vereinten Nationen vertreten.
Fläche: 603700 qkm. Einwohner: 51,7 Mio, darunter 74% Ukrainer, 21% Russen, 1% Juden. Hauptstadt: Kiew.
Wirtschaft: Umfangreiche Bodenschätze (Steinkohle, Eisenerz,

Mangan), Schwerindustrie, Landwirtschaft (Kornkammer der europäischen Sowjetunion).
Politik: Nationalbewegung *Ruch* setzte die Wiedereinführung der ukrainischen Amtssprache durch. Kommunisten unterstützen inzwischen Maßnahmen gegen Russifizierung. Glaubenskonflikte nationaler Prägung sind zu erwarten nach der Wiederzulassung der mit Rom unierten ukrainisch-katholischen Kirche, die von Stalin mit der russisch-orthodoxen Kirche zwangsvereinigt worden war.
1990 Souveränitätserklärung, im Herbst desselben Jahres zwangen Massendemonstrationen und Hungerstreiks den kommunistischen Ministerpräsidenten zum Rücktritt.

Moldowa (Moldawien): Sozialistische Sowjetrepublik seit 1940, gegründet nach dem territorialen Zugewinn Bessarabiens aufgrund des Hitler-Stalin-Paktes. Bis dahin nur als Autonome Sowjetrepublik innerhalb der Ukraine existent. Sprache identisch mit Rumänisch.
Fläche: 33700 qkm. Einwohner: 4,3 Mio, darunter 64% Moldawier, 14% Ukrainer, 13% Russen, 4% Gagausen, 2% Juden. Hauptstadt: Kischinjow.
Wirtschaft: Agrarland mit bedeutendem Wein- und Obst- und Tabakanbau. Kaum Bodenschätze. Gewerbliche Wirtschaft konzentriert sich daher auf Verarbeitung der Agrarprodukte. Versuch der Ansiedlung neuer Technologien.
Politik: Nachdem der Machtmißbrauch des Breschnjew-Clans in Moldawien aufgedeckt wurde, entwickelte sich während der Perestrojka eine starke Nationalbewegung, die die Abschaffung der kyrillischen und die Wiedereinführung der lateinischen Schrift forderte. Nach dem Sturz des rumänischen Diktators Ceausescu wurden die Grenzen zum Nachbarland wieder geöffnet. Seither sind ungehinderte Verwandtenbesuche zwischen geteilten Familien möglich. 1990 Souveränitätserklärung, Umbenennung in Moldowa. Im selben Jahr riefen die gagausische und die russische Minderheit jeweils eigene Republiken aus. Nationale Zusammenstöße führten zum Einsatz von Sondertruppen.

Der Transkaukasus

Armenien: Sozialistische Sowjetrepublik seit 1936. Die Republik Armenien wurde nach der Besetzung durch die Rote Armee 1920 in einen Rätestaat umgewandelt. 1922–1936 als Armenische Sozialistische Sowjetrepublik Teilstaat in der Transkaukasischen Föderation. Gemäß der neuen Sowjetverfassung von 1936 als eigene Unionsrepu-

blik gegründet. Die armenische Nationalkirche bestimmt weitgehend die nationale Identität der Armenier, die zu den ältesten christianisierten Völkern gehören.
Fläche: 29800 qkm. Einwohner: 3,3 Mio, darunter 90% Armenier, 5% Aserbaidschaner, 2% Russen, 2% Kurden. Hauptstadt: Eriwan.
Wirtschaft: Neben Obst- und Weinbau sowie ertragreicher Viehzucht auch bedeutende Bodenschätze, vor allem Kupfer und Kupfererz. Erstes Großkombinat der Sowjetunion für synthetischen Kautschuk. Energiewirtschaft ausschließlich auf Wasserkraft beruhend. Einziges Kernkraftwerk nach Erdbebenkatastrophe von 1988 stillgelegt.
Politik: Der blutige Nationalitätenkonflikt zwischen den christlichen Armeniern und den islamisch-schiitischen Aserbaidschanern ist sogar der Kontrolle der sowjetischen Armee entglitten. Streitpunkt ist das Autonome Gebiet Berg-Karabach (Nagornyj-Karabach), das zu Aserbaidschan gehört, aber mehrheitlich Armenier beherbergt. Die beiderseitigen Fluchtbewegungen machten Hunderttausende obdachlos. Genaue Bevölkerungsangaben sind auf Jahre hinaus nicht zu erwarten. Ab 1988 wiederholt Pogrome an Armeniern durch radikale islamische Kräfte. Auch das verheerendste Erdbeben der Neuzeit in der Sowjetunion mit mehr als 25000 Toten konnte den Nationalitätenkonflikt nicht verdrängen. 1990 wählte das Parlament in Eriwan Lewon Ter-Petrosjan zum ersten nicht-kommunistischen Präsidenten, erklärte Armenien für souverän und benannte sich in Republik Armenien um.

Georgien: Sozialistische Sowjetrepublik seit 1936, russisch: Grusinien. Die demokratische Republik Georgien, entstanden 1918 nach dem Zusammenbruch des Zarenreiches, wurde zunächst von Moskau anerkannt, doch 1921 von der Roten Armee besetzt und zur Grusinischen (Georgischen) Sozialistischen Sowjetrepublik umgewandelt. Bis 1936 Mitglied der Transkaukasischen Föderation, mit der Verfassungsreform von 1936 Unionsrepublik geworden. Starker Einfluß der georgischen Nationalkirche, die zu den ältesten christlichen Kirchen der Welt gehört.
Fläche: 69700 qkm. Einwohner: 5,4 Mio, darunter 69% Georgier, 9% Armenier, 7% Russen, 5% Aserbaidschaner, 3% Osseten, 2% Abchasier. Hauptstadt: Tiflis (georg. Tbilisi).
Wirtschaft: Bedeutender Anbau von Zitrusfrüchten (99%) und Tee (97% der sowjetischen Produktion) sowie Wein und Tabak. Bodenschätze: Mangan (eines der größten Vorkommen in der SU) sowie Zink- und Bleierze. Schwerindustrie, Hüttenwerke.
Politik: Der Einsatz des sowjetischen Militärs 1989 gegen Demon-

stranten in Tiflis (19 Tote) hat die Nationalbewegung nachhaltig beeinflußt, die inzwischen auch den Austritt aus der Sowjetunion verlangte. Heftige Vorwürfe erheben die Abchasier gegen die Georgier, die angeblich das kleinere Volk in der autonomen Republik unterdrücken. Im März 1990 verurteilte der Oberste Sowjet in Tiflis die gewaltsame Annexion Georgiens durch Sowjetrußland 1921 und erklärte die Wiederherstellung der Unabhängigkeit Georgiens als Ziel. Erste freie Wahlen im Herbst 1990, aus denen die nicht-kommunistische Opposition als Sieger hervorging. Die neue Regierung strebt die Bildung einer unabhängigen Republik Georgien an.
Innerhalb Georgiens liegen:
Abchasien: Autonome Sozialistische Sowjetrepublik, 1919 als Autonomes Gebiet gegründet, 1921 zur ASSR umgebildet. Einwohner: 540000, darunter 80000 Abchasen. Hauptstadt: Suchumi. Abchasien erklärte sich am 25. August 1990 für souverän, doch das Parlament in Suchumi widerrief eine Woche später diese Entscheidung, weil sie »den grundlegenden Interessen der Mehrheit der Bevölkerung« widersprochen habe. Bei der Souveränitätsentscheidung waren nur die Hälfte der Abgeordneten anwesend. Die Mehrheit der Einwohner von Abchasien sind Georgier.
Adscharien: Autonome Sozialistische Sowjetrepublik, 1921 gegründet. Einwohner: 400000. Hauptstadt: Batumi. Bislang nicht mit besonderen nationalen Forderungen aufgetreten. Die Adscharen werden mehrheitlich als Georgier angesehen.
Süd-Ossetien: Autonomes Gebiet, gegründet 1922. Einwohner: 100000, davon 66% Osseten. Hauptstadt: Zchinwali. Seit November 1989 nationale Zusammenstöße zwischen Osseten und Georgiern. Die Süd-Osseten verlangen eine Vereinigung mit den Nord-Osseten, deren ASSR zur Russischen Föderation gehört.

Aserbaidschan: Sozialistische Sowjetrepublik seit 1936. Nach der Revolution 1918 als Republik gegründet, 1920 nach der Besetzung durch die Rote Arme in Rätestaat umgewandelt, 1922–1936 Mitglied der Transkaukasischen Föderation innerhalb der Sowjetunion, mit Verfassungsreform 1936 Sowjetrepublik. Kulturell sehr stark vom Islam (Schiiten) geprägt.
Fläche: 86600 qkm. Einwohner: 7,0 Mio, darunter 78% Aserbaidschaner, 8% Armenier, 8% Russen. Hauptstadt: Baku.
Wirtschaft: Baumwoll- und Tabakanbau, Seidenproduktion. Immer noch bedeutendes Erdöl- und Erdgaszentrum, wenngleich die sibirischen Vorräte ungleich größer sind.
Politik: Die Regierung der Republik steht unter starkem Einfluß na-

tionalistischer Kräfte, die in der Volksfront zusammengeschlossen sind. Nur mit Waffengewalt der sowjetischen Armee konnte die öffentliche Ordnung 1989/90 aufrechterhalten werden. Schiitische Fundamentalisten gewinnen an Einfluß. Armenier und Russen fliehen gleichermaßen aus Aserbaidschan. Souveränitätserklärung nach Estland als zweite Sowjetrepublik im Herbst 1989. Bei Mehrparteienwahlen konnten sich 1990 die Kommunisten zwar behaupten, die aber einen nationalistischen Kurs steuern. Als Kritiker von Gorbatschow feierte das ehemalige Politbüro-Mitglied Alijew bei diesen Wahlen seine politische Rückkehr.
Zu Aserbaidschan gehören:

Berg-Karabach (Nagornyj-Karabach), gegründet 1923 als Autonomes Gebiet. Einwohner: 180000, 80% Armenier. Anlaß für den blutigen Nationalitätenkonflikt zwischen Armeniern und Aserbaidschanern. Hauptstadt: Stepanakert. Ein Untersuchungsbericht im Herbst 1990 gestand ein, daß trotz Truppeneinsatz und neuer Verwaltung die explosive Lage in Berg-Karabach nicht entschärft werden konnte.
Nachitschewan. Außerhalb von Aserbaidschan zwischen Armenien und dem Iran gelegen, Autonome Sozialistische Sowjetrepublik. Einwohner: 290000, zu 90% Aserbaidschaner. Hauptstadt: Nachitschewan. Die Enklave ist in den Nationalitätenkonflikt zwischen Armenien und Aserbaidschan mit einbezogen worden und erklärte am 1. Januar 1990 ihren Austritt aus der Sowjetunion.

Zentralasien

Turkmenien: Sozialistische Sowjetrepublik seit 1925, hervorgegangen aus dem vom zaristischen Rußland beherrschten Turkestan, das später von der Sowjetmacht in fünf verschiedene Unionsrepubliken aufgeteilt wurde.
Fläche: 488100 qkm. Einwohner: 3,5 Mio, darunter 68% Turkmenen, 13% Russen, 9% Usbeken, 3% Kasachen. Hauptstadt: Aschchabad.
Wirtschaft: Schafzucht, Teppichknüpferei sowie Erdöl- und Erdgasförderung. Große Wüstengebiete, Bewässerungsprobleme.
Politik: Im Gegensatz zu den anderen zentralasiatischen Republiken meldete sich hier zunächst keine nennenswerte Nationalbewegung. Der Nomadencharakter großer Teile der Bevölkerung verhindert dies. Dennoch erfolgte 1990 die Souveränitätserklärung.

Usbekistan: Sozialistische Sowjetrepublik seit 1925, hervorgegangen aus dem von Rußland beherrschten Turkestan. Nach der Revolution existierten zunächst als eigene Sowjetrepubliken auf dem Territorium des heutigen Usbekistans das alte Emirat Buchara sowie die einstigen Khanate Chiwa und Choresm. Wachsender Einfluß des Islams (Sunniten) auf das öffentliche Leben.
Fläche: 447400 qkm. Einwohner: 19,9 Mio, darunter 69% Usbeken, 11% Russen, 4% Tataren, 4% Kasachen, 4% Tadschiken. Hauptstadt: Taschkent.
Wirtschaft: Die landwirtschaftliche Fläche wird zu 75% für den Baumwollanbau genutzt. Große Umweltschäden durch künstliche Düngung. Die Hälfte der sowjetischen Reisernte stammt aus Usbekistan. Karakulschafzucht (Pelze). Bedeutende Seidenraupenzucht.
Politik: Nationalbewegung *Birlik* (Einheit) kämpft für Umweltschutz, usbekische Sprache und mehr Einfluß des Islams. Korruption beherrschte die Partei- und Staatsführung. Blutige Konflikte zwischen Usbeken und Mezcheten, die aus dem Kaukasus von Stalin nach Zentralasien deportiert worden waren. 1990 verkündete Usbekistan seine Souveränität.
Innerhalb Usbekistans liegt:

Karakalpakien: Autonome Sozialistische Sowjetrepublik. 1925 zunächst als Autonomes Gebiet der Kasachischen ASSR gegründet, 1930 als eigene Autonome Sowjetrepublik in die RSFSR eingegliedert, 1936 an Usbekistan angeschlossen. Einwohner: 1,2 Mio, Hauptstadt: Nukus.

Tadschikistan: Sozialistische Sowjetrepublik seit 1929, zuvor seit 1924 als ASSR Bestandteil der usbekischen Sowjetrepublik. Kleinste der zentralasiatischen Sowjetrepubliken.
Fläche: 143100 qkm. Einwohner: 5,1 Mio, darunter 59% Tadschiken, 23% Usbeken, 10% Russen. Hauptstadt: Duschanbe.
Wirtschaft: Baumwollanbau, Schafzucht, Seidenverarbeitung. Noch viel Heimarbeit. Industrialisierung mit dem Bau eines Wasserkraftwerkes am Wachsch eingeleitet.
Politik: Der Funke der nationalen Unruhen in den übrigen Republiken sprang relativ spät (Duschanbe 1990) auf Tadshikistan über. Oppositionelle Bewegung *Rastachis* (Wiederbelebung) protestiert gegen Kommunisten. Wegen der Grenznähe zu Afghanistan und Sprachengleichheit befürchtet Moskau hier den Einfluß afghanischer Moslems. 1990 erklärte sich Tadschikistan, fast zeitgleich mit Turkmenien, für souverän.

Innerhalb Tadschikistans liegt:

Berg-Badachschan (Gorno-Badachschan): Autonomes Gebiet, gegründet 1925. Einwohner: 160000. Hauptstadt: Chorog.

Kirgisien: Sozialistische Sowjetrepublik seit 1936. Nach Aufgliederung Turkestans zunächst 1924 als Kara-Kirgisisches Autonomes Gebiet im Bestand der RSFSR gegründet. 1925 umbenannt in Kirgisisches AG. 1926 Autonome Sowjetrepublik, 1936 zur Sowjetrepublik erhoben. Historisch starke Stellung der Frau in der Gesellschaft.
Fläche: 198500 qkm. Einwohner: 4,3 Mio, darunter 48% Kirgisen, 26% Russen, 12% Usbeken, 3% Ukrainer, 2% Tataren. Hauptstadt: Frunse.
Wirtschaft: Hochentwickelte Viehzucht, zahlreiche Bodenschätze, darunter größter Antimon-Vorrat der Sowjetunion. Leichtindustrie.
Politik: Volksfrontbewegung Aschar fordert größere wirtschaftliche Autonomie. Nationale und antirussische Proteste traten seit 1988 sporadisch und zunächst ohne Massencharakter auf.
Im Dezember 1990 legte Kirgisien als letzte der Sowjetrepubliken den Entwurf einer Souveränitätserklärung im Republikparlament vor. Demonstrationen zwangen den kommunistischen Kandidaten zum Verzicht auf die Präsidentschaftskandidatur.

Kasachstan: Sozialistische Sowjetrepublik seit 1936. Nach der Revolution 1920 aus dem »Generalgouvernement der Steppen« ausgegliedert und zunächst unter dem Namen Kirgisische ASSR Bestandteil der Russischen Föderation. 1924 bei der Aufgliederung Turkestans als Kasachische Autonome Sowjetrepublik umgebildet und mit Verfassungsreform 1936 zur Sowjetrepublik erhoben.
Fläche: 2171300 qkm. Einwohner: 16,6 Mio, darunter 36% Kasachen, 41% Russen, 6% Ukrainer, 2% Tataren. Hauptstadt: Alma Ata.
Wirtschaft: Bedeutende Getreidegebiete (Neulandgewinnung). Außerordentlich reich an Bodenschätzen, Bergbauzentren (Kohle, Eisenerz), Schwerindustrie (Hüttenwerke).
Politik: In Kasachstan begannen 1986 die ersten Nationalproteste mit blutigen Folgen gegen die russische Mehrheit in der Republik. Damals von Moskau als »Sozialproteste« gewertet, erste radikale Personalveränderungen an der Parteispitze der Republik, Ablösung des Kasachen Kunajew durch den Russen Kolbin. Starke Umweltschutzbewegungen, darunter die Volksfrontbewegung *Adilet* (Gerechtigkeit), die be-

reits die Verlegung der Atomtests erreicht haben, die in Kasachstan jahrzehntelang durchgeführt wurden. 1990 erklärte Kasachstan seine Souveränität.

Russische Föderation

Russische Föderative Sozialistische Sowjetrepublik (RSFSR), gegründet mit der Oktoberrevolution (nach neuem Kalender am 7. November) 1917. Aus dem Zusammenschluß der RSFSR mit der Ukrainischen, Weißrussischen und Transkaukasischen SSR entstand am 30. Dezember 1922 die Union der Sozialistischen Sowjetrepubliken (UdSSR).
Fläche: 17075400 qkm, das sind 76% der gesamten Sowjetunion. Einwohner: 147,4 Mio, darunter 83% Russen sowie zahlreiche andere Nationalitäten in 16 Autonomen Republiken, fünf Autonomen Gebieten und zehn Nationalen (Autonomen) Kreisen. Hauptstadt: Moskau.
Wirtschaft: Die RSFSR verfügt über alle Wirtschaftsbereiche, von großindustriellen Zentren bis zur Landwirtschaft. Sie ist reich an Rohstoffen, von Erdöl, Erdgas bis Gold. Das Gebiet der Russischen Föderation umfaßt elf von insgesamt zwanzig Großwirtschaftsräumen der Sowjetunion. Die drei östlichsten (Westsibirien, Ostsibirien und Ferner Osten) nehmen fast 75% der Fläche dieser Großwirtschaftsräume ein bei einem Bevölkerungsanteil innerhalb der RSFSR von nur 20%. Die restlichen 80% Einwohner leben in den industriell wichtigeren Wirtschaftsräumen im europäischen Teil der RSFSR und im Uralgebiet, die jedoch nur 25% des Territoriums der RSFSR umfassen. Die schwerste Hypothek für die Zukunft sind gravierende und teilweise nicht wiedergutzumachende Umweltschäden vor allem in Sibirien.
Politik: Innerhalb der RSFSR melden sich zunehmend auch konservativ orientierte Strömungen, die gegenüber den anderen aufbegehrenden Nationen innerhalb der UdSSR eine russisch-nationale Linie vertreten. Mit deutlich antisemitischer Tendenz wirbt die Sammelbewegung *Pamjat* (Gedächtnis), die ursprünglich als eine Gruppierung für Denkmal- und Umweltschutz gegründet wurde. Diese Entwicklung hat zu einer Polarisierung der Intellektuellen, besonders der Schriftsteller geführt, die teilweise radikal für die Perestrojka im Sinne einer Öffnung der Sowjetunion, und somit auch Rußlands eintreten, teilweise aber für eine stärkere Abgrenzung Rußlands innerhalb der Sowjetunion und eine deutlichere Betonung der nationalen Identität eintreten.

Die Protestbewegung gegen den Apparat der Partei zeigt sich bei Wahlen auf allen Ebenen, bei denen immer mehr unabhängige Kandidaten gewinnen. Das Parlament der Russischen Föderation wählte 1990 den Parteirebell Boris Jelzin zu seinem Vorsitzenden (Republikpräsident) und verkündete die Souveränität. Anschließend trat Jelzin aus der Kommunistischen Partei aus.

Autonome Sozialistische Sowjetrepubliken (ASSR) innerhalb der Russischen Föderation:
Baschkirien: ASSR, gegründet 1919, Grenzrevisionen 1923. Südwestlich vom Ural gelegen. Einwohner: 3,95 Mio, Hauptstadt: Ufa. Erklärte sich 1990 für souverän und änderte die Bezeichnung in Baschkirische Sozialistische Sowjetrepublik. Streit um Staatssprache, da die Tataren als zweitgrößte Bevölkerungsgruppe eine Gleichberechtigung von Baschkirisch und Tatarisch verlangen.
Burjatien: ASSR, als Autonomes Gebiet 1922 gegründet, 1923 Burjatisch-Mongolische ASSR, ab 1958 nur noch Burjatische ASSR. Östlich des Baikalsees gelegen. Einwohner 1,03 Mio, Hauptstadt: Ulan-Ude. Erklärte sich 1990 zur »Souveränen Burjatischen Sowjetrepublik im Rahmen der Russischen Republik und der UdSSR«, jedoch mit Vorrang der eigenen vor der sowjetischen Verfassung.
Dagestan: ASSR, 1921 gegründet. Von der Wissenschaft sind noch nicht alle Völker und Sprachen erforscht, die in dieser ASSR im Nordkaukasus zusammenleben. Die Sprachen dieser kleinen Kaukasusvölker gliedern sich in mindestens drei Hauptgruppen mit zahlreichen Einzelsprachen. Einwohner 1,8 Mio, Hauptstadt: Machatschkala.
Jakutien: ASSR, 1922 gegründet, bildet den Übergang von Ostsibirien zum Fernen Osten. Einwohner: 1,09 Mio, Hauptstadt: Jakutsk. Erklärte sich 1990 für souverän und bezeichnet sich seither als Jakutische Sowjetrepublik.
Kabardiner und **Balkaren**, ASSR der: 1921 als Autonomes Gebiet gegründet, 1936 in ASSR umgewandelt. Im nordwestlichen Kaukasus gelegen. 1944 nur noch ASSR der Kabardiner und Deportation der Balkaren. Wiederherstellung des alten Status und Rückkehr der Balkaren 1957. Einwohner: 0,75 Mio, Hauptstadt: Naltschik.
Kalmückien: ASSR, 1920 als Autonomes Gebiet gegründet, 1935 in ASSR umgewandelt, am Kaspischen Meer, westlich der unteren Wolga gelegen. 1943 unter Stalin aufgelöst, Bevölkerung deportiert wegen angeblicher Kollaboration mit den deutschen Besatzern. 1957 als Autonomes Gebiet wieder begründet, 1958 wieder ASSR, seither durften die überlebenden Kalmücken nach ihrer Rehabilitierung zurückkehren. Erklärte sich 1990 für souverän und änderte die Bezeich-

nung in Kalmückische Sowjetische Sozialistische Republik im Bestand der RSFSR. Einwohner: 0,32 Mio, Hauptstadt: Elista.

Karelien: ASSR, 1923 als Karelo-Finnische ASSR gegründet, 1940 nach dem Winterkrieg mit Finnland um dessen abgetretenes Gebiet (Westkarelien) zur Karelo-Finnischen Sowjetrepublik erweitert. Aussiedlung der Finnen aus Westkarelien. 1956 als Karelische ASSR in die RSFSR eingegliedert. Einwohner: 0,79 Mio, Hauptstadt: Petrosawodsk. Erklärte sich 1990 als erste Autonome Sowjetrepublik für souverän.

Komi: ASSR, 1921 als Autonomes Gebiet gegründet, 1936 in ASSR umgewandelt. Die Komi, auch Syrjänen genannt, leben im Westen des nördlichen Uralgebirges, also im europäischen Teil der RSFSR, im Einzugsgebiet des Flusses Petschora, bis hinauf zum Kohlengebiet von Workuta. Einwohner: 1,2 Mio, Hauptstadt: Syktywkar. Erklärte sich nach Karelien als zweite Autonome Sowjetrepublik 1990 für souverän mit einer eigenen Staatsbürgerschaft. Strich die Bezeichnung »Autonom«, weil das »die Rechte des auf ihrem Territorium lebenden Volkes schmälert« und bezeichnet sich seither als Komi-Republik.

Mari: ASSR, 1920 als Autonomes Gebiet gegründet, 1936 in ASSR umgewandelt, an der mittleren Wolga gelegen, etwa zwischen Gorki und Kasan. Die Mari werden auch Tscheremissen genannt. Einwohner: 0,74 Mio, Hauptstadt: Joschkar-Ola. 1990 Souveränitätserklärung, benannte sich in Sozialistische Sowjetrepublik Mari – Mari El um.

Mordwinien: ASSR, 1930 als Autonomes Gebiet gegründet, 1934 in ASSR umgewandelt, westlich der mittleren Wolga, südlich von Gorki gelegen. Einwohner: 0,96 Mio, Hauptstadt: Saransk. Bezeichnet sich seit 1990 als Sozialistische Sowjetrepublik im Rahmen der RSFSR.

Nord-Ossetien: ASSR, 1924 als Autonomes Gebiet gegründet, 1936 in ASSR umgewandelt, im Nordkaukasus gelegen. Einwohner: 0,63 Mio, Hauptstadt: Ordschonikidse. Die Südosseten auf dem Gebiet der Georgischen Republik wollen wegen nationaler Zusammenstöße mit den Georgiern den Anschluß an die Nord-Ossetische Autonome Republik.

Tatarien: ASSR, 1920 gegründet, an der mittleren Wolga gelegen. Einwohner: 3,6 Mio, Hauptstadt: Kasan. 1990 Souveränitätserklärung und Umbenennung in Sozialistische Tatarische Sowjetrepublik. Eine neue Republikverfassung soll jedoch in Übereinstimmung mit einem neuen Unionsvertrag ausgearbeitet werden.

Tschuwaschien: ASSR, 1920 als Autonomes Gebiet gegründet, 1925 in ASSR umgewandelt, im Einzugsgebiet der mittleren Wolga, westlich der Tatarischen ASSR gelegen. Turkvolk, in dem auch finnische

Stämme aufgegangen sind. Einwohner: 1,3 Mio, Hauptstadt: Tscheboksary.
Tschetschenen und **Inguschen**, ASSR der: als getrennte Autonome Gebiete (Tschetschenen 1922, Inguschen 1924) gegründet, 1934 vereint, 1936 zur ASSR umgebildet. Die Autonome Republik der beiden Völker im Nordkaukasus wurde 1944 unter Stalin wegen angeblicher Kollaboration mit den deutschen Besatzern aufgelöst, die Bevölkerung nach Zentralasien deportiert. Nach Rehabilitierung 1957 als ASSR wieder hergestellt. Die überlebenden Bewohner durften zurückkehren. Einwohner: 1,27 Mio, Hauptstadt: Grosny. Seit 1990 fordern die Inguschen eine eigenständige Region und die Rückkehr in alte Siedlungsgebiete, die nach der Deportation unter Stalin der Nord-Ossetischen ASSR angegliedert wurden. 1990 Souveränitätserklärung mit dem Ziel, als gleichberechtigter Partner den neuen Unionsvertrag zu unterschreiben.
Tuwa: ASSR, die 1926 als Satellitenstaat gegründete Tuwinische Volksrepublik zwischen der Sowjetunion und der Mongolei wurde 1944 als Tuwinisches Autonomes Gebiet in die Russische Föderation eingegliedert und erhielt 1961 den Status einer ASSR. Einwohner: 0,3 Mio, Hauptstadt: Kysyl. Im Sommer 1990 begannen antirussische Demonstrationen und Ausschreitungen, die zu einer Fluchtbewegung der Russen aus der Tuwinischen Autonomen Republik führten.
Udmurtien: ASSR, 1920 als Autonomes Gebiet gegründet, 1934 zur ASSR umgebildet, westlich von Perm in Zentralrußland gelegen. Einwohner: 1,6 Mio, Hauptstadt: Ischewsk. Nationale Unruhen, als die Hauptstadt 1984/85 kurzzeitig nach dem verstorbenen Verteidigungsminister Ustinow umbenannt wurde. Erklärte sich 1990 für souverän mit dem Anspruch, eine Sowjetrepublik zu werden.

Autonome Gebiete (AG) innerhalb der Russischen Föderation:

Adygeisches AG: 1922 gegründet, im Nordkaukasus gelegen. Einwohner: 0,4 Mio, Hauptstadt: Maikop.
Chakassisches AG: 1930 gegründet, in Südsibirien, nordöstlich vom AG Gorno-Altai gelegen. Die Chakassen bestehen aus zahlreichen turksprachigen Stämmen. Einwohner: 0,5 Mio, Hauptstadt: Abakan
Gorno-Altai: 1922 als Autonomes Oirotengebiet gegründet, 1948 umbenannt, in Südsibirien an der mongolischen Grenze gelegen. Die Bevölkerung besteht aus türkischen und mongolischen Stämmen. Einwohner: 0,19 Mio, Hauptstadt: Gorno-Altaisk

Jüdisches AG, 1928 als jüdischer Siedlungsraum zugewiesen, 1934 als AG gegründet, im Fernen Osten der Sowjetunion, im Gebiet Chabarowsk an der chinesischen Grenze gelegen, ohne genuine jüdische Bevölkerung. Von etwa zwei Millionen Juden leben nur etwa 50000 im Jüdischen Autonomen Gebiet. Die überwiegende Mehrheit der Juden lebt im europäischen Teil der Sowjetunion. Einwohner: 0,2 Mio, Hauptstadt: Birobidschan. Wegen der starken Abwanderung hat 1990 der Ministerrat der Russischen Föderation ein besonderes Subventionsprogramm aufgelegt, um Anreize für den Zuzug in das Jüdische Autonome Gebiet zu schaffen.

Karatschajer und **Tscherkessen, AG** der: 1922 als gemeinsames AG der beiden Völker gegründet, danach mehrfach getrennt, neu geordnet und 1957 in der heutigen Form wieder begründet, im Nordkaukasus, im Gebiet von Stawropol gelegen. Unter Stalin wurden die Karatschajer 1944 wegen angeblicher Kollaboration mit den deutschen Truppen nach Zentralasien deportiert und das Tscherkessische Autonome Gebiet verselbständigt. 1957 durften die überlebenden Karatschajer zurückkehren und erhielten zusammen mit den Tscherkessen ihre Autonomie wieder. Die Tscherkessen sind auf mehrere autonome Gebiete verteilt. Einwohner: 0,4 Mio, Hauptstadt: Tscherkessk. 1990 Souveränitätserklärung. Benannte sich eigenmächtig in Sowjetrepublik um.

Nationale (Autonome) Kreise (NK) innerhalb der Russischen Föderation. Die Nationalen Kreise unterstehen den Verwaltungsbezirken der RSFSR

Aginsker Burjaten: NK 1937 gegründet, in Südostsibirien an der mongolischen Grenze gelegen. Einwohner: 70000, Hauptstadt: Aginskoje.

Ust-Ordynsker Burjaten: NK 1937 gegründet, westlich des Baikalsees im Verwaltungsbezirk Irkutsk gelegen. Einwohner: 140000, Hauptstadt: Ust-Ordynsk.

Chanten und **Mansen:** 1930 gegründet als NK der Ostjaken und Wogulen, 1940 nach der Eigenbezeichnung der Völker umbenannt, im mittleren Teil Westsibiriens gelegen. Einwohner: 1,28 Mio, Hauptstadt: Chanty-Mansijsk.

Ewenken: NK gegründet 1930, im mittleren Teil Ostsibiriens gelegen. Die Ewenken, auch Tungusen genannt, sind ein sibirisches Volk, das vom Aussterben bedroht ist. Einwohner: 25000, Hauptstadt: Tura.

Jamal-Nenzen, NK gegründet 1930, im nördlichen Teil Westsibiriens an den NK der Chanten und Mansen angrenzend. Die Nenzen, früher auch Juraken genannt, sind auf drei NK verteilt. Einwohner: 495000, Hauptstadt: Salechard.
Komi-Permjaken: NK 1925 gegründet, südlich an die ASSR der Komi angrenzend. Die Permjaken werden auch auch Beormas oder Bjarmen genannt, gehören zur Gruppe der Komi oder Syrjänen (s. o.). Einwohner: 160000, Hauptstadt: Kudymkar.
Korjaken: NK gegründet 1930, im Fernen Osten auf der nördlichen Hälfte der Halbinsel Kamtschatka und dem angrenzen Festland gelegen. Die Korjaken, auch Nymylan genannt, sind ein altsibirisches Volk, das vom Aussterben bedroht ist. Einwohner: 38000, Hauptstadt: Palana. 1990 erklärte sich der Nationale Kreis der Korjaken zur Autonomen Sowjetrepublik.
Nenzen: NK gegründet 1929, am Küstenstreifen des Verwaltungsbezirks Archangelsk gelegen. (s. NK der Jamal-Nenzen). Einwohner: 50000, Hauptstadt: Narjan-Mar.
Tajmyr-Dolganen und **Nenzen:** NK gegründet 1930, im nördlichen Teil von Ostsibirien gelegen, grenzt an die Karasee und das Nordpolarmeer. Die Dolganen sind sprachlich verwandt mit den Jakuten (s. Jakutische ASSR). Einwohner: 50000, Hauptstadt: Dudinka.
Tschuktschen: NK gegründet 1930, auf der Halbinsel Tschukotka und dem südwestlich angrenzenden Festland gelegen. Das Fernöstlichste Volk der Sowjetunion an der Beringstraße, durch enges Zusammenleben von den asiatischen Eskimos beeinflußt. Einwohner: 165000, Hauptstadt: Anadyr. Als erster Nationaler Kreis haben die Tschuktschen 1990 eine Souveränitätserklärung verabschiedet und in ihrer Region eine Autonome Sowjetische Tschuktschen-Republik ausgerufen.

14. Die Völker

Die letzte Volkszählung der Sowjetunion, durchgeführt im Jahre 1989, hat eine Bevölkerungszahl von 285761976 Einwohnern ergeben. Als die ersten nach Nationen differenzierten Statistiken Anfang 1990 veröffentlicht wurden, wies das Staatskomitee für Statistik darauf hin, daß sich nach den aktuellen Hochrechnungen die Zahl der Einwohner 1990 bereits auf 286,7 Millionen erhöht habe. In den meisten Statistiken, die im Laufe des Jahrs 1990 veröffentlicht wurden, sind 138 Völker und Völkerschaften namentlich aufgeführt. Für eine geringfügige Gruppe von 15000 Einwohnern werden »andere Nationalitäten« angegeben. Weitere 17000 Befragte hatten sich bei der Volkszählung zu keiner Nation bekannt. Erstmals seit der Stalin-Zeit wurden bei der Volkszählung früher ungenannte Nationalitäten berücksichtigt wie die Bucharischen Juden, Krimtschaken oder die Talischen. Diese Völker sind in den nachfolgenden Überblick mit aufgenommen. Die Bevölkerungszahlen entstammen der Veröffentlichung in *Sojus* Nr. 32, Moskau 1990 und wurden, soweit möglich, den Vergleichszahlen der Volkszählung von 1979 gegenübergestellt. Dadurch wird die enorme Bevölkerungsexplosion der zentralasiatischen Nationen (Tadschiken, Turkmenen, Kasachen, Kirgisen, Usbeken) besonders deutlich. Aus den Vergleichszahlen geht auch die weitgehende Stagnation in der Bevölkerungsentwicklung der Esten oder gar der Schwund kleiner Völker wie der Karaimen hervor.

Nicht aufgenommen in diesen Überblick sind ethnische Untergruppen, die als Teil größerer Völker gelten wie etwa Krysen und Chinalugen, die als Aserbaidschaner gelten, oder Bartangen und Ruschanen, die zu den Tadschiken zählen.

Die Kurzangaben beziehen sich im wesentlichen auf ethnologische und sprachliche Merkmale. Diese Angaben orientieren sich an dem sowjetischen Standardwerk *Naroda Mira. Istoriko-etnografitscheski sprawotschnik* (Völker der Welt. Historisch-ethnographisches Lexikon), Moskau 1988. Weitere Angaben sind der *Bolschaja Sowjetskaja Enziklopedija* (Große Sowjet-Enzyklopädie), Moskau 1970–1978 entnommen. In der Zwischenzeit ist in deutscher Sprache eine hervorragende Übersicht erschienen, die zur Vertiefung bestens geeignet ist: R. Mark, *Die Völker der Sowjetunion.* Ein Lexikon, Köln 1989. Leider enthält das Lexikon nur die Bevölkerungsdaten bis zum Jahr 1979.

Eine kurze Orientierung zur politischen Geschichte der Völker und ihrer Regionen bietet das Kapitel über die staatliche Gliederung. Deshalb wurden solche Angaben – mit Ausnahme der Deportationen einzelner Völker – in der nachfolgenden Übersicht nicht mehr wiederholt.
Die Völker in alphabethischer Reihenfolge:

Abasinen: 33000 (1979 29000), Selbstbez. Abasa, leben im AG der Karatschajer und Tscherkessen sowie im Osten des Adygeischen AG; etwa 10000 leben in der Türkei und in arabischen Ländern, wohin die A. in der 2. Hälfte des 19. Jhds. ausgewandert sind. Sie werden in die subethnischen Gruppen der Tapanten und Schkaraúa unterteilt. Angehörige der balkan-kaukasischen Rasse. Ihre Sprache gehört zur abchasisch-adygeischen Gruppe der Nordkaukasus-Sprachen. Religion: Sunniten. A. sind nördliche Nachbarn der Abchasier, teilweise von ihnen assimiliert. Bis zur Mitte des 19.Jhds. wurden sie von den Karatschajern und Tscherkessen nicht unterschieden. Gerieten Anfang des 19.Jhds. unter russische Herrschaft.

Abchasier: 105300 (1979 91000), Selbstbez. Apsua, leben überwiegend in der Abchasischen ASSR, ein unbedeutender Teil in der Türkei und in arabischen Ländern, wohin sie in der 2.Hälfte des 19.Jhds. ausgewandert sind. Vertreter der balkan-kaukasischen Rasse. Ihre Sprache gehört zu abchasisch-adygeischen Gruppe der Nordkaukasus-Sprachen. Religion: Sunniten und auch Orthodoxe. Schon in assyrischen Schriften als Abeschla und später in antiken Quellen erwähnt. 1810 russisches Protektorat.

Abinzen → Schorzen

Adscharen: Trotz eigener ASSR werden sie von der Volkszählung 1989 nicht mehr erfaßt, sondern den Georgiern zugeordnet. Nach früheren Angaben 178000. Religion: Sunniten. 1878 dem Russischen Reich eingegliedert.

Adyge → Adygeier, → Tscherkessen, → Kabardiner

Adygeier: 124800 (1979 109000), Selbstbez. Adyge, Stammbevölkerung des Adygeischen AG, verbreitet auch im Gebiet von Krasnodar und im Karatsch.-Tscherkes. AG. Teile leben in der Türkei und in arab. Länder, wohin sie in der 2. Hälfte des 19. Jhds. ausgewandert sind. Zahlreiche ethnische Untergruppen, anthropologisch nicht ein-

heitlich, gehören der balkan-kaukasischen Rasse an. Sprache der abchasisch-adygeischen Gruppe der Nordkaukasus-Sprachen mit zahlreichen Dialekten. Religion: Sunniten.
Nach der Herausbildung der Kabardiner und Tscherkessen entstanden aus den übrigen ethnischen Gruppen die Adygeier. Ab Mitte des 19. Jhds. unter russischer Herrschaft.

Agulier: 18700 (1979: 12000) Selbstbez. Agul, leben in der Dagestanischen ASSR. Vertreter der balkan-kaukasischen Rasse. Die Sprache der Agulier ist in drei Dialekte unterteilt und gehört zur Gruppe der Nordkaukasus-Sprachen. Religion: Sunniten. In armenischen Quellen des 7. Jhds. erwähnt. Bergvolk, unter Sowjetmacht erst in Täler umgesiedelt. Anfang des 19. Jhds. unter russische Herrschaft.

Albaner: 4000, verstreut in der Sowjetunion lebend, meist in der Ukraine (Odessa, Saporoschje). Nachfahren von Einwanderern im 19. Jhd.

Aleuten: 700 (1979: 550), Selbstbez. Aleut, Unangan. Stammbevölkerung der Aleuten-Inseln, Südwestalaska. In der Sowjetunion auf den Kommandeur-Inseln, bes. Bering-Insel und Kupfer-Insel. Gehören zur arktischen Rasse der Eskimos. Isolierte Sprache. Bezeichnung Aleuten erfolgte durch die Russen, nachdem sie die Aleuten-Inseln erschlossen hatten. Erstmals 1774 erwähnt. Seit 1799 wurde das Territorium der Aleuten von der Russisch-Amerikanischen Gesellschaft verwaltet, die mit den Aleuten die Kommandeur-Inseln und Pribylow-Inseln besiedelte. Aleuten wurden orthodox christianisiert und stark russifiziert. 1867 verkaufte Moskau die Aleuten-Inseln und Alaska an die USA. Die verbleibenden Kommandeur-Inseln wurden 1932 dem Verwaltungsgebiet Kamtschatka zugeordnet.

Altaier: 70700 (1979: 63000), auch Ojroten genannt. Leben im Gorno-Altai. Früher wurden alle turksprachigen Völker im Hoch-Altai-Gebiet als Altaier bezeichnet. Ethnographisch unterteilt in die nördliche Gruppe, die in vorrevolut. Literatur als Schwarztataren eingegangen ist, und in die südlich Gruppe, die als Weiße Kalmücken bezeichnet wurde. Zählen zur südsibirischen Turanrasse. Ihre Sprache gehört zur südsibirischen Untergruppe der Turksprachen aus der Altai-Sprachfamilie. A. wurden zwar orthodox christianisiert, haben aber Schamanismus bewahrt. Ab Mitte des 18. Jhds. unter russischer Herrschaft.

Ando-zesische Völker (ando-didoisische), auch ando-didoisische Völker, Völkergruppe in Westdagestan. Zwei Gruppen: andische und zesische Völker mit zahlreichen ethnischen Untergruppen. Insgesamt etwa 30000 Menschen. Sprache gehört zur nacho-dagestanischen Gruppe der Nordkaukasus-Sprachen. Religion: Sunniten. Werden von der Statistik nicht mehr als eigene Völker erfaßt.

Ankalyn → Tschuktschen

Armenier: 4,62 Mio (1979 4,15 Mio), Selbstbez. Chai. Leben überwiegend in der Armenischen ASSR, aber auch kompakte Siedlungen in Aserbaidchan (seit 1989 dort meist wegen Flucht aufgelöst), Georgien und im Nordkaukasus. Außerhalb der SU leben Armenier in 70 Ländern. Größte Gruppe in USA 650000, Frankreich 250000, Iran 200000, Libanon 150000, Türkei 150000, Syrien 120000. Weltweit 6,4 Mio. Armenisch ist eine selbständige Sprache innerhalb der indoeuropäischen Sprachfamilie mit eigener Schrift. Die armenische Nationalkirche gehört zu den ältesten christlichen Kulturen der Welt. Teilweise ab Anfang des 19. Jhds. unter russisches Protektorat.

Arschischtib → Artschinen

Artschinen, Selbstbez. Arschischtib. Die etwa 1000 Menschen leben in der Tiefebene von Chatar in Dagestan und gehören zur balkankaukasischen Rasse. Sprache gehört zur lesgischen Untergruppe der nacho-dagestanischen Familie der Nordkaukasus-Sprachen. Von der Statistik nicht mehr als eigenes Volk erfaßt.

Aserbaidschaner: 6,77 Mio (1979 5,48 Mio), Selbstbez. Aserbajdschanlylar. Leben in der Aserbaidschanischen SSR, daneben in Georgien, Armenien, Dagestan, kleinere Gruppen in Usbekistan, Turkmenien, Kasachstan und der Russischen Föderation. Außerhalb der Sowjetunion, u. a. im Iran, leben mindestens weitere 8 Mio A. Die Sprache gehört zur südwestlichen Untergruppe der Turksprachen der Altai-Sprachfamilie. Schrift außerhalb der Sowjetunion auf arabischer Grundlage, innerhalb der Sowjetunion kyrillisch. Religion: Sunniten. Ab Mitte des 18. Jhds. unter russischen Einfluß.

Assyrer: 26100, siedelten 1828 aus Persien und dem damaligen Osmanischen Reich wegen Unterdrückung in das Russische Reich über.

Weitere Emigranten kamen nach dem Zweiten Weltkrieg. Leben überwiegend in Armenien.

Awam-Samojeden → Nganasanen

Awaren: 601 000 (1979 483 000), Selbstbez. Maarulal, Stammbevölkerung der Dagestanischen ASSR. Leben auch in Aserbaidschan. Balkan-kaukasische Rasse. Sprache dialektal stark untergliedert, gehört zur nacho-dagestanischen Gruppe der Nordkaukasus-Sprachen. Religion: Sunniten. Ab Anfang des 19. Jhds. russisches Protektorat.

Balkaren: 85 100 (1979 66 000), Selbstbez. Taulu (»Leute aus den Bergen«), Stammbevölkerung der Kabardinisch-Balkarischen ASSR. Benutzen karatschajisch-balkarisches Idiom der westlichen Untergruppe der Turksprachen (Altai-Sprachfamilie). Religion: Sunniten. Anfang 19. Jhd. unter russische Herrschaft. Unter Stalin 1944 deportiert.

Baschkiren: 1,5 Mio (1979 1,37 Mio), Selbstbez. Baschkort. Stammbevölkerung der Baschkirischen ASSR. Leben auch im Uralgebiet sowie verstreut in anderen Republiken. Ethnologisch nicht einheitlich. Ein Teil gehört zur Ural-Übergangsrasse, im Nordwesten des Territoriums gehört ein weiterer Teil zur mitteleuropäischen Rasse. Im Osten dagegen stehen sie den Vertretern der südsibirischen Rasse nahe. Ihre gemeinsame Sprache zählt zur westlichen Gruppe der Turksprachen der Altai-Sprachfamilie. Auch tatarische Sprache verbreitet. Religion: Sunniten. Ab Ende des 16. Jhds. unter russischen Einfluß.

Bebspja → Wepsen

Belorussen → Weißrussen

Belutschen: 28 800 (1979 22 000), Selbstbez. Balutsch oder Balotsch. Kleine Gruppe von 28 800 (1979 22 000) lebt als Grenzvolk in Turkmenien und Tadschikistan. Nachkommen von Einwanderern des 19. Jhds. Gehören zur iranischen Sprachgruppe. Religion: Schiiten und Sunniten.

Beregowen → Tschuktschen

Bergjuden: 18 500, früher statistisch nicht erfaßt. Leben hauptsächlichen im Nordkaukasus. Wurden früher mit den → Taten gleichgesetzt, deren Sprache sie sprechen.

Bucharische Juden: 16000, früher statistisch nicht erfaßt. Sprechen Tadschikisch (iranische Sprache), benutzen hebräische Schrift. Seit 1988 als Volksgruppe wieder anerkannt.

Bulgaren: 373000, leben in den südlichen Bezirken der Ukraine und Moldowas. Nachkommen von Einwanderern im 18. Jhd. Religion: orthodox.

Burjaten (Burjäten): 421400 (1979 353000) Selbstbez. Burjat oder Barjaat, Stammbevölkerung der Burjatischen ASSR. Leben auch im Ust-Ordynsker Burjatischen NK innerhalb des Gebietes von Irkutsk sowie im Aginisch-Burjatischen NK im Gebiet von Tschita. Außerhalb der Sowjetunion noch in der Mongolei und China. Zentralasiatische Mongoliden. Burjatische Sprache gehört zur mongolischen Gruppe der Altai-Sprachfamilie. Ein Großteil der Burjaten im Tschita-Gebiet (zabajkalski) benutzten bis 1930 altmongolische Schrift, dann bis 1939 die lateinische und seither die kyrillische Schrift. Religion: Die meisten Westburjaten galten als orthodox christianisiert, bewahrten aber auch Schamanismus. Jenseits des Baikalsees sind die östlichen Burjaten Lamaisten. Ab Mitte des 17. Jhds. unter russischer Herrschaft.

Chai → Armenier

Chakassen: 80300 (1979 70800), Stammbevölkerung des Chakassischen AG, leben auch in der Tuwa ASSR und im Gebiet Krasnojarsk. Südsibirische Turan-Übergangsrasse. Sprache gehört zur türkischen Gruppe der Altai-Sprachfamilie. Religion: orthodox christianisiert. Ab Mitte des 17. Jhds. unter russischer Herrschaft.

Chalcha: 3000 (1979 noch 3200), leben im südlichen Grenzgebiet zur Mongolei, in der Statistik als Chalcha-Mongolen geführt. Schrift 1945 auf Kyrillisch umgestellt, vorher altmongolische Schrift auf uigurischer Grundlage (von oben nach unten). Seit dem 16. Jhd. als Chalcha bezeichnet. Religion: Buddhisten-Lamaisten.

Chalmg → Kalmücken

Chantaj Samojed → Enzen

Chanten: 22500 (1979 20900), Selbstbez. Chante (»Mensch), veraltete Bezeichnung Ostjaken, leben an den Flüssen Ob, Irtysch und deren Nebenflüssen im NK der Chanten und Mansen, im NK der Jamal-Nentzen sowie im Gebiet von Tomsk. Ural-Übergangsrasse. Ihre Sprache gehört zur ugrischen Untergruppe der finno-ugrischen Sprachen. Sprachlich und von der Herkunft bestehen enge Verbindungen zu den Mansen und Ungarn. Im 17.–18. Jhd. orthodox christianisiert, doch Schamanismus hat sich erhalten. Ab 16. Jhd. unter russischer Herrschaft.

Chasowa → Nenzen

Chinesen: 11500, geringfügige Minderheit im Grenzgebiet, die früher statistisch nicht erfaßt worden war.

Chuej → Dunganen

Darginer: 365000 (1979 287000), Selbstbez. Dargan, Gebirgsvolk in Zentral-Dagestan. Balkan-kaukasische Rasse. Sprache gehört zur nacho-dagestanischen Gruppe der Nordkaukasus-Sprachen. Literatursprache auf Grundlage des Akuschiner Dialekts. Religion: Sunniten. Seit Beginn des 19. Jhds. unter russischer Herrschaft.

Deutsche: russ. Nemzy. In der Sowjetunion 2,03 Mio. Mitte des 18. Jhds. von Katharina II. nach Rußland geholt. Lebten bis 1941 in Autonomer Republik der Wolgadeutschen. Deportation unter Stalin mit vermutlich 250000 Todesopfern. Seither verstreut lebend in Kasachstan (900000), in der Russischen Föderation (791000), dort vor allem im Altai-Gebiet und in Westsibirien (Kulunda-Steppe), in Kirgisien (101000) u.a. zentralasiatischen Republiken. Religion: überwiegend evangelisch. Seit 1989 große Auswanderungsbewegung nach Deutschland von mehr als 100000 Rußlanddeutschen jährlich.

Detkil → Jukagiren

Digoron → Osseten

Dolganen: 7000 (1979 5300), Selbstbez. Dolgan, Tya-Kichi oder Sacha. Leben im NK Tajmyr (früher NK der Dolganen-Nenetzen) im Gebiet von Krasnojarsk. Kleiner Teil lebt am Jenissej. Nordasiatische Mongoliden. Sprechen Dolgan-Dialekt der → Jakuten. Religion: Animismus, Schamanismus, Versuche der Christianisierung ohne große Erfolge. Seit Beginn des 17. Jhds. unter russischer Herrschaft.

Dunganen: 70000 (1979 52000), Selbstbez. Dungan (türk.), Lochuej oder Chuej, leben hauptsächlich am Fluß Tschu in Kirgisien sowie in Kasachstan, ein kleiner Teil in Usbekistan. Fernöstliche Mongoliden. Stammen von chinesischen Einwanderern des 19. Jhds. ab. Ihre Sprache gehört zur sino-tibetischen Sprachfamilie. Religion: Sunniten.

Ennetsche → Enzen

Enzen: 210 (1979 350), Selbstbez. Ennetsche (»Mensch«), ehemalige russ. Bezeichnung: Chantaj Samojed, Jenissej Samojed. Leben im NK Tajmyr im Gebiet von Krasnojarsk. In Sprache und Herkunft verwandt mit den Nenzen, Nganasanen und Selkupen. Ural-Übergangsrasse, deren Sprache zur samojedische Gruppe der Ural-Sprachfamilie gehört. Unterschieden werden die Tundragruppe und die Waldgruppe mit eigenen Dialekten. Religion: Animismus. Seit dem 17. Jhd. unter russischer Herrschaft.

Ersja → Mordwinen

Eskimo: 1700 (1979 1500), Selbstbez. Inuit, leben im AG Tschukotka. Arktis-Rasse (Eskimo-Rasse) der Mongoliden. In Tschukotka leben asiatisch-sibirische Eskimos mit der Selbstbez. Jupigyt oder Jugyt (»richtige« oder »wahre Menschen«). Sprache gehört zur Gruppe der Jupik-Sprachen. Obwohl manche Gruppen im 18. Jhd. orthodox christianisiert wurden, behielten sie Animismus und Schamanismus bei. Seit Mitte des 17. Jhds. unter russischer Herrschaft.

Esten: 1,02 Mio (1979 1.01 Mio), Selbstbez. Eestlased, bis 18. Jhd. Maarachvas (»Volk unseres Landes«). Stammbevölkerung Estlands. Infolge der Emigration im 20. Jhd. leben 70000 Esten im Ausland (USA, Kanda, Schweden, Australien). Ihre Sprache gehört zur finno-ugrischen Gruppe der Ural-Sprachen. Religion: evangelisch. 1710 erstmals von Rußland erobert.

Ewenen: 17200 (1979 13000), auch Tungusen genannt, seltener Lamuten, leben in Nordsibirien im Gebiet von Magadan und Kamtschatka, nahe dem Ochotskischen Meer, im Bezirk Chabarowsk und in den nordöstlichen Gebieten der Jakutischen ASSR. Vertreter der Baikal-Gruppe der Mongoliden. Ihre Sprache gehört zu tungusisch-mandschurischen Gruppe der Altai-Sprachfamilie. Wurden im

19. Jhd. orthodox christianisiert, vorchristliche Formen, Schamanismus, haben sich erhalten. Seit dem 17. Jhd. unter russischer Herrschaft.

Ewenken: 30200 (1979 27000), Selbstbez. Orotschon, alte Bezeichnung Tungusen, leben in Nordsibirien, am östlichen Ufer des Jenissej bis zum Ochotskischen Meer und in der Tundra bis zu den Flüssen Angara und Amur. Etwa 20000 leben im Norden Chinas. Gehören zur Baikal-Gruppe der Mongoliden. Ihre Sprache gehört zur tungusisch-mandschurischen Gruppe der Altai-Sprachfamilie. Wurden nach russischer Eroberung im 17. Jhd. orthodox christianisiert, doch haben sich Animismus und Schamanismus erhalten.

Finnen: Besonders im Nordwesten der Sowjetunion (Karelien) leben 67000 (1979 73000) Finnen. Die Verwandtschaft mit den → Kareliern ist so eng, daß sich im Laufe nationaler Bewußtwerdung bisherige Finnen in der Sowjetunion als Karelier registrieren ließen. Religion: evangelisch. Nachkommen von Einwanderern im 17. Jhd.

Gagausen: 198000 (1979 173000), leben hauptsächlich in Moldowa (Moldawien) sowie in der Ukraine, in Kasachstan, Usbekistan und im Nordkaukasus. Nachkommen der turkstämmigen, aber christianisierten Bulgaren (im Gegensatz zu den slawischen Bulgaren), die während der russisch-türkischen Kriege im 18./19.Jhd. in das Russische Reich flüchteten. Kleinere Gruppen leben auch in Bulgarien, Rumänien, Griechenland und der Türkei. Die Sprache gehört zur südwestlichen Untergruppe der Turksprachen (Altai-Sprachfamilie). Religion: orthodox. Versuchten 1990 gegen den Widerstand der moldawischen Republikführung eine eigene Republik zu gründen.

Galgai → Inguschen

Georgier: 3,98 Mio (1979 3,57 Mio), Selbstbez. Karthweli, russ. Grusinier. Kaukasusvolk, Stammbevölkerung Georgiens. Außerhalb der Sowjetunion leben etwa 150000 G. im Iran und in der Türkei. Die georgische Sprache unterscheidet zwei Hauptzweige im Osten und im Westen Georgiens mit 17 Dialekten. Sie gehört zur karthwelischen Sprachfamilie und benutzt ein eigenes Alphabet. Georgier gehören einer der ältesten christlichen Nationalkulturen der Welt an. Nach russischem Protektorat 1878 dem Russischen Reich eingegliedert.

Georgische Juden: 16000, früher statistisch nicht erfaßt. Nach eigenen Angaben 1970 noch 55000, orientalische Juden orthodoxer Prägung. Starke Auswanderungsbewegung nach Israel.

Giljaken → Niwchen, Negidalzen

Goldy → Nanajzen

Griechen: 358000 (1979 344000), teilweise Nachkommen aus Siedlungen am Schwarzen Meer, aber auch Nachkommen von Flüchtlingen und zwangsevakuierte Kinder griechischer Kommunisten, die infolge des griechischen Bürgerkrieges ab 1947 in die Sowjetunion kamen. Religion: orthodox.

Grusinier → Georgier

Inguschen: 237000 (1979 186000), Selbstbez. Galgai. Leben überwiegend in der ASSR der Tschetschenen und Inguschen. Balkan-kaukasische Rasse. Ihre Sprache gehört zur nacho-dagestanischen Gruppe der Nordkaukasus-Sprachen. Religion: Sunniten. Seit Anfang des 19. Jhds. unter russischer Herrschaft. Unter Stalin 1944 deportiert.

Inuit → Eskimos

Iron → Osseten

Ischoren: 820 (1979 750), Selbstbez. Karjalaiset, Isurit. Leben im Gebiet von Leningrad. Weißmeer-baltisches Volk, sprechen eine baltofinnische Sprache der finno-ugrischen Gruppe der Ural-Sprachen. Vier Dialekte sind bekannt. Teilweise sind sie den → Wodj assimiliert. Im 16. Jhd. orthodox christianisiert. Ab dem 15. Jhd. unter russischer (Moskauer) Herrschaft.

Isurit → Ischoren

Iteljmenen: 2500 (1979 1400), leben auf der Halbinsel Kamtschatka, arktisches Volk der Mongoliden. Ihre Sprache gehört zur Tschukotka-Kamtschatka-Sprachfamilie und ist noch einmal in vier Hauptdialekte unterteilt. Ende des 17. Jhds. unter russischer Herrschaft, wurden im 18. Jhd. orthodox christianisiert, behielten jedoch weitgehend ihren Naturglauben.

Jachulwi →Lakten

Jakuten: 382000 (1979 328000), Selbstbez. Sacha, Stammbevölkerung der Jakutischen ASSR. Nordasiatische Mongoliden. Ihre Sprache gehört zur nordöstlichen Untergruppe der Turksprachen (Altai-Sprachfamilie) und ähnelt der tungusischen Sprache der Ewenken. Religion: orthodox. Ethnogenese der J. ist nich vollständig geklärt. Seit dem 17. Jhd. unter russischer Herrschaft.

Jenesej Samojed →Enzen

Jenissej-Ostjaken →Keten

Jesiden: Selbstbez. Jesd, ethnisch-konfessionelle Untergruppe der →Kurden. Leben vereinzelt in der Sowjetunion, meist im Kaukasus in den Grenzgebieten zu ihrem Stammgebiet Irak und Türkei.

Juden: 1448000 (1979 noch 1800000), leben hauptsächlich in Rußland und in der Ukraine. In dem Jüdischen AG im Fernen Osten der Sowjetunion leben nicht einmal vier Prozent der Juden. Seit 1989 starke Auswanderungsbewegung von mehr als 100000 Juden jährlich wegen des zunehmenden Antisemitismus.
Inzwischen werden wieder →Bucharische (mittelasiatische) Juden (36000), →Georgische Juden (16000), →Bergjuden (18000) von den übrigen Juden (1378000) unterschieden. Die sowjetischen Juden sind sprachlich fast vollständig russifiziert. Der Hebräischunterricht war jahrzehntelang verboten. Nur noch selten bewußtes Glaubensbekenntnis.

Jukagiren: 1200 (1979 835), Selbstbez. Odul, Wadul, Detkil. Tundravolk im Osten Sibiriens, vornehmlich in Jakutien und im Gebiet von Magadan. Gehören zum Baikal-Typ der nordasiatischen Mongoliden. Sprechen eine isolierte Sprache. Nach der Kolonialisierung im 17. Jhd. wurde das Volk durch Epidemien weitgehend vernichtet. Ein Teil der J. ist in den →Jakuten und →Ewenen aufgegangen. Versuche der Christianisierung im 19. Jhd., dennoch hat sich Schamanismus erhalten. Ende des 17. Jhds. unter russische Herrschaft.

Juraken →Nenzen

Kabardiner: 391000 (1979 321000), Selbstbez. Adyge, Keberdei Stammbevölkerung der ASSR der Kabardiner und Balkaren. Leben auch in der Region von Stawropol und Krasnodar sowie in der Nord-Ossetischen ASSR. Balkan-kaukasisches Volk. Benutzen kabardino-tscherkessische Sprache der abchasisch-adygeischen Gruppe der Nordkaukasus-Sprachen. Religion: Sunniten, einzelne Gruppen wurden orthodox christianisiert. 1774 dem Russischen Reich eingegliedert.

Kalamiés →Liwen

Kalmücken: 174000 (1979 147000), Selbstbez. Chalmg (wird ethymologisch erklärt als Bezeichnung für jemanden, der nicht zum Islam übergetreten ist). Stammbevölkerung der Kalmückischen ASSR. Leben auch im Gebiet von Astrachan, Wolgograd, Postow, Orenburg, Stawropol; kleinere Gruppen leben in Sibirien, Zentralasien und im Kaukasus. Zentralasiatische Mongoliden. Unterscheiden sich kaum von Mongolen und Burjaten. Die Sprache der K. gehört zur westlichen Untergruppe der mongolischen Sprachen (Altai-Sprachfamilie). Seit 1925 kyrillisches Schrift, vorher eigene Orthographie. Religion: Buddhisten lamaistischer Prägung, teilweise auch orthodox christianisiert. Ab Beginn des 18. Jhds. unter russischem Einfluß. Unter Stalin 1943 deportiert.

Karagassen →Tofalaren

Karaímen: 2600 (1979 noch 3300) Selbstbez. Karailar, auch Karäer genannt, leben in der Ukraine, hauptsächlich auf der Krim und in Litauen. Kleine Gruppen der K. leben in Polen. Sprache der K. gehört zur kyptschakischen Untergruppe der Turksprachen. Bezeichnen sich als die Nachfahren der turkstämmigen Einwohner der Krim. Seit dem Anschluß der Krim an Rußland 1783 starke Russifizierung.

Karakalpaken: 424000 (1979 303000), Stammbevölkerung der Karakalpakischen ASSR. Leben auch im Tal von Fergana, im Gebiet von Choresm, in Turkmenien und Kasachstan. Außerhalb der Sowjetunion in Afghanistan 5000. Mittelasiatisches Volk mit stark mongoliden Zügen. Die Sprache der K. gehört zur kyptschakischen Untergruppe der Turksprachen (Altai-Sprachfamilie). Religion: Sunniten. 1873 von Rußland annektiert.

Karatschajer: 156000 (1979 131000), Selbstbez. Karatschailyla, leben im AG der Karatschajer und Tscherkessen sowie in der Region von Stawropol. Die karatschajisch-balkarische Sprache gehört zu westkyptschakischen Untergruppe der Turksprachen (Altai-Sprachfamilie). Religion: Sunniten. Ab Beginn des 19. Jhds unter russischer Herrschaft. Unter Stalin 1943 deportiert.

Karelier: 139000 (1979 138000), Selbstbez. Karljalaiset mit den Unterscheidungen in Ljujudiljaine, Ljujudikei (Karelier am Onegasee) und in Livgiljaine, Livvikei (Karelier am Ladogasee). Stammbevölkerung der Karelischen ASSR; leben auch im Gebiet von Kalinin, Leningrad, Murmansk, Moskau, Kemerowo und Archangelsk. Ein Viertel der K. lebt im Gebiet von Kalinin. Weißmeer-baltisches Volk, teilweise mit mongoliden Einflüssen. Karelische Sprache, nahezu identisch mit Finnisch, gehört zur baltisch-finnischen Untergruppe der finno-ugrischen Sprachen. Seit dem 11. Jhd. mit den →Wepsen vermischt. Religion: orthodox.

Karjalaiset →Karelier →Ischoren

Karthweli →Georgier

Kasachen: 8,13 Mio (1979 6,55 Mio), Selbstbez. Kasach, früher fälschlich als Kirgisen, auch als Kirgisen-Kasachen bezeichnet. Stammbevölkerung von Kasachstan. Leben auch in den angrenzenden mittelasiatischen Republiken der Sowjetunion sowie in China etwa 1 Mio und in der Mongolei etwa 100000. Südsibrisches Volk der Turan-Übergangsrasse. Kasachisch gehört zur kyptschakischen Untergruppe der Turksprachen (Altai-Sprachfamilie). Literatursprache auf der Grundlage des nordöstlichen Dialekts. 1793 dem Russischen Reich angegliedert. Religion: Sunniten.

Kasikumuchzen →Lakten

Keten: 1113 (1979 1122) Selbstbez. Ket (»Mensch«), veraltet als Ostjaken oder Jenissej-Ostjaken bezeichnet. Leben am Unterlauf des Jenissej in der Region von Karsnojarsk. Sprechen in zwei Dialekten die einzige noch erhaltene Sprache aus der Familie der Jenissej-Sprachen. Seit dem 17. Jhd. unter russischem Einfluß. Religion: teilweise orthodox christianisiert.

Kirgisen: 2,58 Mio (1979 1,90 Mio), Selbstbez. Kyrgys, Stammbevölkerung der Republik Kirgisien. Leben auch in Usbekistan, Tadschikistan (unter der Bezeichnung Pamir-Kirgisen), in Kasachstan sowie außerhalb der Sowjetunion 120000 in China und weitere kleinere Gruppen in der Mongolei, im Nordosten Afghanistans und in Pakistan. Gelten als südsibirisches Turan-Mischvolk. Kirgisische Sprache gehört zur kyptschakischen Untergruppe der Turksprachen. Dialektal stark gegliedert. Religion: Sunniten. Ab Beginn des 19. Jhds. von Rußland erobert.

Komi: 345000 (1979 327000), Selbstbez. Komi-Mort (»Komi-Mensch«), Komi-Jos (»Komi-Leute«), Komi-Wojtyr (»Komi-Volk«), früher auch als Komi-Syrjänen bezeichnet. Stammbevölkerung der Autonomen Komi Republik; leben auch in den Gebieten von Archangelsk, Murmansk, Tjumen, Omsk, im NK der Nenzen, im NK der Jamalo-Nenzen, im NK der Chanten und Mansen, in der Region Altai. Verwandt mit den →Komi-Permjaken und →Udmurten. Zahlreiche ethnische Untergruppen der Ilmenischen und Weißmeer-Familie. Die Sprache der K. gehört mit zehn sehr unterschiedlichen Dialekten zur Permer Untergruppe der finno-ugrischen Sprachen. Literatursprache wurde auf der Grundlage des prisyktywkarischen Dialektes entwickelt. Religion: orthodox christianisiert, aber auch altgläubige Sekten. Bereits seit dem 12. Jhd. in russischer Abhängigkeit.

Komi-Permjaken: 152000 (1979 151000), Stammbevölkerung des NK der K.-P. im Gebiet von Perm; leben auch im Gebiet von Kirow unter der Bezeichnung Sjusdinzen sowie im Gebiet von Nowosibirsk, in der Region Altai und in Kasachstan. Bevölkerungszahl 151000. Zahlreiche ethnische Untergruppen. Verwandt mit den →Komi und den →Udmurten. Weißmeer-baltisches Volk mit Ural-Komponenten. Die Sprache der K.-P. gehört zur Permer Untergruppe der finno-ugrischen Sprachen mit einer nördlichen und einer südlichen Variante, die beide wiederum in zahlreiche Dialekte gegliedert sind. Literatursprache basiert auf dem kudymkarisch-inwenischen Dialekt. Religion: orthodox christianisiert, erhalten sind auch Sekten der Altgläubigen. Seit dem 14. Jhd. unter russischer Herrschaft.

Kondomische Tataren →Schorzen

Koreaner: 439 000 (1979 410 000), leben in der Sowjetunion besonders in Usbekistan und Kasachstan, wohin sie vor allen in der Stalin-Zeit aus dem sowjetisch-koreanischen Grenzgebiet deportiert worden sind. Nachkommen von Einwanderern des 19./20.Jhds.

Korjaken: 9200 (1979 7600), Selbstbez. Tschawtschuw, Nymylan, leben im Korjakischen NK im Gebiet Kamtschatka (Fernost), aber auch im NK der Tschuktschen und im nördlichen Gebiet der Ewenken im Gebiet von Magadan. Arktisches Volk der Mongoliden. Korjakische oder nymylanische Sprache gehört zur Tschukotka-Kamtschatka-Sprachfamilie. Erstmals 1630 in russischen Dokumenten erwähnt. Ab 18. Jhd. unter russischer Herrschaft.

Krewinken → Wodj

Krimtataren: 272 000, ursprünglich 400 000. Selbstbez. K̀rym Tatarlar. In russ. Quellen des 16.–17. Jhds. hießen sie Krymzy oder auch Krimtataren, im 18.–19. Jhd. einfach Tataren, im 20. Jhd. wieder Krimtataren. 1783 Rußland eingegliedert. Leben heute hauptsächlich in Usbekistan (deportiert), im Gebiet von Fergana und Taschkent sowie im Gebiet von Karsnodar und Stawropol, aber auch im Gebiet der Krim und Cherson. Sprache: Krimtatarisch, kyptschakische Gruppe der Turksprachen der Altai-Sprachfamilie. Religion: Sunniten. 1921 eigene ASSR auf der Krim, 1944 aufgelöst und deportiert. 1967 teilweise rehabilitiert. Ab 1990 große Rückwanderungsbewegung auf die Krim.

Krimtschaken: 1500 (für 1979 keine Vergleichzahlen), leben auf der Krim und im Kaukasus, Noworossisk und Suchumi. Benutzen eine der kyptschakischen Turksprachen. Ethnogenese unklar, gelten als Mischung aus den europäischen Türken und seefahrenden Genuesen. Religion: Judaisten.

Kumücken: 282 000 (1979 228 000) Selbstbez. Kumuk, leben überwiegend in Dagestan. Kleinere Gruppen leben in der ASSR der Tschetschenen und Inguschen sowie in der Nord-Ossetischen ASSR. Balkan-kaukasisches Volk der Europäiden. Kumückische Sprache gehört zur kyptschakischen Untergruppe der Turksprachen (Altai-Sprachfamilie). Religion: Sunniten. Ab dem 19.Jhd. unter russischem Einfluß.

Kurden: Von den weltweit etwa 13 Mio Kurden leben in der Sowjetunion 153000 (1979 116000), vor allem im Transkaukasus, in Mittelasien und in Kasachstan.

Kusnezker Tataren → Schorzen

Laken: 118000 (1979 110000), Selbstbez. Lak, leben im zentralen Bergmassiv von Dagestan. In den letzten Jahrzehnten auch in die Täler umgesiedelt. Die Awaren nennen die L. Tumal, die Darginzen nennen die L. Wuluguni, die Lesginen nennen die L. Jachulwi. In früherer Literatur wurden die L. auch als Kasikumuchzen bezeichnet. Balkan-kaukasisches Volk. Lakische Sprache ist dialektal sehr stark gegliedert und gehört zur nacho-dagestanischen Gruppe der Nordkaukasus-Sprachen. Religion: Sunniten. Seit Anfang des 19. Jhds. unter russischer Herrschaft.

Lamuten → Ewenen

Lappen → Saamen

Lesgier: 466000 (1979 382000), Selbstbez. Lesgijar, leben im Südosten der dagestanischen ASSR und ein Drittel in angrenzenden Gebieten Aserbaidschans. In der Fachliteratur vor 1917 wird oft die gesamte Bergbevölkerung von Dagestan als Lesginen bezeichnet. Balkan-kaukasisches Volk. Lesgische Sprache gehört zur nacho-dagestanischen Gruppe der Nordkaukasus-Sprachen. Drei Hauptdialekte. Religion: überwiegend Sunniten, aber auch Schiiten. Ab Beginn des 19. Jhds. unter russischer Herrschaft.

Letten: 1,45 Mio (1979 1,43), Selbstbez. Latviesi, die aus den ostbaltischen Stämmen der Legallen und Semgallen sowie der Liven entstanden sind. Stammbevölkerung Lettlands, leben auch in angrenzenden baltischen Republiken sowie in Weißrußland und der RSFSR. Etwa 150000 Letten leben in den USA, Kanada, Schweden und Australien. Die lettische Sprache gehört zur baltischen Sprachgruppe, ist in zwei Dialekte geteilt und benutzt die lateinische Schrift. Die Letten sind überwiegend Protestanten. Erstmals 1710 von Rußland (Peter dem Großen) erobert.

Lettgallen: Eigentlich einer der ethnischen Stammbäume der heutigen Letten. Früher eigene Provinz mit (vor dem 2. Weltkrieg) etwa 550000 Einwohnern. In jüngster Zeit beanspruchen sie wieder den

Status einer eigenen Völkerschaft und sprachliche Abgrenzung gegenüber Lettisch. Leben in Lettland. Die Lettgallen sind katholisch, während die Letten überwiegend protestantisch sind. Statistisch sind die Lettgallen nicht erfaßt.

Litauer: 3,06 Mio (1979 2,85 Mio), Selbstbez. Lietuviai, Stammbevölkerung Litauens. Baltisches Volk. Litauer leben auch in den Nachbarrepubliken Lettland und Weißrußland. In den USA 330000, größere Gruppen, insgesamt 355000 Litauer, leben in Kanada, Polen, Südamerika und Australien. Die litauische Sprache gehört zu baltischen Sprachgruppe und wird in lateinischer Schrift geschrieben. Religion: überwiegend römisch-katholisch.

Liven: 220, Selbstbez. Liwli, Kalamies (»Fischer«), Randalist (»Küstenbewohner«). Baltische Minderheit in Lettland, weitgehend mit Letten assimiliert. Statistisch erst seit 1989 wieder erfaßt. Sprachwissenschaftler nehmen an, daß nicht mehr als 150 bis 200 Personen die Livische Sprache beherrschen, die zur balto-finnischen Gruppe der finno-ugrischen Sprachen gehört. Religion: Lutheraner. Die Liven sind bereits in Chroniken des 12. Jhds. erwähnt.

Livgiljaine → Karelier

Ljujudiljaine → Karelier

Lochuej → Dunganen

Lopari → Saami

Luorawetlan → Tschuktschen

Maarachvas → Esten

Maarulul → Awaren

Madjaren → Ungarn

Mansen: 8500 (1979 7600), Selbstbez. Mansi (»Mensch«), veraltet Wogulen. Stammbevölkerung des AG der Chanten und Mansen im Gebiet von Tjumen. Ein kleinerer Teil der Mansen lebt auch im Gebiet von Swerdlowsk. Sie sind mit den Chanten verwandt. Anthropologisch nicht einheitlich, Ural-Übergangsrasse. Mansen-Sprache gehört zur finno-ugrischen Gruppe der Ural-Sprachen. Im 18. Jhd. offiziell orthodox christianisiert. Naturreligion hat sich erhalten wie Kult der Götter-Geister, Bärenkult, Schamanentum. Ab Ende des 15. Jhds. unter russischem Einfluß.

Mari: 671000 (1979 622000), Selbstbez. Mari, Marij (»Mensch«, »Mann«), veraltete Bezeichnung Tscheremissen. Etwa die Hälfte von ihnen lebt in der ASSR Mari. Verbreitet auch in der tatarischen, udmurtischen, baschkirischen ASSR sowie in den Gebieten Gorki, Kirow, Swerdlowsk, Perm. Mari werden in drei subethnische Gruppen unterteilt (Berg-Mari, Flachland-Mari und Ost-Mari) mit unterschiedlichen Siedlungsgebieten. Gehören zur Ural-Rasse, teilweise mit mongoliden Merkmalen. Mari-Sprache gehört zur finno-ugrischen Gruppe der Ural-Sprachen. Sie ist dialektal nach den ethnischen Untergruppen gegliedert. Religion: überwiegend orthodox. Ab 16. Jhd. unter russischer Herrschaft.

Mezcheten → Türken

Mokscha → Mordwinen

Moldauer: 3,35 Mio (1979 2,96 Mio), Selbstbez. Moldowen, Stammbevölkerung der Republik Moldowa. Leben auch in der Ukraine und in der Russischen Föderation. Romanisches Balkanvolk, teilweise slawisiert. Sprache gehört zur östlichen Untergruppe der romanischen Sprachen. Schrift erst lateinisch, dann kyrillisch, jetzt wieder Übergang zur lateinischen Schrift eingeleitet. Religion: orthodox. Ab Beginn des 19. Jhds. mit Unterbrechungen unter russischem Einfluß.

Mordwinen: 1,15 Mio (1979 1,19), etwa ein Drittel lebt in der Mordwinischen ASSR, größere Gruppen leben auch in den Gebieten von Kujbyschew, Pensa, Orenburg, Uljanowsk, Gorki (RSFSR) sowie in den ASSR der Baschkiren, Tataren und Tschuwaschen, ferner in Sibirien, Mittelasien und dem Transkaukasus. Europäisch-asiatische Übergangsrasse, bestehend aus zwei subethnischen Gruppen: den, wie sie sich selbst bezeichnen, Ersja und den Mokscha. Verschiedene Kulturtraditionen. Beide subethnischen Gruppen sprechen jeweils eigene Sprache, die zur Wolga-Gruppe der finno-ugrischen Sprachen gehören. Religion: orthodox. Seit dem 12. Jhd. als Kriegsgegner in russischen Chroniken erwähnt. Ab Ende des 18. Jhds. unter russischer Herrschaft.

Mrassische Tataren → Schorzen

Mych Adbyr → Rutulzen

Nanaier: 12000 (1979 10500), Selbstbez. Nanaj, Nani (»Einheimischer«, »Mensch von diesem Ort«), veraltete Bezeichnung Goldy. Leben am Unterlauf des Amurs, den Zuflüssen des Ussuri, im Gebiet von Chabarowsk und Primorje. Etwa 2000 leben in China zwischen den Flüssen Sungari und Ussuri. Gehören dem Baikal-Typ der nordasiatischen Mongoliden an. Nanaiische Sprache gehört zur tungusisch-mandschurischen Gruppe der Altai-Sprachfamilie. In der 2. Hälfte des 19. Jhd. zwangschristianisiert, doch Naturglaube an Geister und Schamanismus haben sich erhalten. Ab Mitte des 19. Jhds unter russischer Herrschaft.

Negidalzen: 600 (1979 500), Selbstbez. Elkan Bejenin (»Hiesiger«), veraltete Bezeichnung Orotschen, Giljaken. Leben im Gebiet von Chabarowsk. Teilweise mit den → Ultschen und → Niwchen assimiliert. Siedeln am Amur und im Gebiet von Chabarowsk. Baikal-Typ der nordasiatischen Mongoliden. Sprache gehört zur tungusisch-mandschurischen Gruppe der Altai-Sprachfamilie. Offiziell zwar christianisiert, aber Naturglaube, Animismus und Schamanaismus sind erhalten geblieben. Ab Mitte des 19. Jhds. unter russischer Herrschaft.

Nenzen: 35000 (1979 30000), Selbstbez. Nenez oder Chasowa (»Mensch«), in älterer Literatur als Samojeden oder Juraken bezeichnet. Sind auf mehrere nördliche Gebiete verstreut: NK der Nenzen im Gebiet von Archangelsk, im NK der Jamalo-Nenzen, Gebiet Tjumen und im NK Tajmyr im Gebiet von Krasnojarsk sowie in angrenzendem AG der Chanten und Mansen und in der Komi ASSR. Verwandte Völker → Nganasanen, → Nenzen, → Enzen, → Selkupen. Gehören zum Baikal-Typ der nordasiatischen Mongoliden. Eigene nganasanische (tawgische) Sprache der samojedischen Gruppe der Ural-Sprachfamilie. Religion: Animismus sowie ein Kult der »Mutter Natur«. Anfang des 17. Jhds. unter russische Herrschaft.

Nganasanen: 1300 (1979: 900), Selbstbez. Nja (»Mensch«). In der russ. Literatur bis 1917 wurden sie als Awan-Samojeden, Wadejew-Samojeden, Samojeden-Asi, Samojeden-Tawgijzen bezeichnet. Leben im NK Tajmyr (früher: NK der Dolganen und Nenzen) im Gebiet von Krasnojarsk. Verwandt mit → Nenzen, → Enzen, → Selkupen.

Gehören zum Baikal-Typ der nordasiatischen Mongoliden. Eigene nagnasische (tawgische) Sprache der samojedischen Gruppe der Ural-Sprachfamilie. Religion: Animismus sowie ein Kult der »Mutter Natur«. Anfang des 17. Jhds. unter russsischer Herrschaft.

Niwchen: 4700 (1979 4400), Selbstbez. Niwch (»Mensch«), veraltet: Giljaken. Leben im Gebiet Chabarowsk am Fluß Amur und auf der Insel Sachalin. Gehören zur nordasiatischen Gruppe der Mongoliden. Selbständige Niwchen-Sprache. Sie gelten offiziell als orthodox, bewahrten aber traditionelle Glaubensformen wie Naturkult, Bärenkult, Schamanismus. Ab Mitte des 19. Jhds. unter russischer Herrschaft.

Nja → Nganasanen

Nochtschij → Tschetschenen

Nogaier: 75000 (1979 60000), Name wird auf den Herrscher der Goldenen Horde im 13. Jhd. »Nohaja« zurückgeführt. Leben in Dagestan, im Gebiet von Stawropol, im AG der Karatschajer und Tscherkessen sowie in der ASSR der Tschetschenen und Inguschen. Gehören zur südsibirischen Turan-Übergangsrasse. Sprache der kyptschakischen Gruppe der Turksprachen (Altai-Sprachfamilie). Religion: Sunniten. Ab dem 19. Jhd. unter russischer Herrschaft

Nymylan → Korjaken

Odul → Jukagiren

Olennen → Tschuktschen

Orjoten → Altaier

Oroken: 190 (1979 waren den Ethnologen noch 450 Oroken bekannt), Selbstbez. Ulta, Ultscha. Verbreitungsgebiet: Insel Sachalin (Fernost). Baikal-Typ der nordasiatischen Mongoliden. Sprechen einen Dialekt der tungusisch-mandschurischen Gruppe der Altai-Sprachfamilie. Christianisierung kaum durchgeführt. Traditionelle Glaubensformen wie Animismus, Schamanismus, Bärenkult. Anfang 19. Jhd. unter russische Herrschaft.

Orotschen: 915 (1979 noch 1200), Selbstbez. Orotschili, Orotschisel. Im Primorski-Gebiet und Chabarowsk (Fernost).Ihre Bezeichnung wurde auch für die →Negidalzen verwendet. Baikal-Typ der nordasiatischen Mongoliden. Sprache gehört zur tungusisch-mandschurischen Gruppe (Altai-Sprachfamilie). Nur formell christianisiert, traditionelle Religionsformen wurden beibehalten wie Animismus und Schamanismus. Ab Mitte des 19. Jhds. unter russischer Herrschaft.

Orotschon →Ewenken

Osseten: 598000 (1979 541000), Selbstbez. Iron, Digoron. Stammbevölkerung der Nord-Ossetischen ASSR und des Süd-Ossetischen AG. O. leben auch in Georgien, in ASSR der Kabardiner und Balkaren, im Gebiet von Stawropol und im AG der Karatschajer und Tscherkessen. Gehören zur balkan-kaukasischen Rasse. Sprache: Ossetisch, iranische Sprachgruppe. Zwei Dialekte. Schrift seit dem 19. Jhd. kyrillisch. Religion: Ein großer Teil wurde über Georgien schon im 6./7. Jhd. christianisiert, ein kleinerer Teil übernahm von den →Kabardinern im 17./18. Jhd. den Islam. Ab 16. Jhd. unter russischem Einfluß.

Ostjaken →Chanten, →Keten, →Selkupen

Ostjaken-Samojeden →Selkupen

Perser: Eine Minderheit von 4000 ist bei der letzten Volkszählung 1989 registriert worden.

Polen: Vor allem in den Westgebieten der Sowjetunion (Ukraine, Weißrußland, Litauen) leben mehr als 1,1 Mio Polen. Überdies waren nach dem sowjetischen Einmarsch in Ostpolen 1939 mehr als eine Mio Menschen nach Sibirien verschleppt worden, von denen etwa 400000 in Arbeitslager lebten.

Randalist →Liwen

Roma →Zigeuner

Rumänen: Im Westen der Sowjetunion, vor allem im Grenzgebiet zu Rumänien in Moldowa leben etwa 135000 Rumänen. Das Bekenntnis zur rumänischen Nation wird zunehmen, je mehr sich die Nationalbewegung in Moldowa von der Sowjetunion löst, da praktisch keine nationalen Unterschiede zwischen →Moldawiern und Rumänen bestehen.

Russen: 145,15 Mio (1979 137,4 Mio), Selbstbez. Russki. Das größte Volk in der Sowjetunion. Stammbevölkerung der Russischen Föderation (RSFSR). Unterschiedliche Präsenz in allen übrigen Sowjetrepubliken (in Armenien 2,3% der Bevölkerung, in Kasachstan 41% der Bevölkerung). Außerhalb der Sowjetunion leben 1,3 Mio Russen, mehrheitlich in den USA. Religion: orthodox, auch altgläubig-orthodox.

Rutuler: 20000 (1979 15000), Selbstbez. Mych Adbyr. Leben im Süden Dagestans und vereinzelt in Aserbaidschan. Balkan-kaukasische Rasse. Die Sprache Rutulisch oder Muchadisch, gehört zur lesgischen Untergruppe der nacho-dagestanischen Nordkaukasus-Sprachen. Zahlreiche Dialekte. Religion: Sunniten. Seit Anfang des 19. Jhds. unter russischer Herrschaft.

Saamen: 1900 (seit 1979 unverändert), Selbstbez. auch Lopari, leben auf der Kola-Halbinsel, anthropologisch uneinheitlich, Grundtyp Lappen. Ihre Sprache bildet eine eigene Untergruppe der finno-ugrischen Ural-Sprachen. Während die S. oder Lappen in Skandinavien Lutheraner sind, wurden sie unter russischem Einfluß im 16. Jhd. orthodox christianisiert. Gelten als Nachkommen der ältesten Völker Nordeuropas.

Sacha →Dolganen, →Jakuten

Samojeden →Nenzen

Samojeden-Asi →Nganasanen

Samojeden-Tawgijzen →Nganasanen

Sarty →Usbeken

Schkaraúa →Abasinen

Schorzen: 17000 (1979 16000), Selbstbez. Schor-Kishi, Tatar-Kishi. In Quellen des 17. und 18. Jhds. auch als Mrassische, Kondomische, Kusnezker Tataren, manchmal auch als Abinzen bezeichnet. Leben im Vorgebirge Kusnezk-Alatau, am Mittellauf des Toms und seiner Nebenflüsse Kondomy und Mrassu sowie im Gebiet von Kemerowo. Gehören zur südsibirischen Übergangsrasse und sprechen eine der nordöstlichen Turksprachen (Altai-Sprachfamilie). Seit Mitte des 19. Jhds. gelten sie als orthodox, behielten jedoch Animismus, Schamanismus, Kult der Berge und des Waldes bei. Seit Anfang des 17. Jhds. unter russischer Herrschaft.

Schosch-Kum → Selkupen

Schwarztataren → Altaier

Selkupen: 3600 (seit 1979 unverändert), früher auch Ostjaken, Ostjaken-Samojeden genannt. Leben in den Gebieten Tjumen und Tomsk (in den Autonomen Kreisen Jamalo-Nenetzki und NK der Chanten und Mansen) sowie im Gebiet Krasnojarsk. Verwandt mit den → Nenzen, → Nganasanen. Werden unterteilt in die nördliche Gruppe, die in den Tundra lebt und die Selbstbezeichung Selkup führt, sowie in die südlichen Selkupen am Fluß Nary in der Taiga, Selbstbezeichnungen Tschumyl-Kup, Susse-Kum, Schosch-Kum mit der Bedeutung »Erdmensch« oder »Taiga-Mensch«. Gehören zur Ural-Übergangsrasse. Ihre Sprache gehört zur samojedischen Gruppe der Ural-Sprachen. Im 18. Jhd. orthodox christianisiert, Schamanismus, Animismus haben sich erhalten. Ab Ende des 16. Jhds. unter russischer Herrschaft.

Sjusdinzen → Komi-Permjaken

Slawen: Oberbegriff aller slawischen Völker, davon lebten die drei ostslawischen Völker → Russen, → Ukrainer und → Weißrussen auf dem Territorium der Sowjetunion. Gesamtzahl aller slawischen Völker in der Welt etwa 310 Mio, davon in der Sowjetunion etwa 205 Mio.

Slowaken: 9000 (1979 9500), kleine Minderheit im westlichen Grenzgebiet der Sowjetunion. Meist Nachkommen von Einwanderern des 19. Jhds.

Sojonen → Tuwinzen

Sojoten → Tuwinzen

Susse-Kum → Selkupen

Tabassaranen: 98000 (1979 75000), leben im südöstlichen Gebiet von Dagestan. Kaukasusvolk mit ethnischen Einflüssen des kaspischen Typs. Ihre Sprache gehört zur lesgischen Untergruppe der nacho-dagestanischen Nordkaukasus-Sprachen. Starke dialektale Gliederung. T. zählen zur Stammbevölkerung Dagestans. Wurden bereits in armenischen Schriften des 7. Jhds. erwähnt. Religion: Sunniten. Ab Mitte des 19. Jhds. unter russischer Herrschaft.

Tadschiken: 4,21 Mio (1979 2,89 Mio), Selbstbez. Todschik, Stammbevölkerung von Tadschikistan, doch große Gruppe von fast 700000 lebt in Usbekistan. Fast vier Mio Tadschiken leben in Nord- und Zentral-Afghanistan, etwa 50000 im Iran. Tadschikisch, unterteilt in vier Hauptdialekte, gehört zur südwestlichen Untergruppe der iranischen Sprachen. Außerhalb der SU persische, in der SU kyrillische Schrift. Religion: überwiegend Sunniten. Ab Mitte des 19. Jhds. unter russischer Herrschaft.

Talyschen: 22000 (Für 1979 liegen keine Vergleichszahlen vor), leben im Südosten von Aserbaidschan und unterliegen einem starken Assimilierungsprozeß. Sind erst seit der Volkszählung von 1989 als eigene Völkerschaft wieder anerkannt. Weitere 100000 leben im Iran. Gehören zur balkan-kaukasischen Rasse. Sprache gehört zur westlichen Gruppe der iranischen Sprachen. Religion: Schiiten und Sunniten. Seit Anfang des 19. Jhds. unter russischem Einfluß.

Tapanten → Abasinen

Tataren: 6,64 Mio (1979 6,31 Mio). Nur ein Viertel lebt in der Tatarischen ASSR, sonst in der Baschkirischen, Mordwinischen, Udmurtischen, Tschuwaschischen ASSR und ASSR Mari sowie weit verstreut in der RSFSR, auch in den Großstädten sowie in Sibirien und Kasachstan, in Mittelasien und im Fernen Osten. Man unterteilt sie in drei Hauptgruppen auf territorialer und ethnischer Basis: Tataren der Mittelwolga und des Ural, sibirische Tataren und Astrachan-Tataren. Die größte Gruppe bilden die Tataren der Mittelwolga und des Urals. Anthropologisch uneinheitlich. Die Wolga- und Ural-Tataren sowie die sibirischen Tataren benutzen eine Sprache der kyptschakischen Gruppe der Turksprachen (Altai-Sprachfamilie). Astrachan-Tataren benutzen Nogaisch als Grundsprache, das einem starken tatarischen

Einfluß bis hin zur Herausbildung einer eigenen Sprache ausgesetzt war. Bis 1927 arabische Schrift, heute kyrillisch. Religion: überwiegend Sunniten. Eine kleine Gruppe wurde im 16. Jhd. orthodox christianisiert, nachdem sie Mitte des 16. Jhds. unter russische Herrschaft gekommen waren.

Taten: 31000 (1979 25000), leben in Aserbaidschan, in Dagestan und im nördlichen Kaukasus. Auch im Iran verbreitet. Balkan-kaukasische Rasse, Sprache gehört zur iranischen Sprachgruppe, deren nördlicher Dialekt eine der Schriftsprachen in Dagestan ist. Religion: Schiiten, Sunniten. Früher wurden auch die →Bergjuden als Taten bezeichnet. Seit Anfang des 19. Jhds. unter russischer Herrschaft.

Taulu →Balkaren

Tofalaren: 730 (1979 760), Selbstbez. Tofa, Tocha, frühere Bezeichnung Karagassen. Leben im Gebiet von Irkutsk. Anthropologisch nicht einheitlich. Sprache gehört zur uigurischen Untergruppe der Turksprachen (Altai-Sprachfamilie). Verwandt mit den östlich wohnenden Tuwinen, von denen sie 1752 getrennt wurden, als Tuwa unter den Einfluß der Mandschurei geriet. Religion: Animismus, Schamanismus, Bergkult. An Mitte des 17. Jhds. unter russischer Herrschaft mit starker Assimilierungstendenz.

Truchmjane →Turkmenen

Tschatschyw →Korjaken

Tschautschu →Tschuktschen

Tschechen: 16000 (1979 18000), kleine Minderheit dieses westslawischen Volkes lebt in der Ukraine.

Tscheremissen →Marizen

Tscherkessen: 52000 (1979 46000), Selbstbez. Adyge. Zwei Drittel leben im AG der Karatschajer und Tscherkessen, aber auch in der Türkei, in Syrien, Jordanien u.a. Im Nahen Osten werden die untereinander vermischten Vertreter der nordkaukasischen Völker (→Adyger,→ Kabardiner,→Inguschen), die aus Rußland in der 2. Hälfte des 19. Jhds. und zu Beginn des 20. Jhds. dorthin übersiedelt waren, als Tscherkessen bezeichnet. Sie gehören zur balkan-kaukasischen Rasse, und ihre Sprache zählt zur abchasisch-adygeischen Gruppe der Nordkaukasus-Sprachen.

Tschetschenen: 957000 (1979 756000), Selbstbez. Nochtschij, Siedlungsgebiet im Nordkaukasus, bewohnen hauptsächlich die zentralen und östlichen Teile der ASSR der Tschetschenen und Inguschen, siedeln in Dagestan. In Jordanien leben 5000. Vertreter der balkan-kaukasischen Rasse. Ihre Sprache gehört zu nacho-dagestanischen Gruppe der Nordkaukasus-Sprachen. Verwandt mit den Inguschen. Beide Völker haben gemeinsame Selbstbez. Wajnachen und gehören zur Stammbevölkerung des Nordkaukasus. In armenischen Überlieferungen des 7. Jhds. bereits erwähnt. Religion: Sunniten. Ab Mitte des 19. Jhds. unter russischer Herrschaft. Unter Stalin 1944 deportiert.

Tschuktschen: 15200 (1979 14000), Selbstbez. Lug Orawetlan (»wahre Menschen«). Sie sind unterteilt in die Olennen (Selbstbez. Tschau-tschu) und die Beregowen (Selbstbez. Ankalyn). Stammbevölkerung des Autonomen Kreises Tschukotka im Gebiet von Magadan (Fernost), leben auch im Korjakischen Autonomen Kreis sowie am Fluß Kolyma in Jakutischer ASSR. Gehören der Arktis-Rasse der Mongoliden. Selbständige Sprache der Tschukotka-Kamtschatka-Sprachfamilie. Haben sich Naturreligion bewahrt. Ab Mitte des 17. Jhds. unter russischer Herrschaft.

Tschumyl-Kup → Selkupen

Tschuwanzen: 1500 (für 1979 liegen keine Vergleichszahlen vor), wanderten im 18. Jhd. vom Fluß Anadyr zum Fluß Kolyma (Fernost). Ethnologisch gehören sie zu den Jukagiren und wurden lange Zeit nicht mehr als eigenes Volk statistisch erfaßt.

Tschuwaschen: 1,84 Mio (1979 1,75 Mio), Selbstbez. Tschawasch, die Hälfte von ihnen lebt in der Tschuwaschischen ASSR. Weitere Siedlungsgebiete in in der Tatarischen und Baschkirischen ASSR sowie in den Gebieten Kujbyschew und Uljanowsk. Bedeutende Gruppen der T. leben in den Gebieten von Orenburg, Saratow, Kemerowo, Swerdlowsk, Tjumen, Krasnojarsk und in Kasachstan. Sie gehören zur Ural-Übergangsrasse und benutzen Turksprache der Altai-Sprachfamilie. Ethnische Grundlage der Tschuwaschen bildeten die turksprachigen Stämme der Protobulgaren und Suwaren, die am Ende des 1. Jahrtausends aus den Asowschen Steppen gekommen sind und die örtliche finno-ugrische Bevölkerung assimiliert haben. Religion: orthodox christianisiert. Ab Mitte des 16. Jhds. unter russischer Herrschaft.

Tumal → Lakten

Tungusen → Ewenken, Ewenen

Türken: Neben den zahlreichen Turkvölkern im Kaukasus und in Zentralasien werden in der Statistik 207000 Türken (gegenüber 1979 107000) genannt. In diese Zahl sind die Mezcheten aufgenommen worden, die unter Stalin aus dem Kaukasus nach Usbekistan deportiert wurden. Mezcheten ist der Oberbegriff für islamisierte und turksprachige Kaukasusbewohner, die ethnologisch sowohl von den Georgiern als auch von den Armeniern abstammen.

Turkmenen: 2,72 Mio (1979 2,02 Mio), Selbstbez. Turkmen. In russ. Literatur des 18. und 19.Jhds. ist die Bezeichnung Truchmjane, Truchmeny anzutreffen.Leben überwiegend in Turkmenien, aber auch in Usbekistan, Tadschikistan, Karakalpakien, im Nordkaukasus und im Gebiet von Astrachan. Außerhalb der Sowjetunion noch (geschätzt) im Iran 800000, in Afghanistan 400000, im Irak 250000, in der Türkei 150000, auch in Syrien und Jordanien. Gehören zur indogermanischen Rasse. Ihre Sprache gehört zur südwestlichen Untergruppe (Ogusen-Untergruppe) der Turksprachen (Altai-Sprachfamilie). Drei Hauptdialektgruppen mit zahlreichen Untergliederungen. Religion: Sunniten. Ab zweite Hälfte des 19. Jhds. unter russischer Herrschaft.

Tuwinen: 207000 (1979 166000), Selbstbez. Tywa, veraltete Bezeichnungen: Sojonen, Sojoten, Urjanchajen. Stammbevölkerung der ASSR Tuwa, außerhalb der SU 20000 in Mongolei und China. Um Tuwinen von den anderen Völkergruppen auf dem Gebiet der ASSR Tuwa zu unterscheiden, existierte die veraltete Bezeichnung Tannu-Tuwinen. Vertreter der Mongoliden, sie sprechen eigene Sprache, die zur uigurischen Gruppe der östlichen Turksprachen (Altai-Sprachfamilie) gehört. Religion: Buddhisten-Lamaisten. Seit Ende des 19. Jhds. unter russischem Einfluß.

Tya-Kichi → Dolganen

Tywa → Tuwinzen

Udegejer: 2000 (1979 1600), Selbstbez. Udee, Udeche, Udiche, leben im Gebiet Primorje und Charabowsk (Ferner Osten), an den östlichen Nebenflüssen des Ussuri. Gehören zu den nordasiatischen Mongoliden. Sie sprechen verschiedene Dialekte der tungusisch-mandschurischen Gruppe der Altai-Sprachfamilie. Christianisierung nicht sehr erfolgreich. Religion: Bärenkult und Schamanismus erhalten. Ab Mitte des 19. Jhds. unter russischer Herrschaft.

Udiche → Udegejzen

Uden: 8000 (1979 6900), Selbstbez. Udi, leben in Aserbaidschan und Georgien. Gehören zur balkan-kaukasischen Rasse. Ihr Idiom zählt zur lesgischen Untergruppe der nacho-dagestanischen Gruppe der Nordkaukasus-Sprachen. Religion: Orthodoxe und Monophysiten. Seit 19. Jhd. unter russischer Herrschaft.

Udmurten: 747000 (1979 714000), Selbstbez. Udmurt, Udmort, veraltete russische Bezeichnung Wotjaken. Zwei Drittel leben in der Udmurtischen ASSR, auch verbreitet in umliegenden ASSR sowie im Gebiet von Kirow, Perm, Swerdlowsk. Verwandt mit den →Komi, gehören zur Ural-Übergangsrasse, Sprache zählt mit vier Dialekten zur Permer Untergruppe der finno-ugrischen Sprachfamilie. Religion: orthodox. Ab 16. Jhd. unter russischer Herrschaft.

Uiguren: 263000 (1979 235000), in China beheimatetes Volk mit fast 7 Mio; in der SU leben sie verstreut in den zentralasiatischen Republiken, wo sie sich zwischen dem 18. und 20. Jhd. angesiedelt haben. Ihre Sprache gehört zur türkischen Gruppe der Altai-Sprachfamilie. Schrift in China auf arabischer Grundlage, in SU ab 1946 auf kyrillischer Grundlage. Religion: Sunniten. Ab zweite Hälfte des 19. Jhds. unter russischer Herrschaft.

Ukrainer: 44,19 Mio (1979 42,34 Mio), zweitgrößtes Volk der Sowjetunion mit starker Verbreitung über die ukrainische Stammheimat hinaus. Darunter in der Russische Föderation fast vier Mio, in Kasachstan fast eine Mio, in Moldowa über eine halbe Mio sowie große Gruppen in anderen Landesteilen der Sowjetunion. Darüber hinaus in den angrenzenden osteuropäischen Staaten verbreitet sowie große Exilsiedlungen: in Kanada 530000, in den USA 500000, in Argentinien

100000, Brasilien 50000, Australien 20000, Paraguay 10000, Uruguay 5000. Die ukrainische Sprache gehört zusammen mit Russisch und Weißrussisch zur ostslawischen Sprachgruppe. Religion: orthodox, in der Westukraine katholisch-uniert.

Ulta → Oroken

Ultscha → Oroken

Ultschen: 3200 (1979 2500), Selbstbez. Nani, leben im Gebiet von Chabarowsk, am Unterlauf des Amurs. Ihre Sprache gehört zur tungusisch-mandschurischen Gruppe der Altai-Sprachfamilie. Religion: orthodox christianisiert, U. blieben jedoch ihrer vorchristlichen Kultur (Animismus und Schamanismus) verhaftet. Ab Mitte des 19. Jhds. unter russischer Herrschaft.

Unangan → Aleuten

Ungarn: Selbstbez. Madjaren, in SU 171000, leben im Gebiet Zakarpatija (Karpatengebiet der Ukraine)

Urjanchanen → Tuwinen

Usbeken: 16,69 Mio (1979 12,45 Mio), Selbstbez. Usbek, früher auch als Sarty bezeichnet. Etwa ein Fünftel lebt außerhalb Usbekistans, darunter eine Mio in Tadschikistan, eine halbe Mio in Kirgisien sowie jeweils etwa 300000 in Turkmenien und Kasachstan. Außerhalb der Sowjetunion im Norden Afghanistans und in China. Vertreter der Pamir-Fergana-Rasse. Sprache gehört zur karlukischen Gruppe der westlichen Turksprachen (Altai-Sprachfamilie) mit zahlreichen Dialekten. Religion: Sunniten. Ab zweite Hälfte des 19. Jhds. unter russischer Herrschaft.

Wadejew-Samojeden → Nganasanen

Wadul → Jukagiren

Wajnachen → Tschetschenen

Weiße Kalmücken → Altaier

Weißrussen: 10,03 Mio (1979 9,46 Mio), Selbstbez. Belarus, leben überwiegend in Weißrußland, außerhalb der Sowjetunion auch große Gruppen in Polen sowie Exilgemeinden in Nord- und Südamerika. Slawisches Volk, Sprache gehört zusammen mit Russisch und Ukrainisch zur ostslawischen Sprachgruppe. Religion: orthodox, teilweise auch katholisch.

Wepsen: 12500 (1979 8100), Selbstbez. Bebspja, auch Vepsäläin. Im Süden der Karelischen ASSR, Südwestküste des Onegasees, in östlichen Bezirken des Gebietes von Leningrad, im Westen des Gebietes von Wologda. Gehören zur weißmeer-baltischen Rasse, ihre Sprache zerfällt in drei Dialekte und zählt zur finno-ugrischen Gruppe der Ural-Sprachen. Religion: orthodox. Ab 15. Jhd. unter Moskauer Herrschaft.

Woten: Selbstbez. Vodjdjalain, kleine ethnische Gruppe im Bezirk von Kingisep (Gebiet Leningrad), die statistisch nicht mehr erfaßt ist. Vertreter der weißmeer-baltischen Rasse mit einer Sprache der baltisch-finnischen Untergruppe der finno-ugrischen Sprachen. Gelten als das älteste Volk in dieser Gegend. Erstmals bereits im 11. Jhd. erwähnt. Im 18. Jhd. als Tschudj bezeichnet, im 15. Jhd. unter dem Livländischen Orden als Krewinken bekannt. Religion: orthodox. Kamen im 15. Jhd. unter Moskauer Herrschaft.

Wogulen → Mansen

Wotjaken → Udmurten

Wuluguni → Lakten

Zachuren: 20000 (1979 14000), leben in schwer zugänglichen Berggebieten in Dagestan, Bezirk Rotulski sowie in Nordaserbaidschan. Bezeichnung stammt von Siedlung Zachur. Gehören zur balkankaukasischen Rasse. Eigene Sprache aus der lesgischen Untergruppe der Nordkaukasus-Sprachen. Religion: Sunniten. Zachuren sind ein uraltes Volk im Ostkaukasus, haben zuerst auf dem Gebiet des gegenwärtigen Kasachstans gelebt, wanderten von dort wegen der vordrängenden Araber im 7./8. Jhd. zum Kaukasus. Ab Anfang des 19. Jhds. unter russischem Einfluß (Protektorat).

Zigeuner: 262000 (1979 209000), Selbstbez. Roma. Sind auf zwei Wegen nach Rußland gekommen: südlich über die Balkanländer im 15./16. Jhd. sowie nördl. über Deutschland und Polen im 16./17. Jhd. Nach der Oktoberrevolution 1917 wurden Beschlüsse gefaßt, um die nomadisierenden Zigeuner anzusiedeln. 1956 beschloß der Oberste Sowjet, die Z. zwangsweise zur Arbeit heranzuziehen.

15. Zeittafel zur nationalen Frage

Zusammengestellt nach:

Heller, M./Nekrich, A.: *Geschichte der Sowjetunion* I-II, Königstein/Ts. 1982
Hösch, E./Grabmüller, H.-J.: *Daten der russischen Geschichte*, München 1981
Hösch, E./Grabmüller, H.-J.: *Daten der sowjetischen Geschichte*, München 1981
Rauch, G. v.: *Geschichte der Sowjetunion*, Stuttgart 1990
Rußland-Ploetz, Freiburg/Würzburg 1985
Stöckl, G.: *Russische Geschichte*, Stuttgart 1983

Das russische Reich

15. Jahrhundert

Iwan III. (1462–1505), Großfürst von Moskau, schließt zahlreiche Teilfürstentümer zusammen (»Sammeln russischer Erde«) und betreibt den Aufbau eines nationalen Einheitsstaates.

Erstmals nennt er sich »Zar von ganz Rußland«.

Moskau zahlt keinen Tribut mehr an die Tataren, die das Land 200 Jahre lang besetzt hielten.

Nach Westen versucht Moskau seine Macht in Kämpfen mit Litauen auszudehnen.

16. Jahrhundert

Beginn der imperialen Ausdehnung: Iwan IV., »der Schreckliche« (1533–1584) erobert mit dem Khanat Kasan erstmals nicht-russische Gebiete, Tschuwaschen und Tscheremissen kommen unter russischen Einfluß (1552).

Anschließend erobert Ivan IV. das Khanat Astrachan mit der Hauptstadt der Nogaier (1556).

Sein Kampf gegen das Baltikum (Estland, Livland und Kurland) war erfolglos, der Zugang zu den Ostseehäfen Reval (Tallinn) und Riga blieb Moskau verschlossen.

Im Auftrag der Kaufmannsfamilie Stroganow und mit Billigung Moskaus überschreitet der Kosakenhetman Jermak den Ural und erobert Westsibirien. Beginn der russischen Ostkolonisation.

17. Jahrhundert

Zeit der Wirren. Moskau gerät unter den Einfluß ausländischer Interventen (Polen von Westen, Schweden von Norden). Die Kosaken kämpfen unter ihrem Hetman Chemlnizki gegen die Polen und bitten (1648) Moskau um Militärhilfe. Die russische Geschichtsschreibung sieht darin die Vereinigung der Ukraine mit Rußland.

Einzelne Kaukasusvölker, darunter die Georgier, nutzen das russische Protektorat als Schutz vor dem Osmanischen und Persischen Reich.

Sibirieneroberung wird fortgesetzt. Meist Kosakenverbände dringen bis zu den Jakuten (1632) und zwei Jahrzehnte später bis an den Pazifischen Ozean vor.

Moskau nimmt diplomatische Beziehungen mit den Kalmücken und Mongolen auf.

Erster russisch-chinesischer Vertrag (1689) legt die Ostgrenze des Russischen Reiches nördlich des Amurs fest.

17./18. Jahrhundert

Peter der Große (1682–1725) erobert im Süden Asow an der Mündung des Dons (1696) und im Norden (1710) Riga, Pernau und Reval (Tallinn). Damit gewinnt er nicht nur altes russisches Gebiet zurück, sondern weitet das Russische Reich auf das Baltikum aus. Nach einer zweiten Phase des Nordischen Krieges erhält Rußland (Frieden von Nystad 1721) »für ewige Zeiten« Ingermanland, Estland, Livland,

Teile Kareliens. In diesem Vertrag anerkennt Rußland die »Sonderstellung der baltischen Provinzen« (Stöckl).

Nach Süden erobert Peter im Krieg gegen Persien (1722/23) das West- und Südufer des Kaspischen Meeres.

Unter Katharina II., »die Große« (1762–1796) imperiale Außenpolitik gegenüber Polen und dem Osmanischen Reich.

Bei drei polnischen Teilungen (1772/1793/1795) gewinnt Rußland die weißrussischen Gebiete von Polozk, Witebsk, Mogilew sowie ganz Wolhynien, Podolien und Litauen.

In den Türkenkriegen gewinnt Rußland (Friedensschluß 1774) Gebiete zwischen Dnjepr und Bug sowie Teile des Nordkaukasus. Die Kabardiner sowie die Nord- und Südosseten kommen unter russische Herrschaft. Kolonisation von Südrußland (Nordkaukasus) beginnt, die Tataren werden von dort verdrängt.

Obwohl Rußland die Unabhängigkeit der Krim anerkennt, erobert und annektiert Moskau (1783) den Staat der Krimtataren.

Katharina wirbt (ab 1764) Deutsche als Siedler für die Wolgakolonien an.

19. Jahrhundert

Unter der wirren Außenpolitik von Paul I. (1796–1801) will Rußland Indien erobern. Das Vorstoß bleibt in Georgien stecken, das (1801) von Rußland annektiert wird.

Alexander I. (1801–1825) erzwingt von Schweden den Verzicht auf Finnland (1809), das um die Gebiete Karelien und Wyborg zu einem Großfürstentum mit autonomen Rechten erweitert wird.

Nach sechsjährigem Krieg mit dem Osmanenreich erwirbt Rußland (1812 Frieden von Bukarest) Bessarabien und transkaukasische Gebiete.

Nach dem gescheiterten Rußlandfeldzug Napoleons wird auf dem Wiener Kongreß (1814/1815) Kongreßpolen mit Rußland in Personalunion vereint.

Unter Nikolaus I. (1825–1855) erkennt Persien nach einer Niederlage gegen Rußland (1828) die Annexion Georgiens und die russische Einflußzone im Transkaukasus an.

In einem weiteren Krieg gegen Persien erwirbt Rußland die Provinzen Eriwan und Nachitschewan (1828).

Kurz darauf gewinnt Moskau (1829) nach einem Krieg mit den Osmanen fast das ganze Donaudelta sowie Teile von Armenien und erhält das Protektorat über die Donaufürstentümer (Moldau, Walachei).

Im Kaukasus erheben sich islamische Widerstandsbewegungen (Schamil 1834–1864) gegen Rußland.

Nach dem Krimkrieg, weitergeführt von Alexander II. (1855–1881) verliert Rußland im Frieden von Paris (1856) das Donaudelta und Bessarabien. Die russischen Häfen am Schwarzen Meer werden entmilitarisiert.

Gleichzeitig erfolgt der Vorstoß in Zentralasien am Syr Darja (Stützpunkt Perowsk 1853) und in Kasachstan (Fort Wernyj, heute Alma Ata 1854). Erster Generalgouverneur von Turkestan wird ernannt.

Zum Aufbau einer strategischen Verbindungslinie werden Taschkent (1865), Buchara (1868) und Chiwa (1873) erobert. Ein Teil der Gebiete wird russisches Territorium, der restliche Teil wird unter russisches Protektorat gestellt.

Nach einem Aufstand im Khanat Kokand annektiert Rußland das ganze Khanat und nennt es »russische Fergana-Region« (1876).

Vom Ostufer des Kaspischen Meeres (Gründung von Krasnowodsk 1869) wird die Eroberung bis zum Amu Darja fortgesetzt mit der Einnahme von Aschchabad (1881) und dem »freiwilligen Anschluß« der Oase Merw (1884).

Rußland dringt bis nach Herat (Afghanistan) vor und einigt sich mehrfach mit England auf die Teilung der Interessenssphären (1885/1887/1907) in Mittelasien.

Im Fernen Osten werden die Eroberungen durch den Generalgouverneur Nikolaj Murawjow fortgesetzt. Verträge mit China sichern (1858/1860) dem Russischen Reich das gesamte Gebiet nördlich des Amurs und den Landstreifen zwischen Amur und Ussuri.

Am Japanischen Meer wird Wladiwostok gegründet (1860).

Der Zar verkauft Alaska und die anschließenden Inselgruppen als wirtschaftlich unergiebige Territorien für 7,2 Millionen Dollar an die USA (1867).

Rußland erhält von Japan die Insel Sachalin, das im Austausch dafür die Kurilen (1875) bekommt.

Von China pachtet Rußland die Halbinsel Liautung (1898). China toleriert den Bau einer russischen Eisenbahnlinie, die von Tschita durch die Mandschurei nach Wladiwostok führt. Rußland nutzt den Schutz der Bahn durch eigene Polizeitruppen, um die Mandschurei militärisch zu besetzen (1900).

Nach Westen hin bestimmt der Panslawismus die russische Expansion mit dem Ziel, alle slawischen Völker zu vereinen. In imperialer Absicht sollen aber auch die anderen Völker unter russischer Oberhoheit zu einem gemeinsamen Staatsvolk vereint werden.

Nach polnischem Aufstand (1863) setzt Gouverneur von Wilna Russifizierungspolitik durch.

In der Ukraine wird der Gebrauch des »kleinrussischen Dialekts« (=Ukrainisch) verboten (1876).

Im Baltikum wird unter Alexander III. (1881–1894) ebenfalls stramme Russifizierung betrieben.

Rußland hebt die finnische Verfassung auf (1899). Pogrome gegen Juden.

Volkszählung in Rußland weist Ende des Jahrhunderts (1897) 122,66 Mio Einwohner aus, davon lediglich 44,2 Potenz Russen.

20. Jahrhundert

Unter Nikolaus II. (1896–1917, erschossen 1918) russisch-japanischer Krieg um Einflußsphären in Korea und der Mandschurei, den Japan zu seinen Gunsten entscheiden kann (1904–1905).

Rußland bewegt die Äußere Mongolei, sich von China zu trennen und macht (1912) die Mongolei de facto zu einem Protektorat. Japan billigt in einem Geheimabkommen dieses Vorgehen und erreicht Moskaus Einverständnis für die Annexion Koreas.

1917 Nach der Februarrevolution setzt die Provisorische Regierung alle Gesetze außer Kraft, mit denen die nationalen Minderheitenrechte in Rußland eingeschränkt waren.
Im Transkaukasus und in Turkmenien übernehmen Komitees mit örtlichen Abgeordneten die Funktion der zaristischen Generalgouverneure.
Der Ukraine wird im Juli 1917 Autonomie gewährt.
Auf zwei Moslemkongressen Mai/Juli werden Autonomieforderungen einzelner Völker laut.
Krimtataren kommen in Konflikt mit der Provisorischen Regierung, die moslemische Schulen verweigert.

Die Sowjetunion

1917 7. November (24. Oktober nach altem Kalender) Oktoberrevolution in Petrograd. Die Bolschewiken ergreifen die Macht. Deklaration der Rechte der Völker Rußlands (2. November).
Das Parlament in Kiew ruft die Ukrainische Volksrepublik aus (7. November) als Teil einer russischen Föderation.
Georgien (9. November) erklärt sich gegenüber Sowjetrußland für unabhängig.
Verfassungsversammlung der Tataren in Ufa gründet eigenen Staat (16. November).
Gründung eines »Südöstlichen Bundes der Kosakentruppen, der Bergbewohner des Kaukasus und der freien Steppenvölker« (23. November).

Finnland (7. Dezember) erklärt seine Unabhängigkeit, die von Rußland (31. Dezember) anerkannt wird.
Baschkiren eröffnen eigene verfassunggebende Versammlung (8. Dezember).
Ukrainisches Parlament (Rada) sucht beim Ausland Unterstützung gegen Sowjetisierung (26. Dezember).

1918 Rotarmisten beginnen Kampf gegen ukrainische Regierung (6. Januar).
Donkosaken rufen eigene Republik aus (23. Januar), die nicht überlebt.
Ukraine erklärt Unabgängigkeit (11. Januar).
Sowjetukrainische Regierung errichtet ihre Macht in Kiew (30. Januar).
Transkaukasisches Parlament stimmt für Lostrennung von Sowjetrußland (23. Februar). Litauen (16. Februar) und Estland (24. Februar) verkünden die Unabhängigkeit.
Zerstörung des Khanats Kokand durch bolschewistische Truppen. Beginn lokaler Kämpfe (Februar).
Friede von Brest-Litowsk (3. März), in dem Rußland die Ukraine und Finnland als selbständige Staaten anerkennt und auf Territorialansprüche im Baltikum und in Polen verzichtet.
Beginn des Bürgerkrieges.
Autonome Sowjetrepublik Turkestan ausgerufen (30. April).
Unter türkischem Druck entsteht (April) die Transkaukasische Föderation (Georgien, Armenien, Aserbaidschan), die sich bald wieder auflöst.
Im Frühjahr Pogrom armenischer Nationalisten und bolschewistischer Revolutionäre an der muslimischen Bevölkerung von Baku (Aserbaidschan). Im Herbst Einmarsch der Türken, die dafür an den Christen grausame Rache üben. Georgien unterstellt sich deutschem Protektorat (26. Mai) und erhält eine menschewistische Regierung.
Muslimischer Nationalrat ruft die Aserbaidschanische Republik aus (27. Mai).
Armenischer Nationalrat ruft die Armenische Republik aus (28. Mai), deren Gebiet sich auf Eriwan und Etschmiadsin beschränkt.
Vorübergehende Bildung einer Nordkaukasischen Sowjetrepublik (7. Juli).
Verfassung der RSFSR gebilligt (10. Juli).
Aufstand in Aschchabad gegen Bolschewiken (11. Juli) führt mit britischer Unterstützung zur Bildung einer Provisorischen Regierung.

Sowjetmacht in Baku wieder gestürzt (31. Juli), britische, dann türkische Besatzung.
Bildung eines Autonomen Gebietes der Wolgadeutschen (19. Oktober).
Republik Lettland wird ausgerufen (18. November).
Revolutionäre rufen gleichzeitig im Baltikum Sowjetrepubliken aus (November/Dezember).

1919 Weißrussische Sowjetrepublik gegründet (1. Januar). Bolschewiken übernehmen in Riga die Macht und errichten Sozialistische Sowjetrepublik Lettland (15. Januar).
Kriegserklärung der Nationalukraine an Sowjetrußland (16. Januar).
Aufstand gegen Bolschewiken in Taschkent (19.-21. Januar).
Rote Armee erobert Kiew (5. Februar).
Vereinigung der Litauisch-Weißrussischen Sowjetischen Sozialistischen Republik (28. Februar bis Juli 1920).
Gründung der Baschkirischen Autonomen Sowjetrepublik innerhalb der RSFSR mit Hauptstadt Sterlitamak, ab 1922 Ufa (23. März).
Riga wird von bürgerlichen Truppen zurückerobert (22. Mai).
Aserbaidschan, Estland, Georgien, Lettland, Nordkaukasus, Weißrußland und Ukraine beantragen auf der Friedenskonferenz von Paris die Anerkennung als unabhängige Staaten (30. Juni).
Sowjetrußland bietet Estland, Finnland, Lettland, Litauen, und Ukraine Friedensverhandlungen an (September).
Waffenstillstand zwischen Estland und Sowjetrußland (31. Dezember).
Bis Jahresende erobert die Rote Armee unter Frunse und Kuybischew die Protektorate Chiwa und Buchara.
Rote Armee zieht erneut in Kiew ein (16. Dezember).

1920 Lettland kann sich von bolschewistischen Truppen befreien (Januar). Rußland anerkennt die Selbständigkeit der baltischen Staaten Estland (2. Februar), Litauen (12. Juli), Lettland (11. August) sowie der Republik Georgien (7. Mai) und der Fernostrepublik (14. Mai). Nach Waffenstillstand erkennt Rußland die nationale Unabhängigkeitsregierung Armeniens an (10. August).
Die Ukraine und Turkestan werden sowjetisiert.
Nach Eroberung werden das Khanat Chiwa in die Sowjetischen Volksrepublik Choresm (26. April) und das Emirat Buchara in die Sozialistische Volksrepublik Buchara (8. Oktober) umgewandelt.
Gründung der Tatarischen ASSR (27. Mai).

Gründung eines Autonomen Gebietes Karelien (8. Juni).
Gründung des Tschuwaschischen Autonomen Gebietes (24. Juni).
Gründung der Kirgisischen (ab 1925 Kasachischen) ASSR (26. August).
Gründung der Autonomen Gebiete der Mari, Kalmücken und Udmurten (4. November).
Bolschewistischer Aufstand in Armenien stürzt die nationale Unabhängigkeitsregierung, Sowjetrepublik Armenien wird ausgerufen (November/Dezember).

1921 Gründung der Dagestanischen ASSR (20. Januar).
Bolschewistischer Aufstand und Einmarsch der Roten Armee in Georgien (11. Februar) beendet die Eigenstaatlichkeit. Gründung der Georgischen SSR (25. Februar).
Turkestan wird als Autonome Sowjetrepublik der Russischen Föderation eingegliedert (11. April).
Fernöstliche Republik erhält bürgerlich-demokratische Verfassung (27. April).
Adscharen in Batumi/Georgien erklären sich für unabhängig (28. Juni).
Gründung des Autonomen Gebietes Komi (22. August).
Gründung der ASSR Krim (18. Oktober).

1922 Gründung der Jakutischen ASSR (27. April).
Streit um die künftige Staatsform der Sowjetunion und den Autonomiestatus nicht-russischer Völker. Gegen Stalin (Autonome Republiken innerhalb einer Russischen Föderation) setzt sich Lenin (Föderation gleichberechtigter Republiken mit Sowjetrußland) durch (September/Oktober).
Gründung der Transkaukasischen Sowjetischen Föderativen Sowjetrepulik mit Armenien, Georgien, Aserbaidschan (13. Dezember).
Gründung der Union der Sozialistischen Sowjetrepubliken (UdSSR), bestehend aus der Russischen Föderation, der Ukraine, Weißrußland und der Transkaukasischen Föderation (30. Dezember).

1923 Das Karelische Autonome Gebiet (Arbeitskommune) wird zur ASSR umgebildet (25. Juli).
Die Volksrepublik Choresm wird in eine Sozialistische Sowjetrepublik umgewandelt mit einem Usbekischen, einem Turkmenischen und einem Kirgisisch-Karakalpakischen Autonomen Gebiet (20. Oktober).

1924 Lenin stirbt (21. Januar).
Gründung der ASSR der Wolgadeutschen (5. März).
Deutsche in der Ukraine erhalten in Mehrheitsgebieten das Recht auf Selbstverwaltung und deutsche Behördensprache (20. August).
Gründung der Moldawischen ASSR innerhalb der Ukraine (12. Oktober).
Nationale Neugliederung der zentralasiatischen Gebiete beschlossen (12. Juni).
Die Volksrepublik Buchara wird in eine Sozialistische Sowjetrepublik umgewandelt (17. September), dann aufgelöst und territorial den neu gegründeten Sozialistischen Sowjetrepubliken (SSR) Usbekistan und Turkmenien sowie der Tadschikischen ASSR zugeordnet (27. Oktober).
Die SSR Choresm wird aufgelöst und zwischen Usbekistan, Turkmenien sowie dem Karakalpakischen Autonomen Gebiet aufgeteilt 2. Oktober).
Gründung der Tadschikischen ASSR (14. Oktober).
Gründung des Kara-Kirgisischen Autonomen Gebietes (14. Oktober).
Gründung der Usbekischen SSR (27. Oktober).
Gründung der Turkmenischen SSR (27. Oktober).

1925 Das Tschuwaschische Autonome Gebiet wird in eine ASSR umgebildet (21. April).
Formeller Beitritt von Turkmenien und Usbekistan zur UdSSR (13. Mai).

1926 Beschluß über die Einführung der lateinischen anstelle der arabischen Schrift für die Turksprachen der Sowjetunion (6. März).
Nichangriffspakt zwischen Litauen und der UdSSR (28. September).
Erste Volkszählung der UdSSR: Gesamtbevölkerung 143 Mio (Dezember).

1929 Die UdSSR und Anrainerstaaten, darunter die drei baltischen Staaten Estland, Litauen und Lettland, ächten den Krieg als Mittel ihrer zwischenstaatlichen Beziehungen (9. Februar).
Umwandlung der Tadschikischen ASSR im Bestand von Usbekistan in eine Tadschikische SSR (5. Dezember).

1930 Politbüro beschließt Kollektivierung in den nicht-russischen Gebieten Transkaukasien, Mittelasien, Kasachstan, Burjatien-Mongolei, Jakutien (20. Februar).
Schauprozeß gegen »Bund zur Befreiung der Ukraine« (März).

Die Innenministerien (Kommissariate) der Sowjetrepubliken und Autonomen Republiken werden abgeschafft (16. Dezember).

1932 Sowjetunion schließt weitere Nichtangriffspakte mit Randstaaten, darunten (nach Litauen 1926) auch mit Finnland (21. Januar), Lettland (5. Februar) und Estland (4. Mai).

1933 Der auf nationale Selbständigkeit bedachte ukrainische Minister (Volkskommissar) für Volksbildung N.A.Skrypnik wird in den Selbstmord getrieben. Mit Säuberungen in der ukrainischen Partei und der Entsendung von russischen Parteikadern versucht Moskau die »Ukrainisierung« zu stoppen.

1934 Kiew wird Hauptstadt der Ukraine (23. Januar), Partei und Regierung siedeln aus Charkow über (24. Juni).
Nichtangriffspakte mit den baltischen Staaten Litauen, Lettland und Estland werden um zehn Jahre verlängert (4. April).
Gründung des Jüdischen Autonomen Gebietes Birobidschan (7. Mai).
Das Mordwinische Autonome Gebiet wird in die Mordwinische ASSR umgewandelt (20. Dezember).

1935 Das Kalmückische Autonome Gebiet wird in eine Kalmückische ASSR umgewandelt (20. Oktober).

1936 Umfangreiche Neuordnung der nationalen Gliederung der Sowjetunion:
Der Oberste Sowjet in Moskau erhält zwei Kammern, einen Unionssowjet und einen Nationalitätensowjet.
Die Transkaukasische Föderative Sowjetrepublik wird aufgelöst: Armenien, Georgien und Aserbaidschan werden in eigene Unionsrepubliken (SSR) umgewandelt.
Die bisherigen Autonomen Sowjetrepubliken (ASSR) Kasachstan und Kirgisien werden in Unionsrepubliken umgewandelt.
Die Zahl der Unionsrepubliken erhöht sich dadurch von sieben auf elf.
Die Autonomen Gebiete der Kabardiner-Balkaren, der Tschetsche-

nen-Inguschen, der Nord-Osseten, Mari und Komi werden in ASSR umgewandelt (November/Dezember).

1937 Die stalinistischen Säuberungen werden auf Parteifunktionäre nationaler Minderheiten ausgedehnt.

1938 Antisowjetische Demonstrationen in der Ukraine und in Weißrußland (Juni).
Antisowjetische Ausschreitungen islamischer Gruppierungen in Tadschikistan, die von der Roten Armee niedergeschlagen werden.

1939 Zweite Volkszählung in der Sowjetunion, die nun über 190,68 Mio Einwohner verfügt.
Die Sowjetunion, Frankreich und Großbritannien einigen sich auf ein Beistandsabkommen, das zahlreiche Anrainerstaaten mit einbezieht. Der Sowjetunion wird im Kriegsfall die Besetzung der baltischen Staaten eingeräumt. Das Abkommen scheitert an Polen, das der Sowjetunion den notwendigen Durchmarsch verweigert (Juli/August).
Deutsch-sowjetischer Nichtangriffspakt mit einem Geheimabkommen über die Abgrenzung der Interessenssphären. Der Sowjetunion werden zugestanden: Finnland, Estland, Lettland, Ostpolen und Bessarabien (23. August).
Deutscher Überfall auf Westpolen (1. September).
Sowjetischer Überfall auf Ostpolen (17. September). Mehr als eine Mio Polen werden nach Sibirien und in den Ural deportiert.
Weiterer deutsch-sowjetischer Vertrag, der die Grenzlinie an den Bug (statt Weichsel) verlegt und der Sowjetunion Litauen zugesteht (28. September).
Die Sowjetunion erzwingt durch Beistandspakte mit Estland (28. September), Lettland (5. Oktober) und Litauen (10. Oktober) die Zulassung militärischer Stützpunkte im Baltikum.
Finnland verweigert einen solchen Beistandspakt.
Die Westukraine (besetzt am 22. Oktober) wird der Ukraine angegliedert (1./12. November).
Ostpolen wird Weißrußland angegliedert (2./14. November).
Sowjetischer Überfall auf Finnland (30. November) führt nur zu geringen Landgewinnen (Wyborg, Teile Kareliens, einige Inseln im Finnischen Meerbusen).

1940 Die Karelische ASSR wird in eine Karelo-Finnische SSR umgewandelt (31. März).
Sowjetunion erzwingt die Umwandlung der baltischen Staaten in So-

wjetrepubliken und deren Eingliederung in die UdSSR (Juni/August), 200000 Balten werden deportiert.
Die Rote Armee besetzt Bessarabien un die Nordbukowina, nachdem Rumänien diese Gebiete nicht »freiwillig« abgetreten hat (26. Juni). Die besetzen Gebiete werden als Moldawische SSR der UdSSR eingegliedert (2. August). Rote Armee besetzt Inseln im Donaudelta, weil sie angeblich zu Bessarabien gehören (26. Oktober). Aus den besetzten Gebieten, vor allem aus Bessarabien, werden etwas 200000 Menschen deportiert.

1941 Deutscher Überfall auf die Sowjetunion (22. Juni) mit einem erklärten Vernichtungsfeldzug gegen die slawischen Völker.
Bildung einer ukrainischen Regierung unter Leitung des Nationalisten Stecko (30. Juni), der später verhaftet und nach Berlin gebracht wird.
Beschluß über die Deportation der Wolgadeutschen nach Sibirien (28. August), deren Autonome Sowjetrepublik aufgelöst wird (25. September).

1942 Deutscher »Generalpan Ost« (Himmler) sieht die Deportation der Polen, Tschechen, Ukrainer und Weißrussen nach Sibirien vor (12. Juni).

1943 Beginn stalinistischer Vernichtungspolitik gegenüber nicht-russischen Völkern.
Deportation der Karatschajer, Auflösung ihres Autonomen Gebietes (November).
Deportation der Kalmücken, Auflösung ihrer Autonomen Republik (27.–30. Dezember).

1944 Jede Sowjetrepublik erhält ein eigenes Verteidigungs- und Außenministerium (Volkskommissariat) (1. Februar).
Deportation der Tschetschenen und Inguschen, Auflösung ihrer Autonomen Republik (23. Februar).
Einschränkung der Autonomen Republik der Kabardiner und Balkaren auf die Kabardiner. Deportation der Balkaren (8. März).
Deportation der Krimtataren und Auflösung ihrer Autonomen Republik (17/18. Mai).

1945 Die Sowjetunion erobert die Kurilen (1. September).
UdSSR, Ukraine und Weißrußland werden als drei stimmberechtigte Mitgliedstaaten in die Vereinten Nationen aufgenommen (24. Oktober).

Gleichschaltung des wirtschaftlichen und politischen Lebens in den rückeroberten und okkupierten Gebieten des Baltikums, der Westukraine, West-Weißrußlands und Moldawiens. Neuerliche Deportationswelle von »politisch unzuverlässigen« und »klassenfeindlichen« Personen.

1946 Die Karpato-Ukraine, von der Tschechoslowakei an die UdSSR abgetreten, wird der Ukrainischen SSR angeschlossen (22. Januar).
Die Mehrheit der westukrainischen Bevölkerung boykottiert die Wahlen zum Obersten Sowjet (Februar).
Die mit Rom unierte Kirche der Westukraine wird mit der russisch-orthodoxen Kirche zwangsvereint (8. März), lebt jedoch im Untergrund bis zur ihrer Wiederzulassung 1990 weiter.

1947 Historikerdebatte um den islamischen Widerstandskämpfer Schamil im Kaukasus gegen die zaristische Kolonialpolitik des 19. Jhds. Schamil wurde als »reaktionär« und als Agent des britischen Geheimdienstes eingestuft. In der Folgezeit wurden zahlreiche Vertreter der nationalen Intelligenz in Kasachstan, Aserbaidschan, Kirgisien, Jakutien und Dagestan aus der Partei ausgeschlossen und degradiert.

1948 Der Vorsitzende des Jüdischen Antifaschistischen Komitees Michoels wird von der Geheimpolizei ermordet (13. Januar).

1949 Antijüdische Kampagne unter dem Schlagwort »Kampf gegen die Kosmopoliten« (ab Januar).

ab 1950 Mehrere Gefangenenrevolten in stalinistischen Lagern (bis 1952).

1953 Stalin stirbt (5. März).
Nikita Chruschtschow wird Parteichef (13. September).
Proteste in allen ZK-Plenarsitzungen der regionalen Parteiorganisationen gegen die Russifizierungspolitik».

1954 Die Krim wird aus der Russischen Föderation ausgegliedert und der Ukrainischen SSR angeschlossen (19. Februar).
Aufhebung von einzelnen Beschränkungen für deportierte Völker (Juli).
Von den deportierten Völkern versuchen Tschetschenen und Inguschen auf eigene Faust in ihre Heimat zurückzukehren.

1956 XX. Parteitag, Chruschtschow leitet die Entstalinisierung ein und kritisiert die Deportation zahlreicher, aber nicht aller betroffenen Völker.

1957 Autonomie der Tschetschenen, Inguschen, Kalmücken, Karatschajer und Balkaren wird wieder hergestellt (Gesetz vom 11. Februar), deren Rücksiedlung von zum Teil blutigen Zusammenstößen begleitet wird.
Verhandlungen zwischen der Bundesrepublik Deutschland und der Sowjetunion über die Aussiedlung von Rußlanddeutschen (Juli).

1958 Das Autonome Gebiet der Kalmücken wird in eine Autonome Sowjetrepublik umgewandelt (29. Juli).
Truppeneinsatz bei nationalen Zusammenstößen zwischen Inguschen und Russen in Grozny (24.–27. August). Weitere Konflikte folgten im Nord-Ossetischen Autonomen Gebiet.

1960 Die Innenministerien der 15 Unionsrepubliken übernehmen die Aufgaben des zentralen Moskauer Innenministeriums, das aufgelöst wird (14. Januar).

1961 Prozeß gegen die Mitglieder des national orientierten »Ukrainischen Arbeiter- und Bauernbund« in Lwow/Lemberg (Mai).

1962 Prozeß in Lettland gegen die Mitglieder einer »Baltischen Föderation«, die für die Unabhängigkeit von der Sowjetunion eintraten.

1963 Erzbischof Slipy, Oberhaupt der 1946 verbotenen ukrainisch-unierten Kirche, darf nach 18jähriger Haft in Sibirien nach Rom ausreisen (16. Februar).

1964 Eine Brandstiftung in der Bibliothek der Ukrainischen Akademie der Wissenschaften in Kiew vernichtet die Archive der früheren nationalukrainischen Regierung (Rada). Der Brand wird später dem KGB zur Last gelegt (24. Mai).
Rehabilitierung der Wolgadeutschen ohne Rückkehrrecht in alte Siedlungsgebiete (Erlaß vom 29. August, der nicht in der zentralen Presse veröffentlicht wird).
Chruschtschow wird abgesetzt. Leonid Breschnjew neuer Parteichef (14. Oktober).

1966 Petition der Krimtataren an den XXIII. Parteitag (120000 Unterschriften) zur Rückkehr und Wiederherstellung ihrer Autonomie auf der Krim (März/April).

1967 Rehablitierung der Kurden, Turkmenen und islamischen Armenier (Chemschinen), die der Kollaboration im Zweiten Weltkrieg beschuldigt waren (Juni).
Rehabilitierung der Krimtataren, die aber nicht auf die Krim zurückkehren dürfen (11. September).

1968 Prozeß gegen die national orientierte Allrussische Sozialchristliche Union zur Befreiung des Volkes in Leningrad (März/April).
In Armenien eine illegale Nationale Vereinigte Partei gegründet mit dem Ziel, einen unabhängigen Staat zu schaffen.
Massendemonstration bei der Beerdigung des verfemten Schriftstellers Alexej Kosterin (1896–1968), der sich besonders für die deportierten Völker engagiert hatte (14. November).

1969 Dissidenten- und Bürgerrechtbewegung für nationale Freiheiten weiten sich bis zur Verbannung von Andrej Sacharow (22. Januar 1980) aus.

1970 Volkszählung in der UdSSR. Ergebnis: 241,72 Mio Einwohner.

1972 Selbstverbrennung des litauischen Arbeiters Roman Talanta aus Protest gegen nationale Unterdrückung (14. Mai).
Massendemonstrationen bei seiner Beerdigung werden durch Truppeneinsatz beendet.

1975 USA bekräftigen, daß sie staatsrechtlich nicht die Zugehörigkeit der baltischen Republiken anerkennen, respektieren aber den Status quo (18. Mai).

1977 Für den Bombenanschlag auf die Moskauer Metro mit 30 Toten (8. Januar) werden später armenische Nationalisten verantwortlich gemacht. Dissidenten lasten die Tat dem KGB an.
Die neue Verfassung der Sowjetunion bezeichnet die UdSSR als »einheitlichen multinationalen Bundesstaat« (7. Oktober verabschiedet).

1978 Unruhen in Armenien und Georgien wegen Verfassungsentwürfen für die Republiken, in denen der Hinweis auf die jeweils georgische bzw. armenische Staatssprache gestrichen ist. Der Entwurf wird daraufhin revidiert (April).

1979 Volkszählung in der UdSSR. Ergebnis: 262,44 Mio Einwohner.
Hinrichtung von drei armenischen Nationalisten als angeblich Schuldige beim Sprengstoffanschlag auf die Moskauer Metro (1977), obwohl viele Zeugen deren Alibis bestätigten (30. Januar).

1982 Breschnjew stirbt (10. November). Nachfolger wird KGB-Chef Juri Andropow, der eine Erneuerung der UdSSR anstrebt.

1984 Andropow stirbt (9. Februar). Nachfolger wird Konstantin Tschernenko, der die Debatte um eine Erneuerung blockiert.

1985 Tschernenko stirbt (10. März), Nachfolger als Parteichef wird Michail Gorbatschow. Unter ihm beginnt mit Perestrojka und Glasnost auch das Wiedererwachen nationaler Unabhängigkeitsbewegungen, die teilweise in Bürgerkriege münden.

1986 Nationale Proteste in Jakutien.
Kasachischer Parteichef Kunajew wird durch den Russen Kolbin ersetzt. Nationale Unruhen in Kasachstan (Dezember).
Sacharow kehrt aus der Verbannung zurück (23. Dezember).

1987 Abgelöster kasachischer Parteichef Kunajew muß das das Politbüro verlassen (28. Januar).
Gorbatschow veröffentlicht seinen Weltbestseller *Perestroika*, in dem er auf drohenden Nationalismus in der Sowjetunion hinweist (Sommer).
Erste ungehinderte Demonstrationen der Krimtataren am Roten Platz (Juli/August).

1988 Parteichef in Usbekistan wird wegen Korruption abgesetzt (12. Januar).
In Estland, Litauen, Lettland und in Armenien beginnen (ab Februar) nationale Massendemonstrationen, die zur Bildung von Unabhängigkeitsbewegungen führen (ab Februar).
Pogrom gegen Armenier in Sumgait/Aserbaidschan wegen Streit um Berg-Karabach (28. Februar).

Sowjetische Truppen kontrollieren das Autonome Gebiet Berg-Karabach (ab 22. Juni).
19. Parteikonferenz leitet die Reform des politischen Systems ein, das sich laut Gorbatschow »als unfähig erwiesen hat«. Ziel ist eine Präsidialdemokratie mit einem frei gewählten Parlament (26. Juni bis 1. Juli).
Das Parlament von Estland (Oberster Sowjet) verabschiedet eine Souveränitätserklärung (16. November).
Nationale Demonstrationen greifen auf Georgien über (ab 12. November).

1989 Volkszählung in der UdSSR. Ergebnis: 285,76 Mio Einwohner.
Berg-Karabach wird nach weiteren Zusammenstößen mit 28 Toten einer Sonderverwaltung unterstellt.
Die Wochenzeitschrift »Argumente und Fakten« veröffentlicht erstmals Zahlen über die Stalin-Opfer von Deportation und Lagerhaft: 15 Mio Tote, neun bis elf Mio Deportierte (5. Februar).
In Weißrußland wird die Bewegung *Adradschenje* (Wiedergeburt) gegründet (21. Februar).
Nach nationalen Demonstrationen in Tadschikistan als Amtssprache Tadschikisch (statt Russisch) eingeführt 25. Februar).
Nationale Demonstrationen in Moldawien (ab 12. März).
Gründung einer »Gesellschaft für die sowjetdeutsche Wiedergeburt« (31. März).
Bei Truppeneinsatz gegen georgische Nationalisten in Tiflis werden 19 Menschen getötet (9. April).
Das Parlament Litauens (Oberster Sowjet) verabschiedet eine Souveränitätserklärung (18. Mai).
Blutige Unruhen zwischen Usbeken und Mezcheten in Usbekistan. Über hundert Tote, 1000 Verletzte. 15000 Mezcheten müssen evakuiert werden (Juni).
Nationale Unruhen in Kasachstan (ab 17. Juni), fünf Tote.
Nationale Unruhen zwischen Georgiern und Abchasen, 20 Tote (15. Juli).
Zwei Millionen Balten bilden eine 600 km lange Menschenkette. Sie fordern, den Hitler-Stalin-Pakt für nichtig zu erklären (23. August).
Nationale Demonstrationen und Streiks in Aserbaidschan (ab 12. August).
In Moldawien demonstrieren 300000 Menschen (27. August) und setzen Moldawisch als Amtssprache durch (31. August). Als Reaktion streiken die russischen Bewohner in Moldawien.

In Kiew wird die ukrainische Nationalbewegung *Ruch* gegründet (10. September).
Mit einem Generalstreik erzwingt die nationale Volksfrontbewegung in Aserbaidschan ein »Gesetz über die Souveränität der Aserbaidschanischen SSR« und die Zuständigkeit Aserbaidschans für Berg-Karabach (25. September). Aserbaidschan blockiert die Transportwege nach Armenien (bis 13. Oktober), die erst von Sowjettruppen wieder passierbar gemacht werden.
Kasachstan führt als Amtssprache Kasachisch ein (22. September).
Kirgisien führt Kirgisisch als Amtssprache ein (23. September). Russisch bleibt jeweils Verkehrssprache.
Die Ukraine führt Ukrainisch als Amtssprache ein (28. Oktober).
Oberster Sowjet in Moskau verkündet die »volle Rehabilitierung« der Sowjetdeutschen und anderer deportierter Völker (14. November).
Die georgischen und moldawischen Parlamente beschließen Einspruchsrecht gegen Entscheidungen der Moskauer Zentralregierung (20. und 23. November).
Sacharow stirbt (15. Dezember).
Litauische Kommunisten trennen sich von der KPdSU (20. Dezember).
Der Volkskongreß verurteilt den Hitler-Stalin (Molotow-Ribbentrop)-Pakt und die Invasion der Sowjetunion in Afghanistan (26. Dezember).

1990 Aserbaidschaner stürmen die Grenze zum Iran im Gebiet der Autonomen Sowjetrepublik Nachitschewan, die ihren Austritt aus der Sowjetunion verkündet (1. Januar).
Pogrom gegen Armenier in Baku, 22 Tote (13. Januar), 30000 Armenier und Russen werden aus Aserbaidschan evakuiert. Sowjettruppen gehen gegen aserbaidschanische Nationalisten vor, 142 Tote.
Das armenische Parlament erklärt die Zugehörigkeit von Berg-Karabach zu Aserbaidschan für ungültig (17. Februar).
Nationale Unruhen in Duschanbe/Tadschikistan wegen angeblicher Aufnahme armenischer Flüchtlinge, 22 Tote. Armenier werden evakuiert. Truppen greifen ein (ab 11. Februar).
Litauen erklärt seine Unabhängigkeit und wählt einen nicht-kommunistischen Präsidenten, Vytautas Landsbergis (11. März)
Der Volkskongreß streicht das Machtmonopol der Kommunistischen Partei aus der Verfassung (13. März), neue Parteien bilden sich.
Gorbatschow wird in das neu geschaffenen, mächtige Amt des Präsidenten gewählt (15. März).

Estland beschließt Unabhängigkeit, jedoch mit Übergangsperiode zu Verhandlungen mit Moskau (30. März).
Oberster Sowjet in Moskau verabschiedet Ausführungsgesetz zum Austritt aus der Sowjetunion (3. April).
Nach erfolglosem Ultimatum zur Rücknahme der Unabhängigkeitserklärung verhängt Gorbatschow Sanktionen gegen Litauen; Ölversorgung wird eingestellt, Erdgaslieferung um 80 Prozent gedrosselt (ab 17. April).
Lettland beschließt seine Unabhängigkeit nach einer nicht näher bezeichneten Übergangszeit (4. Mai).
Gorbatschow annulliert die Unabhängigkeitserklärungen von Estland und Lettland (14. Mai)
Parteirebell Boris Jelzin zum Präsidenten der RSFSR gewählt (25. Mai), der später (12. Juli) aus der KPdSU austritt.
Zusammenstöße zwischen armenischen Nationalisten und dem Militär in Eriwan, 24 Tote.
Zusammenstöße zwischen Kirgisen und Usbeken in Osch (Kirgisien), 139 Tote (ab 4. Juni).
Die Russische Föderation verkündet ihre Souveränität und deklariert ihre Recht auf Austritt aus der Sowjetunion (12. Juni).
Gorbatschow plädiert für die Umwandlung der Sowjetunion in eine »Union souveräner Staaten« (14. Juni) und lockert Sanktionen gegen Litauen.
Der Oberste Sowjet Usbekistans beschließt die Souveränität der usbekischen Sowjetrepublik (19. Juni).
Moldawien (Moldowa) verkündet seine Souveränität (24. Juni).
Das Ukrainische Parlament billigt Souveränitätserklärung mit dem Ziel der Neutralität, einer eigenen Währung und einer eigenen Staatsbürgerschaft (16. Juli).
Weißrußland verkündet seine Souveränität (27. Juli).
Armenien wählt mit Lewon Ter-Petrosjan als zweite Republik einen nicht-kommunistischen Präsidenten (4. August).
Mit Karelien erklärt sich erstmals eine Autonome Sowjetrepublik innerhalb der Russischen Föderation für souverän (10. August).
Die Gagausen (20. August) in Moldowa erklären sich für souverän und rufen eine eigene Republik aus.
Armenien (23. August), Turkmenien (23. August) und Tadschikistan (25. August), Kasachstan (25. Oktober) erklären sich ebenfalls für souverän.
Die Russen in Moldowa rufen eine eigene Dnjestr-Republik aus (3. September).
In mehr als 20 Mio Exemplaren wird in der Sowjetunion das Manifest

von Alexander Solschenizyn veröffentlicht, in dem er die Auflösung der UdSSR verlangt und den Zusammenschluß lediglich der slawischen Völker propagiert (18. September).
Nach den Sowjetrepubliken und Autonomen Sowjetrepubliken erklären sich Autonome Gebiete wie das AG der Tschuktschen (28. September) und Autonome Kreise wie der AK der Korjaken (10. Oktober) für souverän und beanspruchen den Rang einer Sowjetrepublik.
Ziel dieser Souveränitätserklärungen ist es, Republikrecht über Unionsrecht zu stellen und Anspruch auf die eigenen Bodenschätze zu erheben. Die Bildung eigener Armeen und Währungen ist angestrebt.
Die Moskauer Zentrale beginnt mit den einzelnen Republiken und autonomen Einheiten Verhandlungen über einen Unionsvertrag.
Litauen erklärt die Tätigkeit der KPdSU in Litauen für illegal (4. Oktober).
Polen in Litauen erklären Autonomie (8. Oktober).
Massendemonstrationen in der Ukraine erzwingen Rücktritt des Regierungschefs (18. Oktober).
Nationale Unruhen in Moldowa vor den Wahlen der Gagausen zu einem eigenen Parlament (28. Oktober) mit blutigen Zusammenstößen zwischen moldawischer Bürgerwehr und sowjetischen Truppen.
In Kirgisien wird der KP-Chef durch Proteste und Hungerstreiks zum Verzicht auf die Präsidentschaftskandidatur gezwungen (26. Oktober).
Die baltischen Republiken schaffen die Staatsfeiertage anläßlich der Oktobbervolution (7./8. November) ab.
Erste freie Wahlen in Georgien bringen den Sieg eines oppositionellen Bündnisses nationaler Kräfte, die auf einen unabhängigen Staat hinbeiten und sich nicht mit einer einfachen Souveränitätserklärung zufriedengeben wollen (28. Oktober).
Entwurf eines Vertrages über die »Union Souveräner Sowjetrepubliken« veröffentlicht. Er verzichtet auf die Bezeichnung »sozialistisch« und gesteht jeder Republik »die gesamte Fülle der Staatsgewalt auf ihrem Territorium« zu. (25. November).
Die baltischen Republiken Litauen, Lettland und Estland sowie Georgien schließen eine Teilnahme an dem neuen Unionsvertrag aus.
Estland begrenzt die Einwandererquote für 1991 auf 2990 Personen, um einer weiteren Russifizierung vorzubeugen (11. Dezember).
Als letzte der 15 Sowjetrepubliken legt das Parlament von Kirgisien seine Souveränitätserklärung zur Beratung vor (12. Dezember).

Auf seiner Dezembersitzung beschließt der Volkskongreß für 1991 ein Referendum über den Erhalt einer erneuerten »Union der föderativen, gleichberechtigten, souveränen Sowjetrepubliken«.
Der Volkskongreß stimmt Verfassungsänderungen zu. Dem Präsidenten werden ein Vizepräsident, ein Ministerkabinett anstelle der bisherigen Regierung, ein Föderationsrat und ein Sicherheitsrat unterstellt. (24./25. Dezember).

1991 Moskau stellt den baltischen Republiken ein Ultimatum, Rekruten in die sowjetische Armee zu entsenden. Fallschirmjägertruppen werden in das Baltikum entsandt, um Fahnenflüchtige aufzugreifen (8. Januar).
Die sowjetische Armee besetzt in einer blutigen Aktion zentrale Gebäude sowie Funk und Fernsehen in der litauischen Hauptstadt Vilnius. 19 Tote, mehr als hundert Verletzte. Ein »Komitee zur nationalen Rettung« beansprucht die Machtübernahme.
Die Armee besetzt in einer blutigen Aktion zentrale Gebäude sowie Funk und Fernsehen in der litauischen Hauptstadt Vilnius. 13 Tote, über hundert Verletzte (13. Januar).
Sondertruppen stürmen das Innenministerium in der lettischen Hauptstadt Riga. Vier Tote, 11 Verletzte (20. Januar).
Nicht näher identifizierte »Kommitees zur nationalen Rettung« erklären die demokratisch gewählten Regierungen in Litauen und Lettland für abgesetzt und beanspruchen die Machtübernahme.
Die Europäische Gemeinschaft beschließt, trotz starker Bedenken gegen die Nationalitätenpolitik, die wirtschaftliche Hilfe für die Sowjetunion fortzusetzen (28. Januar).

Karten

Die Karten zeigen die Entstehung der Unionsrepubliken (S.196), die Sowjetunion im Überblick (S.197), den westlichen Teil der Sowjetunion (S.198)

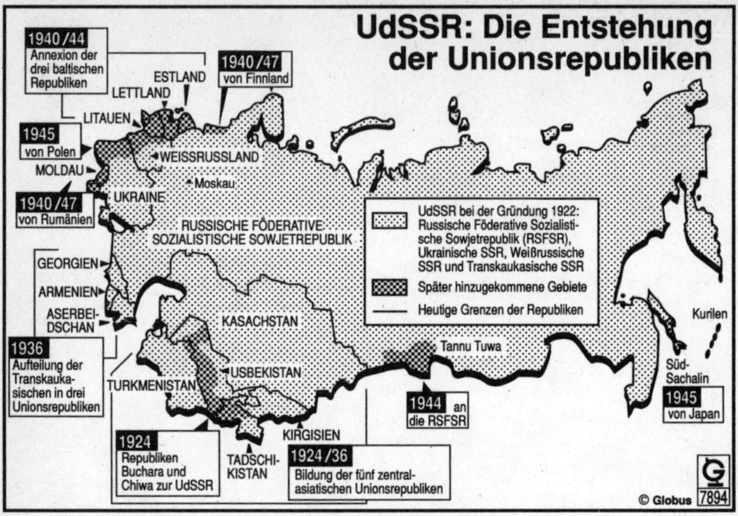
UdSSR: Die Entstehung der Unionsrepubliken
1940/44
Annexion der drei baltischen Republiken
ESTLAND
LETTLAND
LITAUEN
1940/47
von Finnland
1945
von Polen
MOLDAU
WEISSRUSSLAND
Moskau
1940/47
von Rumänien
UKRAINE
RUSSISCHE FÖDERATIVE SOZIALISTISCHE SOWJETREPUBLIK
UdSSR bei der Gründung 1922: Russische Föderative Sozialistische Sowjetrepublik (RSFSR), Ukrainische SSR, Weißrussische SSR und Transkaukasische SSR
Später hinzugekommene Gebiete
Heutige Grenzen der Republiken
GEORGIEN
ARMENIEN
ASERBEI-DSCHAN
KASACHSTAN
Kurilen
Tannu Tuwa
1936
Aufteilung der Transkaukasischen in drei Unionsrepubliken
TURKMENISTAN
USBEKISTAN
Süd-Sachalin
1945
von Japan
1944 an die RSFSR
1924
Republiken Buchara und Chiwa zur UdSSR
TADSCHI-KISTAN
KIRGISIEN
1924/36
Bildung der fünf zentral-asiatischen Unionsrepubliken
© Globus
7894

NORWEGEN
SCHWEDEN
FINNLAND
NORDSEE
OSTSEE
POLEN
Warschau
BARENTS-SEE
NÖRDLICHES EISMEER
KARA-SEE
LAPTEW-SEE
Taimyr
NK der Tajmir-Dolganen und Nenzen
Dudinka
Norilsk
Jakutische ASSR
Lena
Kolima
Anadyr
NK der Tschuktschen
NK der Korjaken
Kamtschatka
Palana
Magadan
OCHOTSKISCHES MEER
Sachalin
Kurilen
Komsomolsk
Chabarowsk
Jüdisches AG
Birobidschan
Wladiwostok
JAPANISCHES MEER
JAPAN
CHINA
MONGOLEI
Jakutsk
Aldan
BAM
Amur
Tschita
Aginskoje
Ulan-Ude
Burjatische ASSR
Baikal-See
Irkutsk
Ust-Ordynsk
Ust-Kut
Bratsk
Transsib.
Krasnojarsk
Abakan
Chakass. AG
Tuwin. ASSR
Kysyl
AG Gorno-Altai
Gorno-Altaisk
Barnaul
Nowosibirsk
Omsk
Semipalatinsk
Karaganda
Temirtau
Zelinograd
Kasachische SSR
Balchasch-See
Alma Ata
Issyk-Kul
Frunse
Kirgisische SSR
Osch
Fergana
Dschambul
Taschkent
Syrdaja
Samarkand
Duschanbe
Tadschik. SSR
Kurgan-Tjube
Tschord-schou
Buchara
Amudarja
Usbekische SSR
Nukus
Aral-See
Karakalpak. ASSR
Turkmenische SSR
Krasnowodsk
Aschchabad
Mary
Karakum-Kanal
IRAN
TÜRKEI
NK der Tura Ewenken
Tura
Jenissej
R S F S R
NK der Jamal-Nenzen
Salechard
NK der Chanten und Mansen
Chanty-Mansijsk
Ob
Irtysch
Tobolsk
Swerdlowsk
Ural
Ural-Gebirge
Perm
Kudymkar
Syktywkar
ASSR der Komi
NK der Nenzen
Narjan-Mar
Archangelsk
Dwina
Murmansk
Karelische ASSR
Petrosawodsk
Leningrad
Helsinki
Tallinn
Estn. SSR
Lett. SSR
Riga
Litau. SSR
Vilnius
Pskow
Weißruss. SSR
Minsk
Smolensk
MOSKAU
Jaroslawl
Mordwin. ASSR
Saransk
Kasan
Udmurt. ASSR
Ishewsk
Ufa
Baschkir. ASSR
Samara
Wolga
Kursk
Dnjepr
Kiew
Lwow
Ukrainische SSR
Mold. SSR
Kischinjow
Odessa
Krim
SCHWARZES MEER
Rostow
Don
Wolgograd
Kalmük. ASSR
Elista
Astrachan
KASP. MEER
Stawropol
Dagestan ASSR
Machatschkala
Baku
Aserb. SSR
Georg. SSR
Tiflis
Armen. SSR
Eriwan
Nachitschewan
1 Abchasische ASSR
2 Adsharische ASSR
3 Süd-Ossetisches AG
4 ASSR Nachitschewan
5 AG Berg-Karabach
6 ASSR der Kabardiner und Balkaren
7 Nord-Ossetische ASSR
8 ASSR der Tschetschenen und Inguschen
9 Adygeisches AG
10 AG der Karatschaier und Tscherkessen
11 ASSR der Mari
12 Tschuwaschische ASSR
13 Tatarische ASSR
14 NK der Komi-Permjaken
15 AG Gorno-Badachschan
16 NK der Ust-Ordynsker Burjaten
17 NK der Aginsker Burjaten

KARA-SEE
Taimyr
BARENTS-SEE
NORWEGEN
SCHWEDEN
FINNLAND
Murmansk
Kola
NK der Nenzen
Narjan-Mar
Petschora
Archangelsk'
Karelische ASSR
Petrosawodsk
ASSR der Komi
Dwina
Syktywkar
Helsinki
Ladoga-See
Tallinn (Reval)
Leningrad
OSTSEE
Estnische SSR
Tartu
Nowgorod
Ilmen-See
Pskow
NK der Komi-Permjaken
Kudymkar
Perm
Riga
Lettische SSR
Klaipeda (Memel)
Litauische SSR
Kaliningrad (Königsberg)
Vilnius (Wilna)
Twer (Kalinin)
Jaroslawl
Wolga
R S F S R
Udmurtische ASSR
Ishewsk
Kama
Nischnij Nowgorod (Gorki)
Joschkar-Ola
ASSR der Mari
Kasan
Tscheboksary
Nabereschnye Tschelny (Breschnjew)
Ufa
Sagorsk
MOSKAU
Wladimir
Smolensk
Minsk
POLEN
Weißrussische SSR
Warschau
Brest
Lublin
Rjasan
Tula
Tschuwaschische ASSR
Tatarische ASSR
Baschkirische ASSR
Mordwinische ASSR
Saransk
Samara (Kuibyschew)
Orel
Orenburg
Kursk
Tschernobyl
Kiew
Lwow (Lemberg)
Ukrainische SSR
Charkow
Don
Ural
Dnjepr
Donez
Wolgograd (Stalingrad)
Kasachische S
Moldauische SSR
Kischinjow
Tiraspol
Odessa
Cherson
Rostow
RUMÄNIEN
Kalmükische ASSR
Astrachan
Elista
Krim
Simferopol
Jalta
Kertsch
Stawropol
Maikop
Tscherkessk
BULGARIEN
SCHWARZES MEER
Naltschik
Grosny
Suchumi
Ordshonikidse
Zchinwali
Machatschkala
Dagestan
Derbent
Georgische SSR
Batumi
Tiflis
Kura
Leninakan
Armenische SSR
Etschmiadsin
Eriwan
Kirowabad
Aserbeidschanische SSR
Sumgait
Baku
Stepanakert
Nachitschewan
Aragwi
TÜRKEI
KASPISCHES MEER
Mangyschlak
Krasnowods
IRAN
1 Abchasische ASSR
2 Adsharische ASSR
3 Süd-Ossetisches AG
4 ASSR Nachitschewan
5 AG Berg-Karabach
6 ASSR der Kabardiner und Balkaren
7 Nord-Ossetische ASSR
8 ASSR der Tschetschenen und Inguschen
9 Adygeisches AG
10 AG der Karatschaier und Tscherkessen

Literaturhinweise

ADAM, W.: »Dem Kreml werden Macht und Mitsprache streitig gemacht«. In: *Frankfurter Allgemeine Zeitung* Nr. 200, 29.8. 90

ADAM, W.; »Gorbatschow offeriert den Republiken ein neues Machtorgan«. In: *Frankfurter Allgemeine Zeitung* Nr. 284, 6.12. 1990

BECKHERRN, E.: *Pulverfaß Sowjetunion. Der Nationalitätenkonflikt und seine Ursachen*. Knaur, München 1990

CARRERE D'ENCASSE, H.: *Risse im Roten Imperium. Das Nationalitätenproblem in der Sowjetunion*. Moewig, Wien u. a. 1980

FLEISCHHAUER, I.: *Das Dritte Reich und die Deutschen in der Sowjetunion*. DVA, Stuttgart 1983

GORBATSCHOW, M.: *Glasnost. Das neue Denken*. Ullstein, Berlin 1989 (zur nationalen Frage bes. S. 75–85)

GORBATSCHOW, M.: *Perestroika. Die zweite russische Revolution*. Droemer Knaur, München 1987

GROTZKY, J.: *Herausforderung Sowjetunion*. Eine Weltmacht sucht ihren Weg. Piper, München–Zürich 1991

HALBACH, U.: »Nationalitätenfrage und Föderation. Die ›Explosion des Ethnischen‹ in der Sowjetunion«. In: *Osteuropa* 11, 1990

HELLER, M./NEKRICH, A.: *Geschichte der Sowjetunion Bd. I-II*. Athenäum, Königstein/Ts. 1982

HÖSCH, E./GRABMÜLLER, H.-J.: *Daten der russischen Geschichte*. dtv, München 1981

HÖSCH, E./GRABMÜLLER, H.-J.: *Daten der sowjetischen Geschichte*. dtv, München 1981

MARK, R. A.: *Die Völker der Sowjetunion*. Ein Lexikon (Mit Beiträgen v. E. Benz u. U. Haustein). Westdeutscher Verlag, Opladen 1989

MEDWEDJEW, R. u. a.: *Entstalinisierung*. Der XX. Parteitag und seine Folgen (mit dem Abdruck von Chruschtschows »Geheimrede« vom 25. Februar 1956). Suhrkamp, Frankfurt/M. 1977

MEDWEDJEW, R.: »Über die Zahl der Stalinismus-Opfer«. In: *Osteuropa* 11–12, 1989

MEISSNER, B. (Hrsg.): *Die baltischen Nationen Estland, Lettland, Litauen*. Markus, Köln 1990

MEISSNER, B.: *Die Sowjetunion im Umbruch. Historische Hintergründe, Ziele und Grenzen der Reformpolitik Gorbatschows*. DVA, Stuttgart 1988 (zur nationalen Frage bes. 302–314)

MEYER, G.: *Nationalitätenkonflikte in der Sowjetunion*. PapyRossa, Köln 1990

MÜHLEN, P. v. z.: *Zwischen Hakenkreuz und Sowjetstern*. Der Nationalismus der sowjetischen Orientvölker im Zweiten Weltkrieg. Düsseldorf 1971

Osteuropa-Monitor, Deutsche Welle, Köln 1989–1990

RAUCH, G. v.: *Geschichte der baltischen Staaten*. dtv, München 3. Aufl. 1990

RAUCH, G. v.: *Geschichte der Sowjetunion*. Kröner, Stuttgart 8. Aufl. 1990

Rußland – Ploetz. Ploetz-Verlag, Freiburg/Würzburg 1985

SCHMIDT-HÄUER, CHR.: »Der Kampf um das Imperium«. In: *Die Zeit*, 28.12.1990

SCHMIDT-HÄUER, CHR., HUBER, M.: *Rußlands zweite Revolution*. Piper, München-Zürich 1987

SCHMIDT-HÄUER, CHR.: »Die verlorene Ehre des Michail Gorbatschow. Mit ›Panzerstrojka‹ gegen das Baltikum – die sowjetische Zentralmacht dreht das Rad brutal zurück«. In: *Die Zeit*, 18. Januar 1991

SCHWEISFURTH, TH.: »Wie der Ausnahmezustand in der Sowjetunion geregelt ist«. In: *Frankfurter Allgemeine Zeitung* Nr. 298, 22.12.1990

SEGBERS, K. (Hg.): *Perestrojka Zwischenbilanz*. Suhrkampf, Frankfurt/M. 1990 (zur nationalen Frage: G. Starovojtova, E pluribus unum, S. 183–219)

SIMON, G.: *Nationalismus und Nationalitätenpolitik in der Sowjetunion*. Nomos, Baden-Baden 1986

SOLSCHENIZYN, A.: *Rußlands Weg aus der Krise*. Ein Manifest. Piper, München-Zürch 1990

STÖCKL, G.: *Russische Geschichte*. Kröner, Stuttgart 5. Aufl. 1990

STÖLTING, E.: *Eine Weltmacht zerbricht. Nationalitäten und Religionen der UdSSR*. Eichborn, Frankfurt/M. 1990

UIBOPUU, H.-J.: »Hürden auf dem Weg zum Austritt aus der Sowjetunion«. In: *Frankfurter Allgemeine Zeitung* Nr. 95, 24.04. 1990

Uibopuu, H.-J.: »Der neue Unionsvertrag der Sowjetunion«. In: *Frankfurter Allgemeine Zeitung* Nr. 291, 14. 12. 1990

Urdze, A. (Hg.): *Das Ende des Sowjetkolonialismus. Der baltische Weg*. Rowohlt, Reinbek 1991

Ausführliche Fachbibliographien in:
Simon 1986, S. 453–473
Mark 1989, S. 183–199

Johannes Grotzky

Herausforderung Sowjetunion

Eine Weltmacht sucht ihren Weg
463 Seiten mit 24 Abbildungen. Geb.

Während seines sechsjährigen Aufenthalts in der Sowjetunion hat Grotzky die Entstehungsgeschichte und den Verlauf der Perestroika bis zum Ende des kommunistischen Machtmonopols unmittelbar miterlebt. Auf diese Erfahrung, die durch Recherchen in allen fünfzehn Sowjetrepubliken und zahlreichen autonomen Republiken und Gebieten ergänzt wurde, stützt sich das vorliegende Buch.
Es schildert den Übergang vom Machtmonopol zum politischen Pluralismus, der vom Scheitern der Planwirtschaf begleitet ist, und die soziale Not des Alltags, die steigende Kriminalität und die unheile Welt, die in verseuchten Gebieten von Kindern bereits das Tragen von Gasmasken verlangt.
Beschrieben wird ferner die Jugendszene, die sich vom Staat abgewandt hat, einschließlich der früher tabuisierten Bereiche von AIDS und Drogenkonsum. Im Kontrast dazu steht die Renaissance der Religion, deren kontinuierliche Entwicklung der Autor ebenfalls mehrere Jahre verfolgt hat.
Der zweite Teil des Buches gibt dem Leser die Möglichkeit, sich einen fundierten Überblick über die Problematik des Vielvölkerstaates zu verschaffen. Grotzky führt den Leser mit Hilfe anschaulicher Schilderungen und umfassender Informationen in alle Landesteile. Der Leser erlebt den Weg des Baltikums in die Unabhängigkeit, die multikulturelle, aber konfliktbeladene Nachbarschaft im Kaukasus, das Ringen der zentralasiatischen Völker um wirtschaftliche Selbständigkeit. Auch die Russische Föderation entpuppt sich auf den zweiten Blick als multinationales Gebilde. Grotzky korrigiert in diesem Punkt das verhängnisvolle überkommene Denken, das die Sowjetunion mit Rußland gleichgesetzt hat.
In einem dritten, dem Übersichtsteil, bieten die aktuelle staatliche Gliederung, eine Zeittafel zur Sowjetgeschichte und ein Überblick über ethnische Gruppen und Völker dem Leser Hilfe für eine zusätzliche Orientierung.